(Über)leben als Mutter

Wie du trotz Babywahnsinns ein glückliches Familienleben haben kannst, wenn du einfach mal lockerlässt

W0239872

MARIA OLADA

(Über)leben als Mutter
Maria Olada
c/o AutorenServices.de
Birkenallee 24 - 36037 Fulda

Copyright © 2019

Autorin:	Maria Olada
Illustration:	Niloufer Wadia
Lektorat:	Ulrike Weinhart

Dieses Werk, einschließlich aller Teile, ist urheberrechtlich geschützt. Jede Verwertung ist ohne Zustimmung des Verlages und des Autors unzulässig. Dies gilt insbesondere für die elektronische oder sonstige Vervielfältigung, Übersetzung, Verbreitung und öffentliche Zugänglichmachung.

Druck: Amazon Media EU SARL,
Société à responsabilité limitée,
38 avenue John F. Kennedy,
L-1855 Luxemburg

Für Fragen und Anregungen:
ueberleben.als.mutter@gmail.com

EINLEITUNG

Machen Kinder glücklich? Selbstverständlich! Das ist jedenfalls die vorherrschende Meinung, aber ich stelle euch die Frage gerne einmal nachts um drei, wenn die kleinen Glücksbärchis zum dritten Mal in dieser Nacht schreien und im Zwei-Stunden-Takt nach der Mama verlangen.

Die Frage, ob mich ein Kind glücklich machen wird, habe ich mir während der Schwangerschaft nicht ein einziges Mal gestellt. Warum auch? Ich bin ganz selbstverständlich davon ausgegangen, dass ein Baby den Inbegriff von Glück darstellt. Von Freunden, Bekannten und den Instagram-Mamis ist mir das genau so verkauft worden. In meinem Kopf hatte ich somit immer nur eine Gleichung und diese war:
Kind = Glück.

Gewisse Zweifel an dieser recht einfachen Formel beschlichen mich im Laufe der ersten Monate, nachdem unser Baby das Licht der Welt erblickt und unser Leben komplett auf den Kopf gestellt hatte. Und diese Frage beschäftigt nicht nur frisch gebackene Eltern, die unter akutem Schlafmangel leiden. Die Frage, ob Kinder glücklich machen, ist auf Platz Eins der internationalen Studien.

Die angeblich überglücklichen Muttertiere, die sich auf Instagram tummeln und die als Berufsbezeichnung „Mamabloggerin/Influencerin" angeben, würden mit übertriebenem Enthusiasmus schreien: „Jaaa, na klar sind Kinder der Inbegriff von Glück und ich bin die glücklichste Mama der Welt". Doch ich frage mich ernsthaft, ob diese Damen sich mit dieser unüberlegten und überhasteten Aussage nicht in ihre Calvin-Klein-Schlübber lügen!

Ausnahmslos alle Studien, die sich mit der Gleichung *Kind = Glück* beschäftigen, bestätigen: Viele frisch gebackene Eltern sind unzufriedener als vor der Geburt der lieben Kleinen[1]. Wer hätte das gedacht?

Und würde man *mich* fragen, dann würde ich ein erschreckend ehrliches „Nein, Kinder machen manchmal nicht glücklich" herausbrüllen.

Ich würde es gutheißen, wenn mehr Mütter den Mut zu einem herzhaften „Nein" hätten. Denn es ist überhaupt nichts Verwerfliches an solchen Gefühlen. Jedes Elternteil, das schon einmal schlaftrunken mitten in der Nacht in eine Windel voller Babyspritzpups gefasst hat, wird mir nickend zustimmen. Ich bin davon überzeugt, dass auch andere niedliche Babys Flitzekacki produzieren und/oder die ganze

---

1 Zu diesem Ergebnis kommen Forscher einer Studie des Max-Planck-Instituts für demographische Forschung in Rostock in Zusammenarbeit mit der University of Western Ontario in Kanada, die im Fachjournal „Demography" veröffentlicht wurde: https://www.faz.net/aktuell/gesellschaft/psychologie-studie-kinder-koennen-ungluecklich-machen-13748302.html

Nacht durchschreien und ihren Müttern den Schlaf rauben, nur würde eine Super-Mama-Bloggerin darüber niemals schreiben. Und genau diese einseitige Berichterstattung – dieses Schönreden – missfällt mir, weil es andere Mütter negativ beeinflusst. Viele Frauen zweifeln daraufhin an sich, denken irrtümlicherweise, sie seien nicht in der Lage, „es so toll zu wuppen" wie diese offensichtlich perfekten Instagram-Mamas, deren Ziel es natürlich ist, ihren Followern eine schmucke Scheinwelt vorzugaukeln und über die Werbung für Produkte der Kooperationspartner ein Einkommen zu generieren. Ein wenig Werbung wäre ja noch okay, manchmal sind tatsächlich brauchbare Produkte dabei, aber die Blogeinträge und Insta-Storys mit Werbung vollzustopfen, nervt. Dadurch rückt der eigentliche Sinn, der hinter einem Blog steht, nämlich der ehrliche Austausch mit anderen, in den Hintergrund und verliert schließlich an Authentizität.

Dieses Vorgaukeln perfekter Umstände führt unweigerlich dazu, dass unerfahrene Mütter an sich zweifeln.

Hier mein erster Appell: Liebe Mamis, ihr seid nicht allein mit euren verwirrenden Gefühlen und es ist völlig in Ordnung, frustriert zu sein und in manchen Momenten das Glück im Kühlschrank zu suchen, weil ihr glaubt, es müsse doch irgendwo versteckt sein.

Das eigentliche Manko ist, dass man überhaupt Vergleiche zieht. Wir messen uns an den häuslichen Situationen völlig fremder Mütter, denen wir nie begegnet sind und somit auch nicht überprüfen können, ob sie sich nicht mit ihrem Geschwätz in die eigene Gucci-Tasche lügen.

Aus diesem Grund war ich kurz davor, den ganzen Mamabloggerinnen, Influencerinnen, den „Ich-wache-morgens-perfekt-gestylt-auf-und-ich-bekomme-alles-perfekt-unter-einen-Hut-Super-Mamis“, den Tutorial-Heinis und den Möchtegern-Insta-Fashonistas mal gehörig den Mittelfinger zu zeigen und ihnen ihre Make-Up-Scheinwelt-Maske vom Gesicht zu ziehen, wie im Film *Mrs. Doubtfire*. Vielleicht polarisiere ich mit meiner Aussage, vielleicht gehe ich auch zu hart ins Gericht mit den Super-Mommys. Aber, und jetzt folgt ein großes ABER, seit ich selbst Mutter eines mittlerweile zweieinhalbjährigen Sohnes bin, habe auch ich mich verändert. Mein Geduldsfaden ist seitdem so stabil wie der Netzfaden einer Spinne, einer sehr kleinen Spinne.

Sicher habt auch ihr mit Menschen Erfahrung – ob im näheren Umfeld, im Freundes- oder Bekanntenkreis oder in den sozialen Medien – die sich so präsentieren, als wäre ihr Leben mit Kind überhaupt nicht anstrengend. Ihr fragt euch sicher auch, wie diese Menschen es eigentlich hinbekommen, morgens ohne Augenringe aufzustehen, perfekt gestylt zu sein, zudem auch noch ein blitzblank sauberes Haus und einen immer frisch gemähten Rasen zu haben, Zeit fürs Kochen zu finden, während das Kind friedlich daneben sitzt und spielt, dazu sportlich fit zu sein, einen mega Body inklusive? Woher nehmen diese für mich völlig befremdlichen

Supermamis die Zeit? Besteht deren Tag aus mehr als 24 Stunden? Mal ehrlich, ich schaffe es morgens nicht einmal, in Ruhe mein Geschäft auf der Toilette zu verrichten, ohne dabei von meinem Sohn beobachtet zu werden. Dabei muss ich mir dann in Dauerschleife den Satz „Mama Kackawurst" anhören und meinen Sohn davon abhalten, mir mit dem vorher komplett abgewickelten Klopapier den „Popi" zu wischen.

Was ist los mit der Gesellschaft von heute? Ständig geht es um Perfektion und darum, der ganzen Welt zu zeigen, wie optimal man das Leben mit Kind meistert, wie oft man im Jahr Urlaub macht und wie schön man dabei noch ist. Den Beweis für diese Tatsache liefern „Spontan-Selfies", die überhaupt nichts Spontanes an sich haben. Da werden Stunden investiert, tausend Fotos in einer unbequemen Pose zu schießen, um diese dann haufenweise, mit Hashtags wie #supermami #lovemylife #happyfamily #perfectlife #pootd #imthehappiestmotheronearth versehen, in soziale Netzwerke zu pumpen. Merken diese Leute eigentlich, dass sie nicht nur ihre Umgebung, sondern auch sich selbst belügen? Oder ist das ganz einfach die Welt von heute, in der man sich vor anderen profilieren möchte und es nicht mehr um dic Ehrlichkeit und Authentizität des Menschen geht?

Oder bin ich vielleicht nur neidisch, würde doch auch gerne „Fame" sein oder whatever? Ja und nein. Auf gar keinen Fall will ich ein Möchtegern-Z-Influencer werden und den ganzen Tag damit verbringen, in Tutorials mein Gesicht mit Foundation, Make Up, Rouge und Puder zu bepinseln. Auch möchte ich keine kalten Mahlzeiten zu mir nehmen, weil ich für den Versuch, mein tolles selbstgekochtes und hübsch arrangiertes Essen zu fotografieren, eine halbe Stunde gebraucht habe. Aber ich würde lügen, wenn ich nicht zugeben würde, dass ich auch gerne zehn Mal im Jahr in den Urlaub flöge und dafür auch noch Geld bekäme.

Auch ich habe mich in den Bann der selbstdarstellerischen Scheinwelt von Instagram ziehen lassen, habe mich blenden lassen von dieser so scheinbar perfekten Welt, was nur dazu geführt hat, dass ich depressiv wurde und an mir selbst zweifelte und mein eigenes Leben nicht mehr wertschätzen konnte.

Bevor mein Sohn zur Welt kam, habe ich Schwangerschafts- und Elternratgeber in Massen gelesen, ach, was erzähl ich, ich habe sie verschlungen wie andere Leute Schokolade. Da ich selbst leider keine schöne Kindheit hatte, wollte ich meinem Sohn ein besseres Leben ermöglichen, eine bessere Mutter sein – am besten eine perfekte, vollkommene Mutter. Ich las also etliche Erziehungs-, Welche-Popocreme-ist-die-beste-für-mein-Baby-, Wie-mache-ich-den-besten-Brei- oder Wie-werde-ich-eine-perfekte-Mutter-Ratgeber. Dass mich die Insta-Scheinwelt und dieses Ratgeberwissen – und später, die Unfähigkeit, alles zu 100 Prozent umzusetzen – enorm belasten würde, war mir, als Leo in meinem Bauch noch Purzelbäume schlug, gar nicht bewusst. Ich wollte halt alles richtig machen, eine makellose, der Norm entsprechende Mutter sein. Heute frage ich mich: Wer entscheidet, wer sich der Norm entsprechend verhält? Natürlich gibt es Regeln, an die sich alle Menschen halten müssen, wie zum Beispiel unsere Gesetze. Aber es gibt sicher – wie ich heute weiß – keine „Mutternorm", keine Regel, die festsetzt, wie eine Mutter charakterlich und äußerlich zu sein hat und welche kognitiven Fähigkeiten sie besitzen muss, um eine „gute Mutter" abzugeben.

Wenn man mich sieht, würde man nicht glauben, dass ich vier Tattoos habe und gerne mal abends zu einem Glas Wein und zur Entspannung eine Zigarette rauche. Nach meinem äußeren Erscheinungsbild sehe ich „normal" aus – Insta-Fashonistas würden mich als langweilig einstufen – aber ich fühle mich wohl. Mein Wohlfühl-Outfit für zuhause besteht aus Jogginghose und Schlabbershirt. Außerhalb meiner vier Wände trage ich gerne High-Waist-Jeans, die meine Post-Schwangerschaftskilos kaschieren, und ein lockeres Oberteil, einen langen Cardigan darüber und Chucks oder Turnschuhe. Man könnte also behaupten, ich entspreche der Norm. Aber „normal" auszusehen bedeutet noch lange nicht, dass man sich auch der Norm entsprechend verhält oder gar, dass man eine gute Mutter ist. Das Äußerliche ist das, was andere sehen und anhand dessen man von außen beurteilt wird. Auch das, worauf man oft reduziert wird.

Meine Mutter zum Beispiel war immer sehr gepflegt und top gestylt – dafür stand sie morgens schon gerne zwei Stunden früher auf, also um halb fünf. Und nicht etwa, um das Frühstück oder das Pausenbrot für uns Kinder zuzubereiten – die Zeit war ausschließlich für ihr Styling vorgesehen. Aus meiner Sicht: vom Aussehen top – ihre mütterlichen Fähigkeiten eher flop. Wenn es nach mir ginge, sollte es eine Lizenz fürs Muttersein geben, vielleicht in Form eines Führerscheins, anstatt einer undefinierbaren Norm, die in den Köpfen der Gesellschaft herumspukt und nichts über die Fähigkeiten einer Mutter aussagt. Es sollte egal sein, ob eine Mutter lange grüne oder blonde kurze Haare hat, egal sein, ob sie eine sportliche Figur hat oder etwas korpulenter gebaut ist oder ob sie abends auf dem Balkon eine Genusszigarette raucht und Tattoos hat, solange sie mütterliche Eigenschaften besitzt.

So viel ist klar, es wird niemals eine „Mutter-Lizenz" geben, einen Kurs mit abschließendem Zertifikat, das der Trägerin bescheinigt, die erforderlichen Grundkenntnisse zum Kinderaufziehen erworben zu haben. Es wird – mit Ausnahme der ganz schlimmen Fälle von Vernachlässigung oder Kindesmissbrauch – nicht geprüft werden, in welchen Verhältnissen Kinder aufwachsen, und ihnen Kindheitserlebnisse zu ersparen, die sie später bis ins Erwachsenenalter verfolgen werden. Glücklicherweise sehen die meisten psychisch gesunden Mütter ihre Kinder als ihre Schützlinge an und geben somit instinktiv Liebe und Geborgenheit an ihre Kinder weiter und schützen sie mit Leib und Seele. Somit hoffe ich inständig, dass gefühllose, narzisstische Mütter die Ausnahme darstellen.

Perfekte Eltern gibt es nicht. Jedes Elternpaar wird seine Fehler machen und es ist auch gut so, denn Kinder perfekter Eltern neigen ebenfalls dazu, einen Knacks davon zu tragen. Der kann so aussehen, dass Kinder perfektionistischer Eltern das Gefühl haben, nie gut genug zu sein mit dem, was sie tun. Und so kann es vorkommen, dass eine Tochter perfektionsgetriebener Eltern, die gerade ihren 30. Geburtstag gefeiert hat, hysterisch weint und um sich schlägt, weil sie bei einer Misswahl nur den zweiten Platz belegt hat.

Aber wie ist es möglich, eine *gute* Mutter zu sein, die wenige Fehler bei der Erziehung macht?

Erst einmal kann ich sagen, dass Fehler bei der Erziehung, wie in allen anderen Bereichen, okay und normal sind. Man kann und wird Fehler bei der Erziehung machen – das ist völlig unvermeidbar und gehört zum Menschsein dazu. Wichtig ist, dass man diese Fehler erkennt und sie sich eingesteht. Kinder guter Eltern wissen von den Fehlern ihrer Eltern, nehmen sie ihnen aber nicht übel, weil sie wissen, dass die Eltern mit bestem Wissen und Gewissen gehandelt haben. Dennoch werden sie versuchen, bei den eigenen

Kindern diese Fehler nicht zu wiederholen – dafür werden sie andere machen, und so schließt sich der Kreis.

Und wie gelingt es *mir*, im stressigen Familienleben nicht ständig die Geduld zu verlieren? Wenn ich meinem Sohn nun schon zum zehnten Mal sagen muss, dass er aufhören soll, Knete ins Schlüsselloch zu stopfen?

Das ist eine sehr gute Frage, der ich lange und mit viel Engagement auf den Grund gegangen bin. Wie bekommt man es hin, im verrückten Familienalltags-Wahnsinn nicht die Nerven zu verlieren *und* dabei auch noch glücklich zu sein? Ich stellte fest, dass dieser doppelte Anspruch anstrengend umzusetzen ist und mich an meine Belastungsgrenze brachte. Aber es ist möglich! Und trotzdem wird es immer mal wieder Tage geben, an denen man sich an den Satz erinnert „Bekommt Kinder, das wird Spaß machen" und heulend in Embryohaltung auf dem Sofa liegt und sich fragt, wohin sich der Spaß denn verkrochen hat. Es wird Momente geben, an denen man fest davon überzeugt ist, dass man für das Muttersein einfach nicht gemacht ist und sich nur Frieden wünscht – Ruhe vor den kleinen Bodyguards, die einem bis auf das nun nicht mehr stille Örtchen folgen.

Seid euch bewusst: Auch die tollen Supermamis aus den sozialen Netzwerken erleben solche Tage! Das Leben mit Kind ist nun mal nicht immer so wundervoll, wie man es sich vorher ausgemalt hat. Das ist die nackte, ungeschönte

Wahrheit und hat nichts mit dem Bereuen der Mutterschaft zu tun.

Die Tatsache, dass man nach der Geburt wenig Glück verspürt, ja, sogar kreuzunglücklich sein kann, ist sogar wissenschaftlich erwiesen: Paare mit Kind sind im ersten Jahr unglücklicher als vorher. Zudem entscheide das Glücksempfinden über die weitere Familienplanung.[2] Die Trennungsrate[3] bei Paaren im ersten Lebensjahr des Kindes ist hoch, weil viele Elternpaare dem Druck und den Herausforderungen nicht standhalten können. In die Elternrolle muss man erst einmal hineinwachsen. Man muss sich arrangieren, verzichten und erkennen lernen, was einem Kinder eigentlich alles dafür zurückgeben. Diese Erkenntnis kommt erst langsam, sicher nicht in den ersten Monaten nach der Geburt, in denen die Passanten die Straßenseite wechseln, weil sie einen für einen Beißer aus *The Walking Dead* halten. Ist ihnen auch nicht zu verübeln: Mit weniger als zwei Stunden Schlaf in der Nacht kann das Aussehen schon mal mit dem eines Zombies verwechselt werden. Und wie, zur Hölle, soll man glücklich sein, wenn man nicht nur aussieht, sondern sich auch so fühlt wie ein Panda auf Ecstasy? Das Glück bleibt

---

2 Dies geht aus einer Studie der Wissenschaftler Rachel Margolis und Mikko Myrskylä hervor. Artikel dazu: https://www.gofeminin.de/familie/kinder-machen-ungluecklich-s2274057.html

3 Artikel dazu: https://www.t-online.de/leben/familie/erziehung/id_56924968/wenn-kinder-zum-trennungsgrund-werden.html

aus – damit muss man sich in der ersten Zeit wohl oder übel abfinden.

Genau das ist es, was ich lernen musste: zu akzeptieren. Ich musste mich damit abfinden, dass mein Baby es mir unmöglich machte, durchzuschlafen. Dass mein Kind weinte und wie ein Kängurubaby vor meinem Bauch umhergetragen werden wollte, wenn ich lieber geduscht hätte. Dass mein Kind mich in seiner Kinderküche bekochen wollte und ich von Plastiktellern mit Kinderbesteck imaginäre Spaghetti essen musste, wo ich doch eigentlich gerade meine Schwangerschaftskilos abtrainieren wollte.

In diesem Buch möchte ich euch – zum Trost, zur Erheiterung, zum Nachmachen oder Weglassen – Anekdoten aus meinem Leben mit Kleinkind erzählen und mich mit Themen und Fragen aus dem Alltag mit Kind auseinandersetzen. Dabei trefft ihr auf Inhalte wie:

- Alltagswahnsinn mit Kind – wie man diesen glücklich (über)lebt und lockerer wird
- Kinderlose Freunde und wie man mit ihnen umgeht
- Karriere und Kind und wie man alles (nicht) unter einen Hut bekommt
- Partnerschaft und soziale Kontakte und wie man sie am Leben erhält
- Wie man sich selbst am Leben erhält
- Rabeneltern vs. Übereltern – der Mix aus beidem macht's

- Erziehungstipps von Tante Irmgard, Schwiegermama, kinderlosen Freunden und Ratgebern
- Prinzipien und Perfektionswahn über Bord – sein Gleichgewicht finden

Ihr werdet dabei erkennen, dass man als nicht-perfekte Mutter auch perfekt sein kann und dass es okay ist, das Leben mit Kind auch einfach mal kack… äh, unschön zu finden. Und ganz wichtig: ein Häufchen darauf zu geben, was andere über eure Erziehung denken, nicht darauf zu achten, wie es andere scheinbar alles perfekt geregelt bekommen und sich nicht blenden zu lassen. Denkt daran: Auch die angeblich so perfekten Muttis bei Instagram sind nicht davor gefeit, dass das Kind morgens die Wände mit seinem Kot aus der Windel beschmiert und sich dann noch die Finger ableckt, weil es denkt, das braune Zeug sei Nutella. Auch die selbsternannten Supermamis verrichten keine Rosen auf dem Klo und werden dabei von ihren Kindern beobachtet. Bei ihnen herrscht derselbe Alltagswahnsinn mit Kind wie bei jeder anderen Mutter auch – sie kochen auch nur mit Wasser.

Alle Kinder machen dieselbe Entwicklung durch: Sie lernen sich zu drehen, fangen an zu krabbeln, danach laufen, sprechen – das eine etwas früher, das andere etwas später, je nach individueller Geschwindigkeit und Fähigkeit. Jedes Kind trägt während seines Heranwachsens dieselbe Abenteuerlust, denselben Wissensdurst und Forscherdrang in sich und alle wollen sie mit allen Sinnen die Welt entdecken. Und so wird jedes Elternpaar die Momente erleben, bekritzelte Wände überstreichen zu müssen, die Couchritzen von Salzstangen-Krümeln und Brötchenresten zu befreien, Breireste aus dem Autositz zu rubbeln, Legosteine zwischen den Zehen herauszuoperieren, Essensreste oder Knete aus dem Flokati zu popeln und täglich mit Gallseife Bolognese- und Karottenflecken aus den Klamotten zu schrubben.

Geblendet von den erzieherischen Erfolgen der Supermamis aus den sozialen Netzwerken und denen aus dem eigenen Umfeld sind wir oft frustriert und unglücklich und haben nicht den Mut, uns diesen Gefühlen zu stellen. Wir befürchten, es sei falsch, ja, geradezu undankbar, das Leben mit Kind nicht ausschließlich rosig zu finden. Das Elternsein ist schließlich eine Garantie für Glück, schon vergessen, und daher empfinden wir es als höchst unangebracht, negative Gefühle im Alltag mit Kind zu verspüren. Mit Hilfe von Anekdoten aus meinem Familienleben, werdet ihr es – hoffentlich – schaffen, auch negative Gefühle zuzulassen und das Leben mit Kind auch mal kacke[4] zu finden, ohne dabei gleich in einen Gewissenskonflikt zu geraten.

---

4 Im Vorweg möchte ich darauf hinweisen, dass das Wörtchen „kacke“ und einige andere vulgäre Ausdrucksweisen im Buch vorkommen. Wem es nicht gefällt, darf gerne Augen, Ohren und Mund vor der Wahrheit verschließen.

In diesem Buch von einer Mutter eines zweieinhalbjährigen Sohnes werden auch Themen angesprochen, über die sonst niemand öffentlich spricht. Ich möchte euch, anhand meiner eigenen Geschichte, neue Blickwinkel geben und euch ermöglichen, wieder mehr auf euer Bauchgefühl, euren eigenen Instinkt zu hören und weniger auf Ratgeber, Tante Irmgard, selbsternannte Supermamis und kinderlose Leute. Dieses Buch soll euch an die Hand nehmen, euch helfen, den Perfektionswahn und die zwanghaften Prinzipien über Bord zu werfen. Es soll euch einen Lichtblick im stressigen Familienalltag geben und Anregungen bieten, im Familienleben besser klarzukommen. Zudem soll es euch ermöglichen, die schönen Momente wahrzunehmen und Hürden zu meistern. Mit Hilfe dieses Buches sollt ihr euch aus den Fängen der Scheinwelt der sozialen Medien, der Ratgebern und Besserwisser befreien, indem ihr nach innen hört und euch den Druck der Außenwelt, der auf Neu-Eltern lastet, bewusst macht.

Wir sitzen alle in einem Boot – also warum sollten wir Mütter nicht einfach ehrlich zueinander sein und uns zusammen darüber auskotzen oder wahlweise amüsieren, wie anstrengend und nervenaufreibend das Leben mit Kind sein kann, anstatt so zu tun, als sei alles wundervoll und im stillen Kämmerchen frustriert zu wimmern. Wenn es sein muss, lasst uns doch gemeinsam jammern! Es verbindet, Gleichgesinnte zu finden. Es macht stark und tut gut, zu wissen, dass man mit seinen widersprüchlichen Gefühlen nicht alleine ist und dass es normal ist, mit dem Leben als Familie manchmal völlig überfordert zu sein. Sein Leid mit anderen unperfekt perfekten Müttern teilen zu können, halbiert es und gibt einem die Gewissheit, dass auch wieder andere Zeiten kommen – dass das Leben mit Kind auch wunderschöne Seiten hat.

So wie auch die schönste Goldmedaille eine schön gravierte Vorderseite und eine nicht verzierte Kehrseite hat.

Warum empfindet man das Familienleben eigentlich als so anstrengend?

Zunächst sollte man sich vor Augen führen, was genau das Anstrengende am Familienleben ist und was einen dabei unglücklich macht. Das sind meist mehrere Aspekte unterschiedlicher Natur.

Es beginnt damit, dass sich das Leben von heute auf morgen komplett verändert. Angefangen von den Schlafgewohnheiten – nie wieder ausschlafen nach einer durchtanzten Nacht – über die Kontakte zur Außenwelt – welche Außenwelt? – bis hin zum Aufgeben der eigenen Karriere, der lieb gewordenen Freiheiten und Hobbies. Es ist ja nicht so, dass man nicht wüsste, dass das Leben mit Kind anders sein wird, nichtsdestotrotz ist es für die meisten Paare ein regelrechter Schock, wenn sie erkennen, was sich verändert hat – nämlich alles.

Während meiner Schwangerschaft herrschte bei uns eine erwartungsfrohe Stimmung. Mein Mann Marc und ich dachten, es werde alles halb so wild sein. Andere hatten das schließlich auch durchgestanden, inklusive unsere eigenen Eltern. Allerdings lagen zwischen unserer Vorstellung und der Realität Welten.

„Ihr reist doch so gerne. Das könnt ihr dann nicht mehr machen", höre ich heute noch meine Schwester Jessi sagen. Damals belächelte ich ihren Satz und entgegnete, naiv und vollgepumpt mit Schwangerschafts- und Vorfreude-Hormonen: „Das können wir doch alles auch mit Kind machen, ist doch viel schöner zu dritt." Meine Schwester lacht immer noch über diesen Satz. Inzwischen lache ich mit, allerdings mit einer Träne im Auge. Viele Elternpaare kennen die Herausforderung, mit einem Kind zu verreisen – die klugen allerdings nicht: Die bleiben gleich zu Hause.

Das fängt schon beim Abflug an, wenn das Kind, durch den Schub des Fliegers in den Sitz gedrückt, seinerseits etwas in die Windel bollert und man zwanzig Minuten in der Stinkewolke ausharren muss, bis man aufstehen darf und mit schuldbewusstem Blick und dem Produzenten des Geruches in der Flugzeugtoilette verschwinden darf, wobei einen die angewiderten Blicke der Mitreisenden verfolgen. Darauf folgen die unaufhörlichen Versuche das Kind bei

Laune zu halten, unter anderem auch mit Butterkeksen. Beim Anblick der fast leeren Butterkeks-Verpackung steigt dann Panik auf – denn eine Stunde Flugzeit verbleibt noch. Schweißnass am Zielort der Reise angekommen, wird es nicht besser. Der Mama rutscht die schwer bepackte Windeltasche beim Versuch, die ganzen Kekskrümel aus dem Gesicht des Kindes zu wischen, von der Schulter und trifft das Kind mitten im Gesicht. Kaum angekommen, hat man dann einen medizinischen Notfall – dem Kind ist die Lippe aufgeplatzt und es brüllt wie am Spieß. Mama ist überfordert und ausgelaugt vom Flug, einmal abgesehen von dem riesigen schlechten Gewissen. Urlaubsstimmung will sich so gar nicht einstellen. Weder bekommt man den tollen Roman, den man sich extra für den Urlaub gekauft und auf den man sich so gefreut hatte, zu Gesicht, noch kann man länger als fünf Minuten auf der Strandliege entspannen, weil das Kind den ganzen Tag bespaßt werden will. Und es folgen Sandburgen auf Sandburgen auf Sandburgen. Irgendwas ist immer. Bei Eltern, die freiwillig eine Reisezeit von siebzehn Stunden auf sich nehmen, um dann an einem traumhaft schönen, thailändischen Strand zwei Wochen lang nach der Urlaubserholung zu fahnden, frage ich mich immer, was mit denen eigentlich nicht stimmt. Man muss schon ein Adrenalien-Junkie oder gar ein ausgewiesener Masochist sein, wenn man so eine lange Reisezeit mit einem Kleinkind auf sich nimmt.

Vor der Geburt unseres Sohnes Leo waren Marc und ich Vollblut-Lebensgenießer. Wir waren Weltenbummler, Langschläfer, Sportler, Serien-Junkies und Partymäuse. Wir haben das gemacht, was uns gefiel und uns gerade in den Sinn kam. Was habe ich die Sonntage nach dem Tanzen-Gehen geliebt: Bis vierzehn Uhr schlafen und dann mit einer Pizza den flauen Magen wieder auf Vordermann bringen, während man sich die neue Staffel *The Walking Dead* reinzieht. Unser Alltag bestand aus Dingen, die wir gerne machten – typisches Studentenleben halt. Morgens joggen gehen, in die Uni fahren, danach hinter der Bar Getränke mixen, um die Semestergebühren bezahlen zu können, abends noch ausgehen und in den Semesterferien die Welt erkunden. Irgendwann zum Ende meines Studiums und kurz nach unserer Hochzeit kam dann der Punkt, an dem wir mehr wollten, als nur in den Tag hineinzuleben, ohne Struktur, ohne wirklichen Sinn. Wir wollten darüber hinaus, wir wollten den wahren Sinn des Lebens finden und wir wollten unsere Liebe krönen: Wir wollten ein Baby.

Es war uns klar, dass das Leben mit Kind ein anderes werden würde, trotzdem waren wir voller Zuversicht, dass wir schon alles unter einen Hut bekommen würden, dass man seinen Sport ja nicht aufgeben müsse und dass man immer noch ab und an mit seinen Freunden ausgehen könnte und seine Lieblingsserie einfach dann schauen würde, wenn das Kind abends ruhig schlief. Es war doch schließlich alles nur eine Frage der Organisation.

Ach, was waren wir naiv! Und was waren wir überrascht, als wir realisierten, wie fordernd ein schreiendes, nachts waches und vor Drei-Monats-Koliken geplagtes Baby sein kann. Aber woher soll man das auch vorher wissen? Von den Paaren, die schon Kinder haben, rät niemand einer Schwangeren: Schlaf im Voraus, so viel du kannst, und sei dir bewusst, dass du nie wieder in Ruhe kacken gehen kannst! Natürlich nicht. Schwangere Frauen sind voller Euphorie und Hoffnungen und stellen sich das Leben mit Kind wie in der Kinder-Pinguí-Werbung vor: Harmonisch und glücklich watscheln Mutter und Kinder gemeinsam mit einem leckeren Snack in der Hand durchs Haus. Aber von den Schokoflecken auf der beigen Couch, die nicht so einfach zu entfernen sind und ab jetzt abgedeckt werden müssen, damit der nächste Gast nicht denkt, man hätte seinen Stuhl nicht unter Kontrolle gehabt, davon erzählt einem natürlich niemand. Man möchte werdenden Eltern die Illusion ja nicht nehmen. Selbstverständlich nicht. Keiner möchte der Buhmann sein. Aber wäre es nicht vielleicht besser, den werdenden Müttern ehrlich zu erzählen, was da alles auf sie zukommt, damit sie sich darauf einstellen können und nicht mit voller Wucht von einer Welle der Erschöpfung und Überforderung überspült werden?

Stellt euch mal vor, man würde das wirklich machen: Man würde Freunden oder Bekannten, die einem freudig von ihrem Kinderwunsch berichten, die Wahrheit über das Leben mit Kind erzählen. Wohlmöglich würde sich niemand mehr fortpflanzen und die gesamte Menschheit würde aussterben …

Aber um Paare mit Kindern besser zu verstehen, muss man diese Erfahrungen wohl selbst machen. Diesen Satz spule ich häufig gebetsmühlenartig vor meinen kinderlosen Freunden herunter, wenn sie wieder empört darüber sind, warum ich schon vor Mitternacht von einer Geburtstagsparty verschwinde und seit neun Uhr abends permanent das Gähnen unterdrücken muss. Ganz einfach, weil ich todmüde bin von dem, was ich heute alles gemacht habe, und genau weiß, was mir morgen früh wieder blüht: Ein um sechs Uhr hellwaches Kind, das auf deinem Kopfkissen herumhüpft und absolut kein Verständnis für eine sterbensmüde Mutter aufbringt. Kinderlosen Freunden fehlt diese unbezahlbare Erfahrung. Man darf es den Leuten nicht übelnehmen, wenn sie einem mitteilen, dass man gar nicht mehr so locker sei wie früher und sich doch sehr verändert habe, ja, irgendwie spießig geworden sei. Man muss ihnen ihre Unwissenheit verzeihen. Und sich insgeheim auf die Geburt ihres ersten Kindes freuen.

Hat man sich allerdings doch dazu überreden lassen, länger auf der Geburtsparty zu bleiben, und ist aus den zwei Gläschen Wein ein wenig mehr geworden *hüstel*, kann man sich am nächsten Tag davon natürlich nicht erholen, sondern schleppt sich stattdessen noch drei Tage später mit seinem Hangover herum. Das Kind hat am nächsten Morgen nicht, wie erhofft, bis acht geschlafen, sondern bereits um sechs Uhr schwungvoll in die Windel gebollert und lauthals nach Mama geschrien. Bewusstlos vor Müdigkeit und verkatert macht man das süße Popöchen sauber und fasst, dank des leicht verschleierten Blicks, voll in die Grütze. In solchen Situationen meine ich, ein gehässiges Grinsen auf dem Gesicht meines Kleinkinds entdecken zu können, als wolle es sagen: „Wärst du mal früher nach Hause gekommen und abstinent geblieben“. Babys und Kleinkinder spüren mit tödlicher Sicherheit, wenn du den Drang danach hast, dich auszuruhen, und setzen dann alles Erdenkliche in Bewegung, damit du *nicht* zur Ruhe kommst. Vielleicht sind sie aber auch nur eine Spiegelung des eigenen schlechten Gewissens, das dich dafür tadeln will, dass du über die Stränge geschlagen hast.

Es ist wunderschön, das Leben zu genießen und dazu gehört auch mal ein langer Abend mit Wein und Freunden. Man kann nicht ausschließlich Mutter sein, nein, man ist auch ein eigenständiges Individuum, das auch einmal das Recht hat, mit beiden Händen ins Leben hineinzugreifen. Trotzdem ist es schwer, diesen Spagat hinzulegen, ohne dabei ein schlechtes Gewissen und Angst vor dem nächsten Tag zu haben.

Was machst das Leben mit Kind außerdem noch anstrengend?

Kinder schreien. Kaum auf der Welt ist es das Erste, was sie machen. Und so geht das die kommenden Monate weiter, tagein, tagaus. Sie schreien, weil es ihr einziges Mittel ist, um ihre Wünsche zu äußern oder der Mutter ihr Befinden mitzuteilen. Das Problem daran ist, dass wir Eltern oft nicht wissen, was genau das Baby quält. Hat es Hunger? Bauchweh? Braucht es Nähe? Ist es krank? Oder ist es einfach nur müde, genervt und kommt nicht zur Ruhe? Jede Mutter weiß, wie energieraubend das Geschrei ist, besonders wenn man nicht weiß, womit man es abstellen kann. Man schwankt zwischen Wut und Verzweiflung und auch der Gedanke „Was habe ich mir nur dabei gedacht, mein altes Leben aufzugeben" kann dabei aufkommen.

Ist das Kind erstmal ein wenig älter, das Schreien weniger geworden und auch der Schlafrhythmus von zwei Stunden auf sagenhafte drei Stunden am Stück gestiegen, kommt für die geplagten Eltern keineswegs Entspannung auf. Es beginnt einfach eine andere Phase: Die Kleinen wollen die Welt erkunden. Sie kommen ohne Wissen auf die Welt, komplett rein und unbespielt wie eine neue Festplatte. Wir, ihre Eltern und ihr Umfeld haben die Aufgabe, ihnen Wissen zu vermitteln, sie in geschütztem Rahmen Erfahrungen machen zu lassen, sie stark zu machen fürs Leben, kurz, ihre

Festplatte zu bespielen. Das ist ein hehres Ziel, dennoch ist es enorm kräftezerrend, den ganzen Tag Fragen zu beantworten oder die Kinder davon abzuhalten, sich mit der Klobürste die Haare zu kämmen. Woher sollen sie auch wissen, dass die Klobürste für die Toilettenschüssel gedacht ist und nicht für die Haare, immerhin sieht es aus wie eine Bürste und heißt auch so. Wir können ihnen ihren Wissensdurst und diesen Entdeckerdrang nicht übelnehmen, sie wollen ihre Umwelt verstehen und mit jeder Pore aufsaugen. Und dennoch ist es oft energieraubend für uns Eltern. Anstrengend ist es auch, mehrmals täglich die Windeln eines sich wehrenden Kindes zu wechseln. Den Wäscheberg niederzukämpfen und das Spielzeug, das in der ganzen Wohnung verstreut liegt, einzusammeln. Die Spülmaschine, die plötzlich statt einmal nun täglich zweimal läuft, aus- und wieder einzuräumen. Anstrengend auch, das wegen Zahnschmerzen heulende Kind in den Schlaf zu wiegen oder dem kleinen grünen Schnupfengeist zum x-ten Male die Nase zu putzen, bevor er das am Sofakissen selbst erledigt. Anstrengend, den Kasper zu spielen, um das Kind abzulenken, das plärrt, nur weil das Leberwurstbrot waagerecht durchgeschnitten wurde und nicht, wie gewohnt, senkrecht. Den Erklärbär zu geben und zu erläutern, warum man die Hand selbstverständlich *nicht* in die Kloschüssel steckt, in die man gerade sein Häufchen gemacht hat. Von den Nein-nein-nein-Phasen, in denen das Kind sich filmreif im Supermarkt schreiend und mit den Fäusten trommelnd auf den Boden wirft oder alle Lebensmittel wieder aus dem Einkaufswagen schmeißt, will ich gar nicht erst anfangen. Alle Eltern kennen diese Phasen und es ist in Ordnung, diese als mühsam zu empfinden. Eltern dürfen zugeben, dass es anstrengend, kräftezehrend, nervenaufreibend und energieraubend ist, ein Kind großzuziehen. Man ist müde, ausgelaugt und schlapp und freut sich, wenn Bettzeit für das Kind ist und man seine Beine endlich auf dem Sofa hochlegen kann. Und schon hat man wieder ein schlechtes Gewissen! Aber mal ernsthaft, ist es verwerflich, wenn man sich nach zehn Stunden Kinderbespaßung, in der man zwanzig Mal hintereinander *Liebe liebe Sonne, Wir fahren mit der Bimmelbahn* und *Hoppel-Hase Hans* anhören musste, danach sehnt, Kräfte zu tanken, sich zu entspannen und mal man selbst zu sein?

Ganz klar: Man darf sich nach dem Feierabend sehnen und ist trotzdem eine gute Mutter!

Welche Aspekte erschweren das Leben mit Kind zusätzlich?

In unserer heutigen Gesellschaft versuchen die bereits hochbeanspruchten Mütter auch noch den Spagat zwischen Karriere und Familie hinzubekommen. Beides gleich gut zu machen, geht nicht. Dass entweder Kind oder Karriere auf der Strecke bleiben wird, darauf muss man sich einstellen. Doch wozu bekommt man ein Kind, wenn man es dann bis siebzehn Uhr in der Kita unterbringt, um seinem Beruf nachzugehen? Dass die große Karriere ausbleibt, wenn man das Muttersein einigermaßen ernst nimmt, dürfte jedem klar sein.

Viele Mütter versuchen trotzdem, den Beruf, den sie sich schließlich hart erarbeitet haben, nicht ganz aufzugeben, arbeiten in Teilzeit und sind den Rest des Tages für ihr Kind da. Ich persönlich finde das ist eine gelungene Lösung, zumal viele Paare auf das zweite Gehalt angewiesen sind. Aber dieser Spagat ist für die Mutter nicht einfach. Zum einen, weil solche Teilzeit-Jobs rar sind und zum anderen, weil die geleisteten Stunden der Mutter sich zu weit mehr als 40 in der Woche addieren. Sie hat zwar im besten Falle um vierzehn Uhr „Feierabend“, ist aber danach Mutter, Ehefrau und Hausfrau. Das sind vier Jobs an einem Tag. Zum Glück ist die Frau meist multitaskingfähig, aber etwas bleibt auf jeden Fall auf der Strecke, wenn sie Job, Kind, Eheleben und Haushalt unter einen Hut bekommen will, nämlich sie selbst. In diesem Zeitplan ist kein Platz für Yoga, lesen oder reiten. Außerdem ist als Mutter und Hausfrau kein Feierabend in Sicht: Der Job ist Vollzeit und noch mehr. Man ist abends erledigt, müde und vielleicht auch frustriert. Den Alltag verbringt man wie ein Roboter, man funktioniert nur noch, ohne Emotionen. Man ist programmiert, tagein, tagaus. Kein Wunder, dass man unzufrieden ist und das Leben mit Kind als anstrengend empfindet.

Hinzu kommt der Druck seitens der Gesellschaft. Geht man als Mutter halbtags oder gar in Vollzeit arbeiten, gerät man in das Kreuzfeuer der Kritik. Von unseren Großeltern dürfen wir uns anhören, dass die Frau früher ganz selbstverständlich zuhause blieb und der Mann „die Brötchen nach Hause brachte". Leute unserer eigenen Generation können dagegen oft nicht verstehen, wenn eine Mutter sich für den Job als Vollzeit-Mama („Hä, das ist doch kein Job") entschieden hat und nicht auswärts arbeiten geht. Aber wie man es macht, man macht es falsch.

All diese Aspekte zusammengenommen, machen uns das Leben mit Kind nicht gerade einfach. Erstens, weil wir schon vor der Schwangerschaft hohe Erwartungen an uns selbst stellen, zweitens, weil wir auf die Meinung anderer Menschen zu viel Wert legen, und drittens, weil wir uns nicht eingestehen wollen, dass uns das Leben mit Kind zeitweise völlig überfordern kann (und wird).

Während des Lesens dieses Buches möchte ich euch einen Satz für die Momente der Erschöpfung, die wir Eltern immer wieder durchleben, ans Herz legen. Ein Satz, der mir in kräftezehrenden Situationen immer wieder einen kleinen Funken Hoffnung gegeben hat. Er klingt so banal und ist doch so wahr:

Es sind alles nur Phasen!

1. EUPHORISCHE SCHRITTE IN DEN WAHNSINN

Der erste Schritt in den Alltagswahnsinn mit Kind war der Entschluss, unsere Freiheiten gegen ein Leben voller fremdgesteuerter Kontrolle seitens eines gerade mal 54 Zentimeter großen und 3275 Gramm schweren Babys einzutauschen. Klar, dass man in der Euphorie des Kinderwunsches nicht darüber nachdenkt, was das Leben mit Kind eigentlich bedeutet und was und wieviel man dafür aufgeben muss. Der Kinderwunsch ist ein uralter Instinkt des Menschen und triebgesteuert, genauso wie einst bei unseren Urahnen: „Uhh ahhh wolle Kind uhh ahh."

Kaum ist der Wunsch gefasst, schalten sich die Aktivitäten der denkenden Anteile unseres Gehirns ab und nur noch die Areale „Kinderwunsch" und „Sex" ploppen auf. In alarmleuchtendem Purpurrot.

Sind wir dann erstmal schwanger, befinden wir uns in einer erwartungsvollen Stimmung. Diese Erwartungen an uns selbst und auch an das Kind sind so hoch, dass es einen wie mit einer Dampfwalze überrollt, wenn diese Erwartungen nicht eintreffen. Wir sind dann völlig fassungslos, dass das Kind sieben Stunden am Tag schreit, zwölf Mal am Tag in die Windel knattert, den ganzen Tag herumgetragen werden will und eigentlich mit nichts zufrieden zu stellen ist, während wir immer noch erfolglos nach dem Glück fahnden, das uns doch von der Gesellschaft, den sozialen Netzwerken und der sich selbstbelügenden Freundin in Aussicht gestellt worden ist. Niemand hat uns darüber aufgeklärt, was es eigentlich wirklich bedeutet, ein Kind großzuziehen. Nie habe ich auf Kondompackungen etwas von diesen „riesigen Nebenwirkungen" gelesen, die das Nichtfunktionieren der Kondome mit sich bringen kann. Niemand hat uns erzählt, was Schlafmangel wirklich bedeutet, niemand hat uns vor den Killerviren Hand-Mund-Fuß gewarnt oder uns erzählt, dass Babys viel schreien, ständig spucken und einem beim Windelwechseln volle Möhre ins Gesicht pupsen (und dass da auch noch Land dabei sein kann). Kein Sterbenswörtchen ist gefallen über Spuckeküsschen, Spinat- und Karotten-Sauerei auf dem Teppich oder dass das Kind sich weinend und schreiend weigern könnte, in die Krippe zu gehen.

Kinder zu haben ist nicht nur Friede-Freude-Sonnenschein. Es ist eine Achterbahnfahrt der Gefühle und die Elternschaft ist keine Garantie für Glück. Aber was ist, bitte schön, eine Garantie für Glück im Leben? Nicht einmal ein Lottogewinn über drei Millionen garantiert anhaltendes Glück. Heutzutage wird Glück erst dann empfunden, wenn

Wünsche in ihrer vollen Pracht und mit der ganzen Erwartungshaltung, die man vorher in die Situation gesteckt hat, erfüllt werden. Dabei ist Glück keine lang- oder gar ewig dauernde Seligkeit, sondern vielmehr eine Ansammlung einzelner glücklicher Momente, die sich zu einem Gefühl addieren. Glück ist viel mehr als das Erfüllen eines Wunsches. Das habe ich auch erst lernen müssen.

Glück, bezogen auf das Familienleben, sollte man als ein Beiprodukt ansehen. Ein Beiprodukt, das man nicht direkt anstreben sollte (oder kann), sondern das in vielen Augenblicken greifbar ist, auch wenn es augenscheinlich nicht sofort zu erkennen ist. Glück kann im Familienleben das erste Lächeln des Babys sein, die ersten Schritte, die ersten Worte, das gemeinsame Abendessen am Tisch, Höhlen aus Decken, Kissen und Stühlen bauen, oder das Basteln eines Papierflugzeuges und das begeisterte Gesicht des kleinen Piloten, wenn es durch die Küche schwebt.

Es gibt viele schöne Momente des Glücks, nur leider sind sie schwer zu erkennen, wenn man geplagt durch Schlafmangel und Babygeschrei vollkommen am Ende ist. Aber es gibt Wege, dieses Glück sehen zu lernen. Schritt Numero uno: Einfach mal lockerlassen und weg vom Perfektionswahn.

Kinderwunsch

Da standen wir nun beide im Badezimmer und ich putzte vor lauter Aufregung schon zum zweiten Mal meine Zähne. Es waren die längsten drei Minuten meines Lebens. Immer wieder schielte ich auf den Schwangerschaftstest. Gestern hatte ich schon einen Test gemacht und mir einen zweiten, kaum wahrnehmbaren rosa Streifen eingebildet. Marc hatte nichts gesehen. Männer halt – die sehen nur das, was sie sehen wollen. Daher wollten wir den Test wiederholen.

Ungeduldig trat ich von einem Bein aufs andere und schrubbte mir vor lauter Nervosität das Zahnfleisch wund. Geduld ist definitiv keine meiner Kernkompetenzen. Endlich klingelte Marcs Handywecker und mein Blick wanderte langsam wie in Zeitlupe auf den Schwangerschaftstest. Und dann war er da, dieser Moment, der alles veränderte.

Schwanger 2-3 Wochen las ich fassungslos vom digitalen (damit keine Verwirrung mit den rosa Linien aufkommen kann) Schwangerschaftstest ab. Wow! Was für ein wohliges Gefühl. Zu wissen, dass da gerade ein Lebewesen in mir heranwächst, ließ das Glücksgefühl in mir aufschäumen, als hätte man Mentos in eine Cola-Flasche geworfen und dann geschüttelt. Marc war die Freude ebenso anzusehen und wir umarmten uns innig. Wir waren einfach happy. Instinktiv griff ich an meinen Bauch, in dem mein Baby wohnte und streichelte ihn. Hallo, kleines Wunder. Ich bin deine Mama. Ich wiederholte das Wort. Mama. *Mama,* das hörte sich fremd an. Während ich noch ein drittes Mal dem Wort Mama nachspürte, merkte ich, wie sich mein Speichelfluss vermehrte, sich mein Hals eng anfühlte und gleichzeitig Übelkeit aufkam. Und, zack, entleerte ich meinen Mageninhalt – Müsli – in die Kloschüssel. Marc, der sich nach dieser freudigen Nachricht wieder dem Alltag gewidmet hatte und gerade dabei war, seine Zehennägel auf dem Badewannenrand zu schneiden (Wie ich das hasse! Die Dinger findet man noch ein Jahr später in der Kosmetiktasche auf dem Badregal), drehte sich um, fragte ungerührt: „Ist das schon diese Schwangerschaftsübelkeit?" und reichte mir ein Handtuch, damit ich die Müslireste aus den Haaren entfernen konnte.

Das ging ja schon mal gut los! Keine Ahnung, was das ausgelöst hatte. Wahrscheinlich meine enorme Euphorie darüber, dass es tatsächlich beim ersten ungeschützten Sex mit der Zeugung geklappt hatte. Wir waren davon ausgegangen, dass es mindestens ein halbes Jahr dauern würde, bis einer von Marcs Samen mit meiner diensthabenden Eizelle auf Tuchfühlung gehen würde. Marc erzählt ja heute noch, es sei seinem Super-Sperma gedankt. Angeber!

Eigentlich soll Übelkeit laut Ratgeber erst in der fünften oder sechsten Schwangerschaftswoche eintreten. Schon vor der Schwangerschaft hatte ich Ratgeber gelesen: ein großer Fehler, wie sich später herausstellte, weil ich während der gesamten Schwangerschaft ständig im Internet unterwegs war, immer wieder Dr. Google zu Rate zog und mich daraus resultierend dem Perfektionswahn aussetzte, der mich später in einen Burn-out führen sollte. Heute, aus der Distanz betrachtet, weiß ich, dass dieser Burn-out das Beste war, was mir passieren konnte. Die Depression, die ich durchlitt, war natürlich mit viel Schmerz und Traurigkeit verbunden, aber gleichzeitig brachte mich diese dunkle Zeit zu Erkenntnissen, die mir die Augen geöffnet und mich wieder auf den richtigen Pfad gelenkt haben. Aber dazu später mehr.

Einer Statistik in der *Lancet Global Health* zufolge ist weltweit fast jede zweite Schwangerschaft ungeplant, demnach sind etwa 44 % aller Schwangerschaften ungewollt. [5] Unsere war geplant. Marc und ich hatten uns ein Jahr zuvor das Ja-Wort gegeben. Es war eine Traumhochzeit und der schönste Tag in meinem bisherigen jungen Leben gewesen. Schon bald nach der Hochzeit begannen die lästigen Fragen von Freunden und Bekannten, wann es denn nun endlich mit dem Nachwuchs losginge. Wer sagt eigentlich, dass man unmittelbar nach der Hochzeit ein Kind bekommen *muss*? Das mag zu den Zeiten unserer Großeltern so gewesen sein. Hier zeigte sich eine Erwartungshaltung seitens der Gesellschaft, die einen in jeder Lebenslage einholen kann, wie der eigene Schatten.

Marc und ich wollten nach unserer Eheschließung erst einmal Zweisamkeit genießen. Etwas von der Welt sehen.

---

[5] Dies ergab eine Studie in *Lancet Global Health*: https://www.thelancet.com/journals/langlo/article/PIIS2214-109X(18)30029-9/fulltext

Außerdem befand ich mich gerade im letzten Semester meines Studiums. Ein Baby hätte einfach nicht in unsere Lebenssituation gepasst. Heute weiß ich, dass es *nie* den einen, perfekten Zeitpunkt gibt, um ein Baby zu bekommen. Wenn man seine Lebenssituation zu akribisch analysiert, wird man immer einen Grund finden, warum es gerade jetzt nicht passt, ein Baby zu zeugen. Doch der Kinderwunsch ist, wie schon erwähnt, genetisch bedingt und holt einen irgendwann ein, so auch mich. Je näher mein Studienende rückte, desto größer wurde mein Wunsch nach einem Baby. Zum jetzigen Zeitpunkt weiß ich auch, warum es zum Ende des Studiums so dringend war, ein Baby zu bekommen. Ich hatte keinen Plan, wohin es mich nach meinem Studium führen sollte, welche berufliche Richtung ich einschlagen wollte. Ich habe romanistische Philologie mit den Schwerpunkten Spanisch und Katalanisch studiert. Ein tolles Studium, das jede Mühe wert war. Aber Jobangebote, in denen man als frischer Akademiker einsteigen kann – Fehlanzeige! Ich hätte in einem kleinen Verlag anfangen können, als Praktikantin für den Beruf als Lektorin. Ohne Gehalt versteht sich. Nein, das war nicht das, was ich anstrebte – vier Jahre hartes Studium, um dann danach der Depp vom Dienst zu sein? Nein, vielen Dank. Schreiben war schon immer meine Leidenschaft gewesen und ich wusste, dass ich mich beruflich in diese Richtung orientieren wollte. Da mein Mann Programmierer ist, kamen wir auf den Gedanken, einen Hochzeitsblog/-ratgeber zu gestalten. Er machte die Programmierung, ich schrieb die Texte, während ich zusätzlich an meiner Bachelorarbeit arbeitete. Das Texten für die Hochzeitsseite machte mir großen Spaß, aber es erfüllte mich nicht, kurz, es war kein Beruf. Der Wunsch nach einem Baby war stärker denn je. Marc erging es ähnlich.

Unser allergrößter Traum war immer gewesen, eines Tages nach Mallorca auszuwandern. Spanisch sprechen wir beide – Marc ist Halb-Spanier – und ich hatte es studiert. Und somit planten wir zum ersten Mal unsere Zukunft. Davor hatten wir in den Tag hineingelebt und gemacht, was das Universum für uns vorherbestimmt hatte. Wir schliefen lange, tranken danach einen genüsslichen Kaffee und rauchten eine Zigarette, sprachen über den nächsten Urlaub und gingen abends zu einer Party mit Freunden, um das Tanzbein zu schwingen.

Falls der geneigte Leser, also ihr, jetzt beim Lesen ins Stocken geraten seid: Ja, ich habe mal geraucht. Nie viel, aber genussvoll. Auch heute bin ich diesem Laster treu. Für mich ist es pure Entspannung, wenn ich nach meinem harten Arbeitstag als Pflegerin, Köchin, Hausangestellte und Unterhaltungsbeauftragte für meinen Sohn eine Anti-Stress-Zigarette rauchen kann.

Aus irgendwelchen Gründen wollten wir diese Freiheiten aufgeben. Eines Abends saßen wir also gemütlich mit einem Glas Wein auf dem Balkon und machten Pläne, wie unsere Zukunft mit Kind aussehen sollte? Ich träumte schon von unserer Villa mit Pool im Norden von Mallorca, vielleicht in Cala Dor – das kannten wir von einem Urlaub mit den Schwiegereltern und der Schwägerin. Ein wunderschönes Plätzchen, kann ich euch sagen. Ich sah mich im weißen, fließenden Kaftan am Strand, unser Kind baute Sandburgen mit Papa. Das Leben konnte herrlich sein. Wir überlegten, was wir für die Verwirklichung dieses Traumes brauchten: einen Haufen Geld und ein Baby.

Wie wir an das Geld kommen würden, wussten wir noch nicht so genau. Eine Bank überfallen oder all unser Erspartes im Casino auf Rot setzen, stand ganz oben auf der Liste. Also beschlossen wir, es zunächst mit dem Babymachen zu versuchen. Theoretische Grundkenntnisse besaßen wir, praktisch aber war es eine echte Herausforderung und führte zu viel Kopfschütteln seitens meines Mannes.

Zunächst bestimmte ich meinen Zyklus. Das war einfach, da meine Periode immer auf den Tag exakt eintrat. Die Pille hatte ich schon drei Monate zuvor abgesetzt, da ich sie nicht vertrug und ganz schlimme Zickenanfälle davon hatte. Anhand einer Handy-App errechnete ich also meinen Zyklus und, wie es der Zufall so wollte, hatte ich gerade jetzt meine fruchtbaren Tage. Okay, dachte ich, dann legen wir mal los.

„Schatzi, wie war dein Termin?“, fragte ich Marc am Telefon. „Ich hab’ dir was Tolles zu berichten. Hast du kurz Zeit?“

„Ja, sitze gerade im Auto, ich habe dich auf Freisprechanlage.“

„Okay, also ich habe mich jetzt belesen zum Thema Zyklusbestimmung und Babymachen."

„Äh, Schatz …", unterbrach er mich.

„Warte mal", warf ich dazwischen. Ich war jetzt in Schwung und nichts und niemand konnte mich aufhalten.

„Also *Doggy Style* soll dafür die beste Stellung sein – das erleichtert den Spermien, an ihr Ziel zu kommen. Das heißt, du darfst gleich, wenn du heimkommst, deine Schlange aus der Höhle holen und deine kleinen Schwimmer loslassen."

„Schatz?", sagte Marc und seine Stimme klang irgendwie gepresst. „Kannst du mir das gleich nochmal in Ruhe zu Hause erzählen."

Dann war Stille. Plötzlich lautes Gelächter im Hintergrund. Hendrik, Marcs bester Freund, hatte uns zugehört. Hendrik ist Single und ein Frauenheld. Ich mag ihn, keine Frage, aber seine Weibergeschichten gehen mir trotzdem auf die Eierstöcke. Klar, dass er sich jetzt so richtig genüsslich in seinen Schlübber lachte! Mit den Themen Heiraten und Familie gründen kann er nämlich so gar nichts anfangen. Zumal er kurz vor unserer Hochzeit eine Intervention mit mir und Marc führte, in der er klären wollte, ob wir uns auch wirklich sicher waren, dass wir wussten, was wir taten, wenn wir heirateten. Ich denke, er hatte Panik, dass Marc ihn nach unserer Eheschließung vernachlässigen könnte. Wir versicherten ihm, dass sich an der Freundschaft nichts ändern würde – immerhin waren Marc und ich zu dem Zeitpunkt schon sieben Jahre ein Paar und es hatte sich an der Freundschaft der Männer in den ganzen Jahren nichts geändert.

Jetzt hatte er zufällig erfahren, dass wir planten, ein Baby zu bekommen, aber auch jetzt versicherte ihm Marc, dass sich absolut gar nichts ändern würde, außer dass wir Eltern werden. Wir würden coole, lockere Eltern sein, die ihren Hobbys nachgingen und ihre sozialen Kontakte weiter pflegen würden. Wir sollten eines Besseren belehrt werden und Hendrik bekam Marc leider auch nur noch allzu selten zu Gesicht.

In aufreizenden Dessous erwartete ich Marc im Schlafzimmer.

„Arrrrrr", schnurrte ich wie eine Wildkatze.

„Huch, was ist denn nu los?", fragte er, als er das Zimmer betrat.

„Hab' ich doch erzählt, am Telefon."

Marcs Begeisterung für meinen Reizwäsche-Auftritt nebst lasziver Pose hielt sich in Grenzen.

„Laut meiner Eisprung-App müssten wir genau jetzt Sex haben, da man vier bis fünf Tage vor dem Eisprung und am Tag des Eisprungs fruchtbar ist. Nach der Ovulation ist die Eizelle nur noch 12-24 Stunden befruchtungsfähig", dozierte ich.

„Puh, du nimmst das aber wirklich *sehr* ernst. Ich dachte, wir lassen das locker angehen."

Marc hatte sich das mit dem Sexhaben zum Babymachen offenbar anders vorgestellt. Aber Frau ist ja nur einmal im Monat zu einem bestimmten Zeitpunkt empfängnisbereit. Ich gebe zu, dass ein solcher Zeitplan jegliche Romantik ruiniert. Davon mal abgesehen ist Marc kein klassischer Romantiker. Aber über unser Intim-Leben kann ich mich dennoch nicht beschweren – ich könnte auch bekleidet mit einem Müllsack und zerzausten Haaren vor Marc stehen und er würde mich auf der Stelle vernaschen. Aber Sex nach Zeitplan gefiel ihm überhaupt nicht.

Viele Hebammen empfehlen – habe ich in einem Ratgeber gelesen – nach dem Sex liegen zu bleiben und die Beine hoch zu legen oder gar eine Kerze zu machen (sehr ambitioniert!), um der Schwerkraft entgegenzuwirken und den Spermien den Weg zur Eizelle zu erleichtern. Wissenschaftlich bewiesen ist das natürlich nicht, aber wenn der Wunsch nach einem Kind groß genug ist, werden Paare erfinderisch. Wobei es wohl eher die Frauen sind, die in Internet-Foren nach Rat suchen und alle möglichen (und unmöglichen) Methoden ausprobieren, um die Wahrscheinlichkeit, schwanger zu werden, zu erhöhen. Und hier beginnt auch schon schleichend der Prozess des Perfektionismus und des Nacheiferns von Tipps anderer Leute. Anstatt sich einfach zu lieben, so wie es die Menschen vor Hunderten und Tausenden von Jahren auch gemacht haben und zwar erfolgreich, wie man an uns sieht, wird heute nach „Fruchtbarkeit" gegoogelt. Nebenbei wird auch noch versucht, das Geschlecht zu beeinflussen. Und wenn es trotz der „Kerze " mit der Schwangerschaft doch noch nicht geklappt hat, fängt das große Zweifeln an. Habe ich auch alles richtig gemacht? Bin ich vielleicht unfähig, ein Baby zu bekommen? Hätte ich vielleicht doch auf den Rat meiner Freundin hören und vorher Linsen und Bohnen essen sollen, damit ich schwanger werde? Besser nicht ... sonst wäre mir höchstwahrscheinlich beim Geschlechtsakt noch einer entfleucht.

Frau will, schon bevor das Ei überhaupt befruchtet ist, alles richtig machen. So verhielt auch ich mich, was bei Marc ein ständiges Augenrollen auslöste. Von Romantik ist man da natürlich weit entfernt und Mutter Natur hat mit Sicherheit auch nicht vorgesehen, dass man nach dem Akt, anstatt zu kuscheln oder sich weiter zu lieben, einen Kopfstand macht.

Doch der Kontroll-Wahn unserer Generation hat mit der „Kerze" noch gar nicht seinen Höhepunkt erreicht. Ich spreche hier von der Geschlechtsbestimmung. Viele Paare wünschen sich als erstes ein Mädchen oder einen Jungen – das ist sehr individuell und abhängig vom Familienkonzept des Paares. Ein erstgeborener Junge soll für das zweitgeborene Mädchen der große Bruder sein oder zwei Mädchen sollen als Schwestern die besten Freundinnen werden. Da unter Geschwistern oftmals wenig Geschwisterliebe herrscht und Zoff, Eifersüchteleien und Streit den Familienalltag dominieren (können), ist es absurd, das Geschlecht der Streithähne bestimmen zu wollen. Davon abgesehen liegt die Wahrscheinlichkeit für das Wunschgeschlecht bei komfortablen 50:50 und unterliegt somit der reinen Willkür der Natur. Doch auch hier bemühen sich Paare, durchforsten das Internet und stürzen sich auf alle erdenklichen Mythen, um ihre Vorstellung von dem idealen Familienkonzept durchzusetzen und die Natur zu überlisten. Dass das im besten Fall schlicht Unsinn, im schlechteren Fall moralisch verwerflich sein könnte, spielt für die Familienplaner keine Rolle. Viel zu groß ist das Verlangen, der Ehrgeiz und der Wunsch nach dem perfekten Familienleben.

Ich würde lügen, wenn ich behaupten würde, nicht auch einen Plan im Kopf gehabt zu haben. Mein Wunsch war, zuerst ein Mädchen zu bekommen. Das lag darin begründet, dass ich keine schöne Kindheit hatte und mir immer gewünscht habe, die Fehler meiner Mutter auszubügeln und meiner Tochter das zu geben, was ich selbst schmerzlich vermisst habe. Das Geschlecht beeinflussen zu können, schien mir aber völlig unmöglich, und so verfiel ich nur dem Fruchtbarkeits-Wahn und überließ die Geschlechtsbestimmung dem Zufall.

Meine Freundin hingegen, die kurz vor mir schwanger wurde, hatte ein sehr klares Familienkonzept im Kopf und wollte unbedingt, dass es genau so umgesetzt wird. Sie probierte tatsächlich die verschiedensten Praktiken aus, die angepriesen wurden, um einen Jungen zu bekommen. Tatsächlich brachte sie zuerst einen Jungen und zwei Jahre später ein Mädchen zur Welt. Reiner Zufall? Oder ist es doch möglich, das Geschlecht des ungeborenen Kindes zu beeinflussen?

Dr. Landrum B. Shettles hat sich auf dieses Thema spezialisiert und zahlreiche Untersuchungen darüber veröffentlicht[6]. Demnach weisen männliche und weibliche Samenzellen unterschiedliche Eigenschaften auf. Während die männlichen Samenzellen zwar schneller den Weg in Richtung der Gebärmutter antreten, dafür aber eher absterben, überleben die weiblichen Samenzellen länger. Soll heißen, wenn man ein Mädchen zeugen möchte, wird empfohlen, drei Tage vor der Ovulation Verkehr zu haben. Die Missionar-Stellung sei hierfür am günstigsten, rät Dr. Landrum B. Shettles. Auch sollte die Frau während des Geschlechtsverkehrs nicht zum Orgasmus kommen, da dieser einen Einfluss auf das Scheidenmilieu habe und somit die Wahrscheinlichkeit für einen Jungen begünstige. Die Empfehlung für die Produktion eines Jungen lautet, am Tag des Eisprunges Sex zu haben. Zudem heißt es, der Mann solle vor dem Geschlechtsakt nicht zu heiß duschen oder gar zu enge Kleidung tragen, da hohe Temperaturen einen negativen Einfluss auf männliche Spermien hätten.

Mir persönlich war das alles zu theoretisch und da hörte der Spaß bei mir auch ganz einfach auf. Die „Kerze" nach dem Baby-Mach-Sex reichte mir schon völlig und ich kam mir hierbei schon total bekloppt vor. Marc war sowieso

---

6 Dr. Landrum B. Shuttles & David M. Rorvik: *How to Choose the Sex of Your Baby*, Harmony 2016

schon vollkommen abgenervt von den Ritualen, mit denen ich aufwartete: Wenn ich ihn jetzt noch mit den Regeln zur Geschlechtsbestimmung überrumpelt hätte, wäre er mit Sicherheit ganz raus aus der Nummer gewesen und hätte mich wohlmöglich in die Klapse einweisen lassen. Somit übergab ich dem Schicksal die Würfel – aber insgeheim wünschte ich mir schon eine kleine Maria.

„Was soll das denn jetzt werden, wenn's fertig ist?", fragte mich Marc sichtlich verdutzt, als ich meine Beine gen Decke streckte.

„Ich unterstütze die Spermien mit Schwerkraft", sagte ich, als wäre es völlig selbstverständlich, nach dem Sex akrobatische Übungen zu machen.

Marc schüttelte nur fassungslos den Kopf. „Also mit Liebe machen hat das für mich hier gerade nichts mehr zu tun."

Marc hatte Recht. Der Baby-Mach-Sex war irgendwie gewöhnungsbedürftig. Die richtige Stimmung wollte sich auch bei mir nicht einstellen. Ich war viel zu verkrampft, weil ich unbedingt wollte, dass es mit dem Schwanger-Werden auf Anhieb klappte. Und mich überraschte dieser innere Druck bei mir, alles perfekt machen zu wollen, damit auch alles haargenau so abläuft, wie ich es mir ausgemalt hatte. Gleichzeitig war mir bewusst, dass ich mich locker machen musste, denn ich hatte zuvor bei meiner Fruchtbarkeits-Recherche gelesen, dass Stress sich negativ auf die Empfängnis auswirken würde. Und da ich ja alles perfekt machen wollte, befolgte ich auch diesen Rat.

An den darauffolgenden Tagen ging ich schon viel lockerer an die Sache ran. Dennoch war es immer noch Geschlechtsverkehr nach Uhrzeit und weit entfernt vom wilden, spontanen, lustvollen Sex.

So warteten wir also nach dem errechneten Eisprung die nächste Regelblutung ab. In dieser Zeit befand ich mich gerade in den Vorbereitungen zu meiner mündlichen Abschluss-Prüfung. Das Lernen stresste mich ungemein (die mündliche Prüfung war komplett auf Spanisch) und ich benötigte dringend eine Pause. Deshalb flog ich spontan für ein paar Tage mit meiner besten Freundin nach Barcelona. Die Erholung tat mir sehr gut – ich konnte unabhängig von irgendwelchen Pflichten mit der besten Freundin shoppen gehen, mir die Sonne auf die Plauze scheinen lassen, beim Sonnenuntergang ein Weinchen genießen und über Frauenthemen quatschen. Zu dem Zeitpunkt war mir nicht klar, dass ich in naher Zukunft für eine sehr lange Zeit auf solche Annehmlichkeiten würde verzichten müssen.

Mal ehrlich, wer weiß schon vorher, was es wirklich bedeutet, ein Kind zu haben? Welche Pflichten damit einhergehen und welche Freiheiten man im Gegenzug dafür aufgeben muss? Niemand, wirklich niemand, liefert einem einen ungeschönten Bericht darüber. Kein Sterbenswörtchen darüber, dass sich eine Geburt anfühlt, als würde man Ziegelsteine kacken, dass man ständig nach Babykotze riecht und Säuglinge mehrmals am Tag flüssigen Stuhlgang haben (vor allem dann, wenn man gerade zur Haustür raus ist), dass man, sobald das Kind in die Krippe geht, ständig krank ist, und ganz zu schweigen davon, dass man nie wieder alleine auf dem stillen Örtchen seine Geschäften verrichten kann.

Schwangerschaft

Endlich stand der erste Termin bei meiner Frauenärztin an. Marc nahm sich frei, um mich zu begleiten. Er überwachte mich mit Argusaugen und packte mich in Watte – am liebsten hätte er gehabt, dass ich auch nicht mehr Auto gefahren wäre. Mehrmals zitierte ich für ihn den Spruch aus dem Volksmund, dass ich nicht krank, sondern *nur* schwanger sei. Wobei, wenn ich ehrlich bin, störte mich das „nur": Die Schwangerschaft ist, gerade gegen Ende, eine enorme psychische und physische Belastung. Trotzdem wollte ich nicht behandelt werden wie ein Pflegefall.

Für uns Frauen ist ja so ein Besuch beim Frauenarzt Routine und auch dieser Folterstuhl und dieses eiskalte Spekulum, mit dem die Vagina gedehnt wird, sind uns wohlbekannt. Aber für einen Mann ist das natürlich eine ganz andere Sache. Marc war komplett aus dem Häuschen und musste sogar wegschauen, als die Ärztin den Vaginalultraschall einführte. Dabei stöhnte er, sog abwechselnd die Luft durch die Zähne und murmelte „Puh, das muss ja weh tun" in seinen Bart. Er übertreibt halt manchmal maßlos.

Doch als er dann das erste Mal diesen kleinen Zellklumpen auf dem Bildschirm sah und die Herztöne unseres Babys hörte, war er plötzlich ganz still. Das kannte ich gar nicht von ihm. Marc ist zwar schon eher introvertiert, aber das hier war eine andere Stille. Ein Stille voller Ungläubigkeit. Voller Stolz. Für einen kurzen Moment glänzten Marcs Augen verdächtig. Und ihr müsst wissen, Marc weint nie. Oder fast nie. Nur nach der Geburt, als er Leo das erste Mal im Arm gehalten hat, oder als ich im Urlaub aus Versehen seine elektrische Zigarette im Pool versenkt habe und er nichts mehr zum Dampfen hatte. Das war ein Anflug von Heulkrampf gepaart mit Schockstarre, aber das ist eine andere Geschichte.

So starrten wir fassungslos auf das graue Bild, auf dem ein Herzchen pumpte. Es war beeindruckend, was die Natur erschaffen hatte. Dass aus einem einzigen Spermium und einer Eizelle, die miteinander verschmelzen, ein Baby entsteht, war so unglaubwürdig, wie die Tatsache, dass Trump tatsächlich Präsident der Vereinten Staaten geworden ist. Nur viel schöner!

Beladen wie nach dem Weihnachtseinkauf fuhren wir nach unserem ersten Besuch beim Frauenarzt nach Hause. Außer dem ersten Ultraschallbild von unserem Bauchzwerg hatten wir noch Massen von Broschüren über mögliche Krankheiten, die die Schwangerschaft und somit das Wohl und das Leben des Kindes gefährden könnten, erhalten. Während ich das Infomaterial durchlas, überfiel mich die Erkenntnis, was es bedeutete, die Verantwortung für das neue Lebewesen zu haben, das in meinen Bauch eingezogen war. Mir wurden die unterschiedlichsten Tests angeboten – selbstverständlich auf eigene Kosten – und ich fühlte mich unter Druck gesetzt, diese Tests in Anspruch zu nehmen. Sollte ich etwa *nicht* alle Tests durchführen lassen und dadurch ein Risiko, und sei es noch so klein, in Kauf nehmen? Ich wollte ja nicht schon als schlechte Schwangere starten, was mich unweigerlich in die Rolle einer schlechten Mutter gedrängt hätte. Ich nahm mir vor, eine Nacht darüber zu schlafen und morgen erst die Ärztin zu informieren. In der Nacht hatte ich einen furchtbaren Albtraum: Unser Kind war ohne Kopf zur Welt gekommen und die Ärzte – und auch Marc – gaben mir die Schuld daran, weil ich nicht auf mich und das Baby geachtet hätte. Noch im Schlafanzug rief ich bei meiner Frauenärztin an und vereinbarte einen Termin für die Blutabnahme, um mich auf Toxoplasmose und Zytomegalie testen zu lassen. Beide Ergebnisse waren negativ. Prima – allerdings hieß das, dass ich mir diese Erkrankungen während der Schwangerschaft auch nicht zuziehen durfte, wenn ich nicht die Gesundheit meines ungeborenen Kindes gefährden wollte. Das bedeutete, dass ich eine sehr lange Zeit auf Leckereien, die ich sehr liebte, wie zum Beispiel Räucherlachs, Fleischsalat, Salami, Aioli (rohe Eier!) und das flüssige Gelbe vom Spiegelei verzichten musste. Zu

Anfang störte es mich nicht. Ich war beseelt von der Vorstellung, was für eine Mutter ich sein wollte, und tat alles, um diese Vorstellung auch umzusetzen. Dass mir dieser Drang zur Perfektion später noch zum Verhängnis werden würde, war mir zu dem Zeitpunkt natürlich nicht bewusst.

Eine gute Mutter sein, dass wollen wir doch alle. Aber ihr kennt das sicher, wir wollen noch mehr als das. Ich wollte eine *perfekte* Mutter sein und mein Baby sollte den allerbesten Start ins Leben genießen. Und somit achtete ich penibel darauf, welche Lebensmittel ich zu mir nahm, welche ich lieber wegließ. Anfänglich hielt ich mich strikt daran. Unnötig zu erwähnen, dass Alkohol – pur oder in Lebensmitteln enthalten – natürlich ein absolutes No-Go war, da er die Entwicklung und Gesundheit des heranwachsenden Babys ernsthaft beeinträchtigen würde. Aber mein Perfektionswahn dehnte sich auf unendlich viele andere Nahrungsmittel aus. Ich mied nicht nur alle Lebensmittel, die Toxoplasmose oder Zytomegalie auslösen könnten, sondern achtete auch auf die richtige Menge an Salz, Zucker, Proteinen und Fetten, die ich zu mir nahm. Was dazu führte, dass ich meine Schwangerschaft in Bezug auf meine Ernährung eine gewisse Zeit nicht so sehr genießen konnte, wie ich mir das vorgestellt hatte. Ständig versetzte ich mich selbst in Panik und machte mich total verrückt. Und meine Familie und Freunde auch.

Heute habe ich die Erkenntnis, dass ich von Anfang an mal etwas lockerer hätte sein sollen. Natürlich ist es wichtig, dass man als werdende Mama in der Schwangerschaft auf sich achtet und auf das Wohl des Kindes bedacht ist. Aber bei mir wurde es extrem und es setzte mich enorm unter Druck. Bis ich zum Glück irgendwann begriff, dass ich meine Schwangerschaft, so wie ich mich verhielt, nicht genießen konnte. Also versuchte ich, den Perfektionismus ein wenig zurückzuschrauben, zum Beispiel nur diejenigen Lebensmittel zu meiden, die schwere gesundheitliche Probleme beim Ungeborenen auslösen konnten. Darauf konnte ich zehn Monate verzichten – ich wusste ja, wofür ich das tat. Ich hörte auf, mich komplett ratgeberkonform gesund zu ernähren und erlaubte mir verschiedene Genüsse. Und – was soll ich sagen – mir ging es viel besser, nachdem ich mich entschieden hatte, auch mal zu sündigen und am Geburtstag meiner Schwiegermutter ein paar Stücke von der selbst gemachten Käsesahnetorte zu essen. Ich arrangierte mich damit, dass ich jetzt fett werden würde, machte mir klar, dass ich jetzt die einmalige Chance hatte, zu essen, worauf ich Lust hatte, weil ich ja sowieso zunehmen würde. Ich aß gesund, um meinen Bauchkrümel mit ordentlichen Nährstoffen zu ernähren, und zusätzlich das, worauf ich Lust hatte. Ich war glücklicher mit meiner neuen unverkrampften Einstellung, auch wenn ich mich dafür von meinen Vorstellungen einer perfekten Schwangerschaft verabschieden musste. Aber lieber war ich eine unperfekte, dafür glückliche Schwangere, als eine verkrampfte, schlecht gelaunte.

Doch leider holte mich mein gerade eben erfolgreich bekämpfter Perfektionswahn nach der Geburt schnell wieder ein.

Nach meiner Erkenntnis genoss ich die Schwangerschaft in vollen Zügen – das heißt, von dem Zeitpunkt an, an dem die Spuckerei und Einschlaf-Anfälle seltener wurden, also etwa ab dem vierten Monat. Gleichzeitig war die kritische Phase vorüber, in der der Fötus noch abgehen kann, und ich genoss meinen Zustand. In dieser schönen Phase der Schwangerschaft wirkte ich auf meine Umgebung wie die Reinkarnation Buddhas – also gelassen und freudig, nicht dick und glatzköpfig – das sollte sich jedoch im letzten Drittel gründlich ändern.

Wie wohl jede Frau stellte auch ich mir vor, wie sexy ich mit einem schönen, runden Babybauch aussehen würde. Die Vorstellung mag in den ersten sechs Monaten auch zutreffend sein, aber mit der Zeit wurden aus meinen Vorstellungen Enttäuschungen: Im letzten Trimester der Schwangerschaft sah ich aus wie ein Streuselkuchen im Gesicht, meine Figur glich rasch der eines beunruhigten Kugelfischs, ich hatte Wassereinlagerungen in Händen und Füßen und ein furchtbar aufgequollenes Gesicht, war also von sexy meilenweit entfernt. Den Ehering hätte ich lieber mal früher abnehmen sollen, den bekam ich nämlich gegen Ende der Schwangerschaft nicht mehr vom Finger.

Die ersten Etappen der Schwangerschaft waren toll. Die wachsenden Wölbungen meines Bauches dokumentierte ich täglich fotografisch und lud die Bilder bei Instagram hoch, damit alle erfuhren, wie ich meine Schwangerschaft genoss und wie toll doch alles war. Im letzten Drittel wurden die Bilder deutlich weniger. Mein aufgequollenes, mit Mühe und viel Make-up kaschiertes Kugelfisch-Gesicht habe ich meinen Insta-Followern natürlich verheimlicht. So etwas gehört nicht in die Insta-Scheinwelt, wo das Leben ein Ponyhof ist und Frauen Rosen kacken.

Klar, die ersten Tritte vom kleinen Bauchkrümel waren etwas Besonderes und ein unbeschreibliches Gefühl. Aber irgendwann kam die Ernüchterung. Erst ab dem siebten Monat bekommt man es so richtig mit der Schwangerschaftsrealität zu tun. Ab dann sieht man aus wie ein gestrandetes Walross, kann nicht mehr auf dem Bauch schlafen, stößt zu Silvester mit Rubble-Bubble-Kindersekt an, darf aber auf seiner eigenen Babyparty der betrunkenen Freundin ins Auto helfen. Man kauft alle vier Wochen neue BHs aus der Umstandsmode-Abteilung, weil der Busen so groß geworden ist, dass man damit eine ganze Fußballmannschaft ernähren könnte, und muss nachts alle halbe Stunde zur Toilette, weil man das Gefühl hat, die Blase ist randvoll und dann kommen doch nur zwei Tropfen. Eine ansehnliche Intimrasur ist auch unmöglich. Man steht – dem Medizinball geschuldet, den man vor sich her trägt – in akrobatischer Stellung in der Duschkabine und versucht, völlig blind, seinen Intimbereich zu verschönern, und hofft – leider vergeblich – dass sich das Ergebnis sehen lässt. Zusätzlich wird man von unstillbarer Lust auf (hier jedes beliebige Nahrungsmittel einsetzen) geplagt. Bei mir waren es Schokolade und Konsorten. Was war ich verrückt danach! Meine Leibspeisen in der Zeit waren Spaghettieis oder Erdbeeren mit ganz viel Sahne.

Marc, der zwei Jahre zuvor 25 Kilo abgenommen hatte und sehr sportlich geworden war, machte notgedrungen bei den Spaghettieis und Sahneerdbeer-Orgien mit und nahm während meiner Schwangerschaft mehr zu als ich. Bis heute hat er die Kilos noch auf seinen Rippen. Jetzt weiß ich auch, was mit „der Mann wird auch schwanger" gemeint war. Für Marc tut es mir sehr leid, denn seit unser Sohn da ist, findet er weder Zeit für Sport noch hat er die Muße dafür. Auch er musste seine Hobbys vorerst ad acta legen.

Irgendwann hatte ich die Schwangerschaft so satt, dass ich die Geburt herbeisehnte – die Schmerzen waren mir dabei erstmal Banane. Ich wollte einfach nur mal wieder in ein Brötchen mit Fleischsalat oder Räucherlachs mit Dillsauce beißen. Man musste einfach auf so viel verzichten als werdende Mutter. Aus meiner anfänglichen Euphorie wurde gegen Ende Frustration. Dieser nächtliche Pipidrang ging mir auf die Nerven, zu dem wurde aus dem Kugelfisch langsam ein Michelin-Männchen. Da ich aus gesundheitlichen Gründen auf das Färben meiner Haare verzichtete – das wurde jedenfalls in irgendeinem Ratgeber empfohlen –

war mein Ansatz so breit wie eine Autobahn. Auch mein ehemals schwungvoller Gang hatte sich verändert: Wie ein Pinguin watschelte ich, langsam mit beiden Händen meinen Rücken stützend auf O-Beinen, die jeden Fußballer zur Ehre gereicht hätten, durch die Gegend. Von einer sexy Bilderbuch-Schwangeren war ich kilometerweit entfernt. Keine Ahnung, wie die schwangeren Bloggerinnen es schaffen, nicht so auszusehen. Entweder sie haben großes Glück in Bezug auf ihre Gene oder sie können einfach nur gut photoshoppen.

Zu meiner Frustration gesellten sich im letzten Drittel auch noch zunehmend Versagensängste dazu. Natürlich hatte ich mir Gedanken darüber gemacht, wie ich als Mutter sein wollte. Es stand fest: Ich wollte eine gute Mutter sein, die beste, und alles richtig machen. Eine gute Mutter macht dann alles richtig, wenn sie sich vorab informiert, das heißt: Ratgeber liest. So der allgemeine Konsens. Dass dieses Ratgeberwissen mich verunsicherte, sich in mich hineinfraß wie Motten in die Klamotten und meinen Instinkt vernebelte, das merkte ich erst viel später.

Schon vor der Geburt las ich alles über die Zeit mit einem Neugeborenen und war tatsächlich davon überzeugt, für das Kommende gerüstet zu sein. Natürlich versuchte ich, mich haargenau an den Rat der Experten zu halten – dass diese sich allerdings oftmals widersprachen, verwirrte mich schon, aber ich blendete es aus. Ich sog einfach alles auf, was ich in den Ratgebern gelesen hatte und versuchte es anzuwenden. Alles auf einmal. Meine eigenen Ansprüche an mich wurden mehr und mehr zur Last, auch schon in der Schwangerschaft. Und etwas sehr Wichtiges blieb dabei auf der Strecke: Mein Instinkt und mein Vertrauen in meine Fähigkeiten als Mutter. Anstatt auf mein Bauchgefühl zu hören, verließ ich mich schon von vornherein auf die Informationen sogenannter Fachleute. Der Grundstein für eine spätere Überforderung war damit schon in der Schwangerschaft gelegt. Denn es entstehen auch Bilder und Pläne für die – natürlich – glückliche Zeit mit dem – zufriedenen, satten – Baby, das wir nach dem Stillen zärtlich im Arm halten. Ich stellte mir vor, wie ich bei Sonnenschein den Kinderwagen durch den Park schiebe, auf einer Bank raste und meinem Baby beim Schlafen zusehe. Ich wollte die Elternzeit zu Hause genießen, endlich mal Zeit für eigene Projekte haben. Man wird ja wohl mal träumen dürfen. Vorsicht Spoiler: Das reale Leben mit Baby sah nämlich ganz anders aus.

Im letzten Drittel kugelte ich also auf die Geburt zu und fühlte mich in meiner Haut gar nicht mehr wohl. Ein Wellness-Wochenende in Grömitz, zu dem mich Marc vier Wochen vor der Entbindung einlud, machte es alles nur noch schlimmer. Da wurde ich doch tatsächlich im Schwimmbad von einer aufgeweckten Sechsjährigen gefragt, warum ich denn so fett sei. Kinder können ja furchtbar ehrlich und gemein sein. Ich überlegte, ob ich ihr sagen sollte, dass ich kleine Mädchen fresse und deshalb so dick sei, ich entschied mich aber dann für die Wahrheit, auch deshalb, weil ihre Eltern nicht weit entfernt am Beckenrand saßen und unserer Unterhaltung lauschten.

„Da ist ein Baby in meinen Bauch."

„Und wie ist es da reingekommen?"

Ist das der Moment, an dem man mit Bienchen und Blümchen argumentiert? Jedenfalls, entschied ich, war die Aufklärung der aufgeweckten Fragestellerin nicht meine Aufgabe.

„Da frag mal deine Mama und deinen Papa, die können dir am besten erklären, wie man das Auto in die Garage fährt", sagte ich, mit einem zufriedenen Seitenblick auf die Eltern, denen gerade die Kinnladen nach unten klappten.

Von einem kleinen Mädchen als *fett* bezeichnet zu werden, war schon peinlich genug, aber auf der Peinlichkeitsskala für Situationen in der Schwangerschaft ist hier noch viel Luft nach oben. Deutlich peinlicher waren schon die Dammmassagen meines Mannes kurz vor der Geburt. Was man nicht alles tut, um sich einen Dammriss unter der Geburt zu ersparen. Marc und ich kennen uns schon lange, zu lange vielleicht, denn selbst beim Geschäfte-Verrichten auf der Toilette werden die Türen nicht mehr zugemacht. Ein Glück, dass noch gespült wird. Aber sich mit einem Öl von dem Partner den Damm massieren lassen? Da ist Scham-Gefühl vorprogrammiert.

Doch ich sollte eines Besseren belehrt werden, den eigentlichen Höhepunkt erreichten die peinlichen Situationen erst nach der Geburt.

Geburtsvorbereitungskurs

Marc und ich besuchten einen Paar-Geburtsvorbereitungskurs, den unsere Nachsorge-Hebamme anbot. Dieser fand einmal wöchentlich statt und dauerte knapp zwei Monate. Unsere Hebamme war ein wirklich unangenehmer Mensch. Ich konnte sie von Anfang an nicht leiden und merkte schon von der ersten Sekunde an, dass zwischen uns die Chemie nicht stimmte. Sie versuchte ständig witzig zu sein und lachte – meist als einzige – über ihre eigenen Witze. Zudem mangelte es ihr an Feingefühl und sie legte eine ruppige, pietätlose Art an den Tag. Furchtbar. Ich hätte mir eine andere Hebamme suchen sollen, doch leider hörte ich nicht auf mein Bauchgefühl – wie so oft in meinem Leben. Es war sehr schwierig gewesen, überhaupt eine Hebamme zu finden, obwohl wir uns schon früh darum gekümmert hatten. Die meisten Hebammen waren bereits ausgebucht. Zum Glück war diese hier nur unsere Nachsorge-Hebamme, während der Geburt hätte ich sie wahrscheinlich unkontrolliert beschimpft und aus dem Kreissaal geworfen.

Ich hatte mich – trotz der Hebamme – sehr auf den Kurs gefreut, weil ich glaubte, dort viel Wissen abgreifen und wertvolle Tipps in Bezug auf die Geburt und die ersten Monate mit Kind mitnehmen zu können. Marc war gar nicht begeistert, als ich ihm erzählte, dass wir den „Hechel-Kurs“ (Marcs Bezeichnung) gemeinsam besuchen würden. In seiner Vorstellung saß man in so einem „Hechel-Kurs“ auf einer Yoga-Matte, die Schwangere im Schneidersitz und der werdende Vater direkt dahinter, und übte gemeinsam mit den anderen Teilnehmern das Atmen. Auch mich hatte die Vorstellung, vor fremden Leuten orgasmusähnliche Töne von mir zu geben, eher verunsichert. Aber ich hatte gelesen, dass das heutzutage nicht mehr der wesentliche Bestandteil eines Geburtsvorbereitungskurses war. Zusätzlich überzeugte ich Marc damit, dass wir dadurch vielleicht neue Kontakte knüpfen könnten. Damit hatte ich ihn. Denn es war sowohl Marc als auch mir sehr wichtig, Kontakte zu anderen Bald-Eltern zu knüpfen, da wir in unserem Freundeskreis fast ausschließlich kinderlose Paare hatten.

Neue Kontakte knüpften wir allerdings gar keine und das lag definitiv nicht an uns. Mir war das ganze Getue von den anderen Paaren in dem Kurs zuwider. Für mich wirkte das alles aufgesetzt. Allen voran dieser eine werdende Vater, der mich auf die Palme brachte. Ein Lehrer und totaler Klugscheißer, der fest davon überzeugt war, die Weisheit mit Löffeln gefressen zu haben. Er wusste alles besser. Er hatte offenbar noch mehr Ratgeber als ich gelesen und ließ den Neunmalklugen raushängen, als würde er Noten dafür bekommen. Und dann noch diese Fragen, die von anderen Teilnehmerinnen gestellt wurden: „Ist eine Geburt schmerzhaft?“ Nein, natürlich nicht, liebe Frau vom neunmalklugen Lehrer, eine Geburt ist was ganz Feines! Das ist wie Katzenstreicheln und dann ganz hinterhältig ohne Vorwarnung von ihr die Krallen ins Gesicht bekommen. Das tut nicht weh, nein, nein. Und dann gab es noch diese furchtbar schlecht gelaunten Schwangeren, deren Mundwinkel bis zum Boden hingen. Fakt ist, es gelang uns nicht, einen einzigen Kontakt zu knüpfen. Die meisten Frauen waren viel zu sehr mit sich selbst beschäftigt und wenn man mal ins Gespräch kam, dann wurde ausschließlich über zertifizierte Öko-Babykleidung und Babywaschmittel gesprochen, welches denn das hautfreundlichste für das Neugeborene sei und bei welcher Herstellung der Bio-Kleidung die Arbeitsbedingungen fairer seien. Grundsätzlich finde ich solche Einstellungen toll, aber ich fand es schade, dass man die Möglichkeit, ein anderes Paar in derselben Situation kennenzulernen, mit Waschmittelunterhaltungen vertat. Ich hätte mich gerne mit anderen Frauen über die bevorstehende Geburt ausgetauscht, zum Beispiel über die damit verbundenen Ängste. Versuchte ich, das Thema darauf zu bringen, dauerte es keine Minute und wir waren bei dem Material und der Qualität von Babyflaschen angelangt und welche Sorte Schnuller die Zahnspange in der fernen Zukunft verhindern würde. Den Rest gab mir die Hebamme, die mit Gewalt versuchte, den viel zu großen Puppenkopf durch das Becken-Exemplar zu drücken, womit sie uns demonstrieren wollte, wie sich das Kind unter der Geburt dreht und dann

durchs Becken gepresst wird. Sehr verstörend.
Irgendwann kamen tatsächlich die versprochenen Atemübungen, bei denen Marc und ich dann erwartungsgemäß einen Lachanfall bekamen. Unser unangebrachter Frohsinn wurde mit bösen Blicken abgestraft. Am liebsten hätte ich in die Runde gerufen: „Leute, jetzt zieht doch mal den Stock aus dem A…“, aber ich wollte mir keine Feinde machen.

Wir konnten aus diesem Kurs wenig mitnehmen. Ich erfuhr Dinge, die ich vorher auch schon gewusst hatte – ihr ratet sicher richtig: ja, aus Ratgebern – und auch diese Atem- und Massageübungen waren eher unnötig. Nichts davon haben wir während der Geburt gebrauchen können, weil ich nicht in der Lage war, überhaupt nur eine Sekunde lang daran zu denken, wie man richtig atmet. Und auch die Demonstration mit der Puppe an dem Becken-Exemplar war pure Theorie. Im Moment der Geburt war mir scheißegal, wie sich das Kind dreht und durchs Becken quetscht. Das Einzige was mich interessierte, war, dass dieses Kind endlich aus mir rauskommt und wenn dafür ein Abschlepper bestellt würde, der es mit einem Seil rauszieht, wäre mir das auch recht gewesen.

Das ist natürlich nur meine persönliche Meinung über den Geburtsvorbereitungskurs. Es gibt sicher Paare, die in einem solchen Kurs Freunde fürs Leben finden/gefunden haben und dann gemeinsam die Waschmittel-Öko-Welt erobern. Wir gehörten jedenfalls nicht dazu.

Geburt

Je näher die Geburt rückte, desto nervöser wurde ich. Acht Monate lang hatte ich mir darüber wenig Gedanken gemacht. Dass ich bei RTLII jeden Mittwochabend *Babyklinik* schaute, trug nicht gerade dazu bei, dass sich meine Nervosität legte. Im Gegenteil, ich beschäftigte mich immer mehr damit, wie die Geburt wohl bei mir aussehen würde. Ich nahm mir fest vor, nicht wie ein Tier auf dem Schlachthof zu brüllen und auch nicht zu fluchen, wie die Mütter im Fernsehen. Ich nahm mir viele Dinge vor, die ich im Enddefekt nicht einhalten konnte: so auch, dass ich definitiv keine Periduralanästhesie (PDA) in Anspruch nehme, aber dafür unbedingt eine Wassergeburt haben wollte. In meinen Vorstellungen war meine Geburt total harmonisch und das Klinikpersonal pure Statisten. Dass es schmerzhaft werden würde, war mir theoretisch bewusst, aber dass die Schmerzen solch ein Ausmaß annehmen sollten und die PDA und der Kaiserschnitt das Erste waren, wonach ich schreien würde, das wusste ich allerdings damals noch nicht.

In den Momenten der Ungewissheit beruhigte mich mein Perfektionswahn in Hinblick auf die Geburt. Es ließ mich der Zukunft entspannter entgegensehen – schließlich hatte ich alle Ratgebertipps bis hierher erfolgreich umgesetzt. Was sollte da noch schief gehen? Während mir meine im Kopf perfekt inszenierte Harmonie den Druck nahm und ich zuversichtlich der Geburt entgegenblickte, machte mir die ehrliche Ader meiner großen Schwester Jessi einen Strich durch die Rechnung.

Jessi gehört zu dieser seltenen Spezies der Ehrlichen. Ich schätze diese Eigenschaft sehr an ihr und ich bewundere sie dafür, denn sie ist einer der wenigen Menschen, denen es pupsegal ist, was andere über sie denken. Und während ich ihr von meiner von vorne bis hinten durchgeplanten Geburt berichtete und sie bat, doch einmal von ihrer Geburt zu erzählen, vor allem davon, *wie* schmerzhaft es werden würde, fiel mein zuvor sorgsam errichtetes Vorstellungsgebäude wie ein Pappkartonhaus in sich zusammen. Wie ich es von anderen Müttern gewohnt war, erwartet ich auch von ihr eine tröstende Blümchenversion der Realität. Ich hätte es besser wissen müssen!

Nicht nur ihre Aussage, dass eine Geburt sich anfühle, *als würde man Ziegelsteine quer scheißen*, blieb mir aus der unverblümten Erzählung meiner Schwester in Erinnerung, auch die unappetitliche Vorstellung, dass man unter der Geburt den Hebammen *auf den Kreissaalstuhl kackt* fand einen unauslöschlichen Platz in meinem Kopf. Dieser Gedanke machte mich verrückt. Ich bin überhaupt kein prüder Mensch, aber die Vorstellung, dass ich während meiner Presswehen nicht nur mein Kind, sondern noch den Darminhalt aus meinem Körper rauspressen würde, ließ mich fortan nicht mehr los.

In sämtlichen Foren informierte ich mich über diesen unvorstellbaren Tatbestand, fragte nach, ob das anderen auch schon passiert sei, und wenn ja, ob sie nicht vor Scham im

Erdboden versunken seien? Zu meiner Überraschung bekam ich immer dieselbe Antwort zu lesen: Allen war unter diesen Schmerzen im wahrsten Sinne des Wortes scheißegal gewesen, dass sie vor Publikum ihren Darminhalt entleerten. Das Einzige was man im Angesicht dieser Wahnsinnsschmerzen wollte, war, dass es endlich aufhörte und das Kind da war. Mit oder ohne Kacke.

Wer kennt sie nicht, diese Fachzeitschriften, die man beim ersten Frauenarztbesuch in der Schwangerschaft zu lesen bekommt, in denen ausführlich und eindrucksvoll beschrieben wird, wie aus einer befruchteten Eizelle ein Lebewesen entsteht und in denen die wöchentliche Entwicklung des Babys gezeigt wird. Natürlich wird auch ausführlich von der Geburt, der Eröffnungsphase, der Übergangsphase und der Austreibungsphase berichtet. Klingt alles sehr harmonisch und plausibel und man vertraut drauf, dass sich die Natur schon etwas dabei gedacht haben wird, dass man ein fast vier Kilo schweres Baby durch so ein kleines Loch herauspressen soll, ohne dabei den Löffel abzugeben. Bedacht hat die Natur aber anscheinend nicht, dass sich die Frau, im Laufe der Evolution auch anatomisch verändert hat. Der größte Nachteil des aufrechten Ganges besteht darin, dass es im Becken der Frau zu einer drastischen Verengung des Geburtskanals gekommen ist. Dies ist die Ursache für die schwere und schmerzhafte Geburt eines Menschenbabys. Zum Glück hat sich aber auch unser Gehirn, zeitgleich zum aufrechten Gang, vergrößert, und somit auch unsere Intelligenz. Heutzutage sind Ärzte und Hebammen daher in der Lage, dieser ungünstigen Becken-Ausgangssituation mit Fachwissen und medizinischen Eingriffen entgegenzuwirken, sodass viel weniger Frauen unter der Geburt versterben, als es noch zu Mittelalterzeiten der Fall war.

Es ist Wahnsinn, was der Körper einer Frau unter der Geburt leistet. Ich habe einmal gelesen, dass diese Geburtsschmerzen vergleichbar sind mit sage und schreibe 38 Knochenbrüchen, die man auf einmal erlebt, also auf der Schmerzskala weit über dem Erträglichen liegen. Glücklicherweise hat die Natur es aber so eingerichtet, dass der Körper einer Frau während der Geburt ein körpereigenes Schmerzmittel namens Oxytocin herstellt. Das ist schön! Wenn dieses körpereigene Schmerzmittel nicht wäre, würde Frau bewusstlos werden.

Weniger schön war allerdings, dass ich so ein Glückspilz war, dessen Körper dieses schmerzlindernde Mittelchen offenbar nicht produzierte und dass ich zu der winzig kleinen Gruppe von Frauen gehöre, bei denen der erfahrene Anästhesist beim Setzen der PDA einen Nerv trifft und damit das Bein lahmlegt.

Eines morgens wachte ich mit Wehen auf, die aber so unregelmäßig waren, dass ich davon ausging, dass es Senkwehen waren, zumal es noch knapp drei Wochen bis zum errechneten Entbindungstermin waren. Also ging ich mit unserer Hündin Luna zum Hundefriseur, um ihr das Fell kürzen zu lassen. Dort wurden die Schmerzen immer stärker und ich stoppte die Zeit, um die Regelmäßigkeit der Wehen zu überprüfen. Als Marc und ich danach noch den Wocheneinkauf erledigten, musste ich mich während der Wehen schon an Marc festhalten. Es war immer noch erträglich, fühlte sich an wie starke Regelschmerzen. Zuhause angekommen, machten wir uns noch was zu essen. Da ich irgendwie das Gefühl hatte, dass die Geburt bald losgehen würde, tat ich mich mit dem Genuss der Mahlzeit schwer, weil ich bei jedem Happen an das Szenario mit dem Darminhalt im Kreissaal denken musste. Inzwischen kamen die Wehen regelmäßig alle zehn Minuten. Ich wusste, dass man bei einer Wehenregelmäßigkeit über einer Stunde davon ausgehen kann, dass es echte Wehen waren und keine Übungswehen. Um dies zu überprüfen, hatte mir die Hebamme empfohlen, ein heißes Bad einzulassen und zu testen, ob die Wehen dann stärker wurden oder wieder verschwanden. Die „echten" Einführungswehen würden auch im warmen Wasser nicht abklingen. Kaum saß ich in der Wanne, wurden die Wehen stärker und kamen nun schon in siebenminütigen Abständen. Sofort kletterte ich aus der Badewanne, zog mich schnurstracks an, Marc schnappte meine Kliniktasche – die ich Gott sei Dank schon gepackt hatte – und wir machten uns auf den Weg ins zwanzig Minuten entfernte Krankenhaus.

Gegen achtzehn Uhr trafen wir im Krankenhaus ein und mir wurde sofort ein Wehenschreiber (CTG) angelegt, der eindeutig Wehen anzeigte. Auch mein Muttermund, der in der Klinikssprache mit MuMu abgekürzt wird (was sich in meinen Ohren wie ein Kosename für Vagina anhörte), war schon vier Zentimeter geöffnet, was mir eine Sofort-Eintrittskarte für den Kreissaal bescherte. Während ich am CTG hing und ab und an eine Wehe über mich hinweg rollte, lachten Marc und ich noch und machten Witze. Was für Mimosen die anderen Gebärenden doch waren, dachte ich zwischenzeitlich.

Als wir uns damals an einem Besichtigungstag das Krankenhaus angeschaut hatten und auch durch die Gänge der Entbindungsklinik geführt worden waren, hat es ein Moment gegeben, den ich nie vergessen werde. Wir, die werdenden Eltern, standen alle nichtsahnend im Gang und tuschelten in euphorischer Stimmung miteinander. Wir waren alle aufgeregt, dass wir hier in einigen Monaten selbst entbinden würden und man sah die Vorfreude und die Aufregung auf das bevorstehende neue Leben in den Augen aller. Die Freude sollte schnell dahinschwinden, als plötzlich ein furchtbares, ohrenbetäubendes Geschrei aus einem der Kreißsäle ertönte. Schmerzerfüllte Worte, geschrien, gestöhnt, gebrüllt, drangen an unsere Ohren: „Ich kann nicht mehr“, „Ahhhhhhh“, „Lasst mich in Ruhe“ und „Holt es raus“ ertönte es aus einem der Räume. Offenbar erlebten wir gerade die kritischen Stadien einer Geburt hautnah mit und keiner von uns war darauf vorbereitet. Den Hebammen und Ärzten, die uns durch die Räume führten, war das selbst unangenehm und sie versuchten, uns zu beruhigen. „Diese Worte und Reaktionen sind ganz normal von einer gebärenden Frau – keeeiiin Grund zur Sorge" erklärte man uns. Das Geschrei der Frau, die scheinbar furchtbare Schmerzen durchlitt, wurde zum Wimmern, zum Heulen, zum Kreischen und es hörte sich so an, als würde die Klinik im Nebengewerbe eine Schlachterei betreiben oder aber Versuche mit Folterwerkzeugen an Menschen ausüben. Und in dem Moment wurde mir klar, dass Jessi mit ihren Ziegelsteinen wohl nicht übertrieben hatte, und die perfekte, harmonische Fantasie von meiner Geburt wurde durch grausame Schlachthofbilder ersetzt.

Und nun lag ich selbst in einem Bett der Entbindungsklinik und machte mich mit Marc darüber lustig, wie furchtbar laut diese Frau geschrien hatte. In dem Moment konnte ich es nicht verstehen, denn auch ich hatte schon alle fünf Minuten schmerzhafte Wehen, die aber durchaus auszuhalten waren und nicht ansatzweise so stark, dass ich schreien müsste wie ein Schwein auf der Schlachtbank.

Tja, das Karma haut zurück und manchmal schneller als erwartet.

Eine Stunde nachdem wir uns so prächtig amüsiert hatten, platzte meine Fruchtblase selbstständig. Dieser Moment sollte die schmerzhaftesten Stunden meines Lebens einleiten. Es fühlte sich an, als wäre ein Ballon in mir kollabiert, das Fruchtwasser lief an meinem Hosenbein herab und durchtränkte das Bett. Ab dem Zeitpunkt hatte ich ganz und gar nichts mehr zu lachen und die Ereignisse überschlugen sich. Ich hatte die Schmerzen meines Lebens und sie übermannten mich mit so einer enormen Wucht, dass ich mir nicht zu helfen wusste. Marc lief derweil im Kreissaal auf und ab und versuchte, mit Papierhandtüchern das Bett zu trocknen. Er war schrecklich überfordert mit dieser Situation.

Meine Wehen kamen fortan minütlich und ich hatte dazwischen kaum Zeit, mal aufzuatmen. Als die herbeigerufene Hebamme dann endlich kam, schaute sie als erstes nach meinem Muttermund. Sechs Zentimeter war dieser nun schon geweitet. Mittlerweile war es zehn Uhr abends und es waren seit dem Blasensprung nur wenige Minuten vergangen. Das Vorhaben, die Geburt ohne PDA durchzustehen, warf ich direkt nach dem Blasensprung über Bord. Ich wollte einfach nur, dass diese höllischen Schmerzen, die mich fast bewusstlos machten, aufhörten. Spreche ich heute mit kinderlosen Freundinnen über diesen Wehenschmerz, kann ich nicht exakt beschreiben, wie der sich überhaupt anfühlte, weil er mit keinem anderen Schmerz vergleichbar ist. Und was habe ich mich immer geärgert, wenn mir Mütter, die ich als Schwangere danach befragt habe, genau diese Antwort gegeben haben. Wenn er der schlimmste im bisherigen Leben war, muss man doch wissen, wie sich so ein Schmerz anfühlt! Ich hatte mir immer eingebildet, diese Mütter seien arrogant und würden ihr Wissen für sich behalten wollen, weil sie dem exklusiven Club der Geborenhabenden angehörten und ich nicht. So als würden sie sich damit profilieren und mich dabei ausschließen wollen. Heute weiß ich, dass diese Schmerzen tatsächlich mit nichts zu vergleichen und daher unmöglich zu beschreiben sind. Am genauesten trifft es immer noch die Beschreibung meiner Schwester: querliegende Ziegelsteine zu kacken.

Während die Hebamme noch versuchte, mich zu überzeugen, schmerzlindernde homöopathische Kügelchen einzunehmen und in die Gebärwanne zu steigen, so wie ich es mir ursprünglich ausgemalt hatte, fuhr ich zu meinem Entsetzen (und dem von Marc) komplett aus meiner Haut. Diese qualvollen Schmerzen, kombiniert mit der sanften, einfühlsamen Art der Hebamme, brachten mich völlig auf die Palme. Hörte die mir denn eigentlich zu? „Ich will 'ne PDA und zwar jetzt", brüllte ich sie an. Schlechtes Benehmen? In diesem Moment war mir alles wumpe, aber als ich nach der Geburt nochmal mein Verhalten Revue passieren ließ, entschuldigte ich mich bei ihr. Normalerweise kann ich mich sehr gut beherrschen, aber du bist nicht du selbst, wenn du ein Kind gebärst – und da hilft auch kein Snickers. Das Gute ist, dass Hebammen es gewohnt sind, angebrüllt zu werden, und es einem nicht übelnehmen und auch nicht nachtragend sind.

Als nach einer gefühlten Ewigkeit der Anästhesist mit seinem Hawaii-Hemd trällernd in den Kreißsaal schlenderte und aussah, als hätte er eben noch einen Joint durchgezogen, war ich schon völlig fertig und dachte, ich würde sterben vor Schmerz. Während der einminütigen Wehenpause versuchte der unerträglich gut gelaunte Anästhesist die fette PDA-Nadel, die ich zum Glück nicht sehen konnte, in mein Rückenmark zu stechen. Dabei weinte ich wie ein kleines Mädchen, weil ich diesen unerträglichen Wehenschmerz nicht mehr aushielt. Unter Tränen wimmerte ich vor mir hin, dass ich das nicht schaffen würde, dass ich nicht mehr kann. Der Anästhesist versuchte mir, auf seine locker-hippige Art und Weise, Mut zuzusprechen und mich mit seinen Worten, dass wir es zusammen schaffen würden, zu besänftigen. Zusammen? Bah, wäre meine Fruchtblase nicht schon geplatzt gewesen, dann wäre sie in dem Moment vor Wut zersprungen. Der Typ hatte gut reden, wollte mir was von „Wir schaffen das gemeinsam" erzählen – wir waren hier doch nicht bei *Bob der Baumeister*. Ganz ehrlich? Neidisch war ich auf seine positive Marihuana-Einstellung schon irgendwie, so einen Joint hätte ich in diesem Moment auch gut gebrauchen können. Oder eher zwei.

Marc stand hilflos daneben und versuchte mich zu ermutigen, mich zu streicheln, zu beruhigen. Nach der Entbindung gestand er mir, dass er sich noch nie so überflüssig und hilflos vorgekommen war wie in diesen Stunden. Das hatte ich zuvor schon von anderen Männern gehört. Aber liebe Männer, euer Gefühl trügt euch, denn ohne meinen Marc hätte ich das sicher nicht durchgestanden. Allein seine Anwesenheit gab mir die Kraft, weiterzumachen. Aber ich weiß auch, dass ihn der Vorgang der Geburt und die Tatsache, mich leiden sehen zu müssen und nichts dagegen tun zu können, furchtbar traumatisiert hat. So ist zumindest seine Version. Wahrscheinlich haben ihn eher meine diversen Grimassen und die Tatsache, dass ich fluchen und brüllen kann wie ein Wagenknecht, schockiert. Oder dass er in einem unvorsichtigen Moment doch einmal zwischen meine gespreizten Beine geschaut und das Köpfchen seines Sprösslings dort erblickt hat. So ein Bild bekommt man ja sicher nicht mehr aus seinem Kopf! Das muss ja wie ein Unfall aussehen – überall Blut, Schmiere, Ausscheidungen und was nicht sonst alles und dann lugt da auch noch so ein Kopf heraus.

Aber Spaß beiseite. Männer müssen zwar nicht diese Höllenschmerzen durchleben, aber sie leiden auf eine andere Art. Zu sehen, wie die Frau, die sie lieben, vor sich hin wimmert, fleht, dass die Qualen endlich aufhören sollen, und der Mann nichts tun kann, um diesen Schmerz zu lindern, muss entsetzlich sein. Tauschen möchte ich auch mit den werdenden Vätern nicht.

Als mir der Anästhesist die Nadel ins Rückenmark schob, schnellte plötzlich mein rechtes Bein nach oben, ähnlich wie beim Patellarreflex, wenn einem der Arzt mit einem Hämmerchen aufs Knie haut. Zunächst dachte ich mir nichts dabei, denn ich war ja mit meinen Schmerzen beschäftigt. Als sich nach zwanzig langen Minuten immer noch nichts getan hatte, die Schmerzen immer noch die gleichen waren, wurde dem Narkosearzt klar, dass er wohl die Spritze falsch gesetzt hatte. Also bohrte sich diese dicke Nadel ein zweites Mal in mein Rückenmark. Nach weiteren fünf Minuten, die sich anfühlten wie eine Ewigkeit, erlöste die Narkose mich von meinen Schmerzen. Ich konnte endlich einmal durchatmen. Statt der Schmerzen zitterte ich nun allerdings wie verrückt, ich konnte das Schütteln gar nicht kontrollieren und mein ganzer Körper vibrierte dabei wie ein Zitteraal. Marc war verunsichert und erkundigte sich bei der Hebamme, ob das normal sei. Für meinen Körper ging alles scheinbar zu schnell. Nach dem Platzen der Fruchtblase, hatte ich von 0 auf 100 unerträgliche Wehenschmerzen ohne nennenswerte Erholungsphasen, dazu meine Panik, dass ich die Geburt nicht unbeschadet überstehen würde – all das führte dazu, dass mein Körper auf die PDA so heftig reagierte. Aber alles war mir lieber als die Schmerzen. Und so zitterte ich wie ein Delfin-Vibrator auf höchster Stufe vor mich hin. Durch eine Nadel auf meinem Handrücken floss eine wehenstimulierende Lösung, damit es durch die PDA nicht zu einem Geburtsstillstand kam. Endlich war ein wenig Ruhe eingekehrt und ich schlief immer wieder ein. Ganze zwei Stunden döste ich vor mich hin.

„Ist Leo schon da?“, fragte ich schlaftrunken und in tranceartiger Stimmung, als ich das nächste Mal aufwachte. Schön wäre es gewesen.

„Wie geht's dir?“, fragte Marc sehr besorgt. Er sah ziemlich fertig und müde aus und gab mir eine ungefähre Vorstellung davon, wie ich inzwischen wohl aussehen musste. Neuneinhalb Stunden hat er auf einem harten Holzstuhl verbracht, so einem Ding, wie wir sie früher in der Schule gehabt hatten, wo einem der Po schon nach einer Doppelstunde wehtat. Marc regte später an, dass für die werdenden Väter bequemere „Opa-Sessel“ aufgestellt werden sollten. Recht hatte er! Die Klinik war komplett neu und mit modernsten medizinischen Geräten ausgestattet, aber für einen ordentlichen Stuhl für die Bald-Papas hatte es nicht mehr gereicht.

„Schatz, ich muss mal auf die Toilette“, verkündete ich nach dem Aufwachen zur allgemeinen Überraschung.

„Aber du hast doch einen Katheter. Lass es doch einfach laufen“, schlug Marc vor, und in seinen Augen konnte ich seine Erschöpfung sehen.

„Ich muss aber groß und zwar jetzt“, sagte ich, schon etwas fordernder.

„Meine Frau müsste mal auf die Toilette“, teilte Marc der Hebamme mit, als diese gerade reinkam, um nach mir zu schauen.

„Dann geht's jetzt los“, meinte die Hebamme und rieb sich dabei fröhlich die Hände. Und zack, da erschien wieder das Schlachterei-Bild vor meinem geistigen Auge. Ich wollte nicht geschlachtet werden.

Was genau jetzt losgehen sollte, fragte ich mich. Das Einzige, was gleich losgehen würde, war mein Darminhalt, ein hübscher Haufen auf dem Tisch und zwar kein kleiner. Ich schaute in entsetzte Gesichter, zu meiner Überraschung hatte ich meinen Gedanken nämlich laut ausgesprochen. Meine Nervosität nahm zu – mein Schamgefühl war zwar durch die Dammmassagen meines Mannes schon gemindert, aber ich wollte unter keinen, unter *gar keinen* Umständen vor meinem Partner auf den Gebärtisch kacken.

„Sorry, aber ich habe total Druck auf dem Darm und muss jetzt *sofort* aufs Klo, damit hier kein Schlamassel passiert", insistierte ich. Ich hatte es wirklich eilig und der Druck wurde immer schlimmer.

„Das ist das Baby, das jetzt raus will", sagte die freundliche polnische Hebamme mit ihrem niedlichen Akzent und lachte, während sie sich schon Handschuhe überstülpte und es sich zwischen meinen gespreizten Beinen gemütlich machte. Und da war es wieder, das Schlachterei-Bild.

Ich war nach meinem zweistündigen Schläfchen auf so viel *action* gar nicht vorbereitet und hätte erstmal ein Käffchen gebraucht, um wach zu werden und meinen Blutdruck in die Hunderter-Region zu erhöhen. Doch bevor ich mich versah, wurde der Druck immer stärker und ich konnte nicht mehr dagegenhalten. Im gleichen Maße sank meine Angst, mich hier erleichtern zu müssen. Mit Marc war besprochen, dass er um Himmels Willen während der Austreibungsphase immer neben meinem Kopf oder hinter mir stehen bleiben sollte, da ich ihm den Anblick ersparen wollte, neben seinem Baby auch noch einen Haufen sehen zu müssen. Ich war sicher, das würde ihn schlagartig und irreversibel impotent machen.

Hatte ich geglaubt, der Wehenschmerz sei das mögliche Maximum an Höllenqualen, wurde ich jetzt eines Besseren belehrt. Presswehen sind nochmal eine andere Nummer. Der Druck war unaufhaltsam und ich spürte, wie sich mein ganzer Unterbauch zusammenzog und ich plötzlich unfreiwillig pressen musste. Während ich noch versuchte – der Himmel weiß warum – dieses Gefühl zu unterdrücken, befahl mir die Hebamme, dass ich *jetzt* pressen und nicht dagegen arbeiten solle. Als ich das tat, schrie ich los wie aus dem Nichts. Ich brüllte wie ein Stier, dem der Schlachter das Messer reinrammt – und da waren wir wieder bei der Nebenerwerbs-Schlachterei, die die Klinik betrieb. Bis zu diesem Zeitpunkt hatte ich noch nicht einmal gewusst, wie laut ich brüllen konnte. Ich schrie aus Leib und Seele und mein ganzer After brannte wie Feuer während des Pressens. Es fühlte sich an, als würde jemand mit einem Feuerwerfer an meinem Po herumexperimentieren. Mal ganz ehrlich, was hat sich die Natur dabei gedacht, Frauen bei der Geburt solche Schmerzen zuzumuten? Da soll man aus einer winzigen Öffnung 34 Zentimeter Schädel rauspressen und danach noch Schultern und den Rest. Das kann doch gar nicht funktionieren! Es ist ein Wunder, dass man nach einer solchen Erfahrung tatsächlich irgendwann wieder den Wunsch verspürt, ein weiteres Baby zu bekommen.

Die Austreibungsphase habe ich sehr chaotisch und nur noch lückenhaft in Erinnerung. Mein After brannte wie Feuer, ich fühlte mich wie benebelt, war wie auf Drogen, alles um mich herum war schleierhaft und wenn eine der Presswehen mich überrollte, war ich kurzzeitig für wenige Sekunden wie weggetreten, so fühlte es sich jedenfalls an. Als ich nach meiner Kurzzeit-Bewusstlosigkeit wieder die Augen öffnete, sah ich plötzlich eine Sauerstoffmaske auf mich zu schweben. Darunter zu atmen, war mir unmöglich, Panik stieg in mir auf und ich riss mir diese Hannibal-Lecter-Maske vom Gesicht, nur um sie von der Hebamme umso energischer wieder draufgedrückt zu bekommen. Heute weiß ich, dass das notwendig gewesen ist, weil mein Körper durch mein Gebrüll zu wenig Sauerstoff aufnahm und unser Baby sonst unter Stress geraten wäre.

„Er hat aber viele Haare und die sind ganz schwarz. Wollen Sie mal anfassen, das Köpfchen ist schon da", plapperte die Hebamme fröhlich. Dass sie ihren Job liebte und tatsächlich jedes Mal beeindruckt war, welch ein Wunder sich vor ihren Augen abspielte, glaubte ich ihr gerne, nur konnte ich diese Freude leider nicht teilen, weil mein After immer noch höllisch brannte und ich so ein schleimiges, blutverschmiertes Köpfchen sicher nicht anfassen wollte. Viel zu sehr war ich noch mit den Ziegelsteinen beschäftigt. Mein sehnlichster Wunsch war einfach nur, dass dieses Kind hier endlich ganz rauskam. Als ich bemerkte, dass die nächste Presswehe im Anmarsch war, wies mich die Hebamme an, diesmal etwas weniger zu schreien, und dafür mehr zu pressen. Einfacher gesagt als getan. Ich spürte, dass meine Kräfte schwanden. Ich konnte einfach nicht mehr. Nachdem die Presswehe vorbei war, ich mir wieder die Kehle aus dem Halse geschrien hatte und das Kind immer noch nicht da war, spürte ich Wut und Hilflosigkeit in mir. Noch ein Ziegelstein? Das halte ich nicht aus.

„Ich schaffe das nicht mehr, ich will einen Kaiserschn..."

Den Satz konnte ich nicht vervollständigen, weil die nächste Presswehe heranrollte. Dass das die letzte sein würde, wusste ich zu diesem Zeitpunkt nicht. Ich nahm all meine Kraft zusammen und schrie, als würde es um Leben und Tod gehen – und dann schnauzte mich die Hebamme an, dass ich weniger schreien und lieber pressen solle. Was für chaotische Zustände das waren, sah ich an Marcs hilflosem Hundeblick. Er nahm meine Hand und ich krallte mich daran fest, als er mir aber dann über das Gesicht streichen wollte, fuhr ich ihn an, dass er mich gefälligst in Ruhe lassen soll. Im Nachhinein tat mir das sehr leid, aber er nahm es mir überhaupt nicht übel, er hatte ja gesehen, in was für einer Verfassung ich war.

Es kam mir wie eine halbe Ewigkeit vor und ich presste ein letztes Mal wie verrückt. Plötzlich kam jemand herein, dann noch jemand – ich war so benebelt, dass ich nur verschwommen sah und auch die Stimmen waren verzerrt, ich verstand kein einziges Wort. Das Letzte was ich mitbekam, war, dass ein riesiger, großer Mann mit seinen überdimensionalen Pranken auf mich zu kam und von oben auf meinen Brustkorb drückte. Der bricht mir gleich die Rippen, war das Letzte, das ich denken konnte. Dann war Stille im Raum. Für einen kurzen Moment blieb die Welt stehen.

Und dann ein schrilles Schreien. Der erste Schrei unseres Babys! Plötzlich war er da, dieser Moment, auf den wir so lange gewartet hatten. Leo lag am Ende des Gebär-Bettes zu meinen Füßen und die Hebamme forderte mich auf, mein Baby jetzt zu mir zu nehmen. Dieser Augenblick war unglaublich und unbeschreiblich. Zehn Monate und fünf Ziegelsteine lang hat man auf diesen einen Moment gewartet und nun war er da. Ich setzte mich auf, nahm meinen Sohn mit zittrigen, schweißnassen Händen in die Arme und legte ihn auf meine Brust. Er war winzig klein, zart und irgendwie zerbrechlich und sein Schreien wurde immer leiser, bis er ganz verstummte in meinen Armen.

„Hallo, mein Schatz, da bist du ja endlich. Hier ist deine Mami." Mein Herz machte einen Salto vor Glück, während ich diese Worte aussprach, und mir kullerten Tränen die Wange herunter. Ich sah zu Marc, und auch er war ganz still, ganz ergriffen und voller Stolz. Er weinte auch.

Ja, es stimmt, in diesem Augenblick ist alles vergessen – jeglicher Schmerz, den man kurz zuvor durchlebte (und glaubte, nicht zu überleben), war wie weggeblasen. Das Einzige, was jetzt zählte, war dieser kleine Mensch. Er war hier, dieser winzige, neue Erdenbürger, jetzt nicht mehr in meinem Bauch, sondern hier in unseren Armen. Was würde ich geben, diesen Augenblick wieder und wieder zu erleben – natürlich nur diesen, ohne die Ziegelsteine davor.

„Sie haben Glück, Sie haben keinen Dammriss", freute sich die Hebamme für mich. Tatsächlich war ich nochmal mit Blessuren davongekommen. Da hatten die Dammmassage-Einheiten meines Mannes wohl doch etwas gebracht. Eine Freundin, die ihren Sohn drei Monate zuvor zur Welt gebracht hatte, hatte nämlich einen dieser unschönen Dammrisse und laut ihren Erzählungen war das ganz und gar nicht lustig. „Als würde man Leder durchschneiden", erzählte sie mir, während sie sich dabei schüttelte. Der Rumpf ihres Sohnes war zu groß gewesen, sodass die Ärzte den Damm aufschneiden mussten, was angeblich besser heilt, als wenn man ihn von selbst würde reißen lassen. Die Schmerzen danach sind allerdings dieselben. „Vor allem wenn man mal groß muss", erzählte sie weiter. Das stellte ich mir wahrhaft unangenehm vor und war froh, ohne Dammschnitt/-riss davongekommen zu sein. Ich kann mich noch genau daran erinnern, als ich meine Freundin nach der Geburt das erste Mal besuchte. Sie saß auf einem aufgeblasenem Schwimmreifen, damit ihr Damm ja nicht mit dem Sofa in Berührung kam.

Dafür hatte ich einen Riss in der Schamlippe, einen Labienriss, so steht es auch in meinem Mutterpass. Ein kosmetischer Eingriff sei nun nötig, wie mir der nette, junge Assistenzarzt lächelnd erklärte, bevor er mir zehn Minuten voll auf die Zwölf glotzte und das Loch in der Schamlippe flickte. Vor der Geburt wäre ich dabei mit Sicherheit vor Scham im Erdboden versunken, jetzt hielt ich mit dem Arzt einen Schnack. Ganz offenbar hatte sich mein Schamempfinden komplett verändert. Peinlich ist mir seit der Geburt wirklich nicht mehr viel. Wenn man den Hebammen und Ärzten neuneinhalb Stunden ausgeliefert ist und sie tiefer in einen hineinsehen als jeder Psycho-Therapeut, dann bleibt nicht mehr viel zum Peinlichsein übrig. Sie haben in das Intimste des Intimen gesehen – in deine Körperöffnungen. In ihrer schönsten Pracht. Was war ich froh, dass ich mich noch am Tag vor der Geburt – unter Schwierigkeiten – rasiert hatte, und dem Arzt jetzt einen einigermaßen gerodeten Urwald präsentieren konnte. Es hatte ja keiner ahnen können, dass sich mein kleiner Bauchbewohner ganze siebzehn Tage zu früh auf den Weg machen würde.

Alles, was man im alltäglichen Leben niemals mitmachen möchte, erlebt man an nur einem einzigen Tag während der Geburt des eigenen Kindes. Schmerzen, acht Augen, die in deine Körperöffnungen glotzen, ein pfeifender Assistenzarzt, der deine Schamlippe flickt und eine diskrete Hebamme, die deine beim Pressvorgang ausgetretenen Fäkalien entsorgt. Vielleicht sind diese Dämmerzustände zwischen den Presswehen Erfindungen der Natur, weil man sonst vor Scham sterben würde. Nichts, aber auch gar nichts, kann mich nach diesen Erfahrungen noch schockieren. Dachte ich. Aber da ist tatsächlich noch Luft nach oben. Zum Beispiel, wenn dein Zweieinhalbjähriger beim Einzahlen auf das Mäusesparbuch dem gutaussehenden, charmanten Bankmitarbeiter erzählt, dass es nach faulen Eiern stinkt, wenn Mama pupst. Der attraktive Bankfuzzi lief rot an, ob vor Scham oder weil er versuchte, sein Lachen zu unterdrücken, kann ich nicht mit Bestimmtheit sagen. Keine Ahnung, was meinen Sohn da geritten hatte, wahrscheinlich war es die Ostereier-Dekoration, die auf dem Tresen der Sparkasse aufgestellt war und irgendwelche wilden Fantasien in seinem Köpfchen in Gang setzte. Mit dieser Aktion war der Gipfel schambehafteter Situationen erreicht. In dem Moment hätte ich mir Marcs Dammmassagen oder den pfeifenden Assistenzarzt zurückgewünscht.

Bekommt Kinder, haben sie gesagt, das wird Spaß machen, haben sie gesagt.

Mit meinem ausführlichen Bericht von meiner Geburt möchte ich wirklich keiner Schwangeren Angst machen. Ich möchte nur nicht, dass die Frauen mit den falschen Vorstellungen in die Klinik gehen, die ihnen die Insta-Scheinwelt vorgegaukelt hat. Ich will einfach die Wahrheit erzählen. Ehrlich sein, weil ich es satt habe, mich selbst zu belügen und von anderen Menschen belogen zu werden. Über den Grund, warum in diesen Blogs immer alles beschönigt wird, kann ich nur spekulieren – was bleibt ist, dass diese Authentizitätlosigkeit nervt. Zudem möchte ich vor diesem Perfektionswahn von Schwangeren und Neu-Mamis warnen. Der tut weder euch gut noch euren Kindern!

Weil von meinen harmonischen Vorstellungen, die ich mir in punkto Geburt gemacht hatte, nichts eingetroffen war – ich hatte keine Wassergeburt, dafür eine PDA bekommen und auch keine edle Beherrschung gezeigt, sondern meinen Schmerz herausgebrüllt wie ein Ochse – fühlte ich mich als Versagerin. Besonders lastete die Aufforderung der wirklich sehr netten Hebamme auf mir, dass ich lieber pressen statt schreien solle. Ich machte mir Vorwürfe, dass ich mich nicht hatte zusammenreißen können und ich war sauer auf die Hebamme, weil sie es von mir verlangt hatte. Schuld und Unfähigkeit waren ein nicht zu stoppendes Gedanken-Karussell und ich machte mir noch eine sehr lange Zeit Vorhaltungen. Ich fühlte mich wie ein Taugenichts, Jammerlappen und Schwächling und hatte immer wieder die Worte von anderen Müttern im Kopf, dass ihre Geburt so toll gewesen sei, sie gar nicht geschrien hätten und auch so den Schmerz als nicht übermäßig unangenehm empfunden hatten. Niemand sprach von Ziegelsteinen und Labienriss oder hatte gar Bilder einer Schlachterei vor Augen.

Es war mal wieder mein Wunsch nach Perfektion, der es mir unmöglich machte, die ersten Momente mit meinem Baby zu genießen, weil ich mich auf die Erzählung anderer stützte und mich mit ihnen verglich. Immer wieder quälte ich mich mit den Fragen, was mit mir denn nicht stimmte, warum ich das Muttersein nicht so hinbekam und woher die ganzen Super-Mamis die Zeit nahmen, sich morgens auch noch zurechtzumachen, während ich es gerade mal schaffte, meine fettigen Haare zu einem Dutt zu binden. Dass die ganzen Super-Mütter sich selbst – und schlimmer noch, mich – belügen könnten, war mir nicht in den Sinn gekommen.

In einer Zeitschrift beim Frauenarzt habe ich mal gelesen, dass Wissenschaftler herausgefunden haben, dass Menschen genetisch bedingt ein unterschiedliches Schmerzempfinden haben. Es gibt Frauen, die ihre Geburtsschmerzen besser wegstecken können und nicht das Gefühl haben, auf der Stelle zu krepieren. Nur gehörte ich leider nicht zu diesen Glückspilzen. Ich zähle zu den Menschen, die sich an der Tischkante das Schienbein stoßen und denen sofort Tränen vor Schmerz in die Augen schießen und die dann vor sich hin jammern. Vor diesem Hintergrund war die Geburt für mich daher ein extrem schmerzhaftes und traumatisches Erlebnis. Das bedeutet aber nicht, dass man deshalb ein Schwächling ist. Durch das gemeinschaftliche Durchleben dieser Tortur ist mir die Bindung zu meinem Sohn sehr leicht gefallen und die zu meinem Mann hat sich vertieft. Gemeinsam haben wir diese Situation gemeistert und jeder einzelne Schmerz und jede verzweifelte Träne hat dazugehört. Außerdem hat es die Natur so eingerichtet, dass die Schmerzerinnerung recht rasch verblasst, man erinnert sich noch an die Ziegelsteine, aber das Gefühl zu diesem

Schmerz schwindet und das ist auch gut so, denn sonst wäre die Menschheit wohlmöglich schon ausgestorben. Das vollkommen überwältigende Gefühl, sein Kind danach in den Armen zu halten, tröstet einen über den Weg dorthin.

Ich rate dazu, keine Angst vor dem Ungewissen zu haben und mit positiven Gefühlen an die Geburt heranzugehen. Egal, ob ihr schreit, weint oder flucht – ihr seid keine Versagerinnen. Und selbst wenn ein Not-Kaiserschnitt eingeleitet werden muss oder ihr euch schon im Vorfeld für einen Wunschkaiserschnitt entscheidet, ihr seid trotzdem Heldinnen! Jede einzelne Mami auf dieser Welt ist eine. Einfach allein schon deshalb, weil ihr euer Kind ausgetragen habt, es von der ersten Sekunde an unabdingbar liebt, es tröstet, wenn es weint und ihm den nötigen Schutz gebt und das jeden Tag, trotz Überforderung, Alltagsstress und Schlafmangel.

Und, ganz wichtig, lasst euch nicht belügen von der Gesellschaft, hört nicht auf die Schönredner. Es ist vielleicht nicht die feinste Art, einer Schwangeren die Horrorgeschichte der eigenen Geburt aufzutischen und dabei so ins Detail zu gehen. Schlimmer finde ich es aber, wenn Super-Mamis damit prahlen, keine PDA benötigt zu haben, weil sie „so super mit dem Schmerz klarkamen“, still wie ein Mäuschen ihr Kind herausgepresst und vielleicht währenddessen noch eine Mütze für den Nachkömmling gestrickt haben. Ihre Heldengeschichten, wahr oder geschönt, verunsichern andere Frauen! Natürlich dürfen Super-Mamis darauf stolz sein, wenn sie Schmerz wegstecken können wie der Hulk, aber dann bitte sollen sie sich doch anderen gegenüber mit Kommentaren wie „Echt? Also ich hab' das alles ohne PDA ausgehalten" zurückhalten.

Ich persönlich wäre dankbar dafür gewesen, wenn mir mehr Leute, abgesehen von Jessi, ehrlich berichtet hätten, wie ihre Geburt tatsächlich gewesen ist, völlig unverblümt. Mit diesem Wissen hätte ich zumindest ansatzweise erahnen können, was auf mich zu kommt und mich darauf einstellen können. Aber so hat mich dieser Schmerz einfach nur wie ein ICE überrollt, weil ich nicht damit gerechnet hätte, dass er solche Ausmaße annehmen würde. Bei meiner zweiten Geburt weiß ich nun, wo der Hammer hängt, kann mich mental darauf einstellen und gehe dann (hoffentlich!) besser mit dem Schmerz um. Falls nicht, auch egal, Hauptsache das Kind kommt raus und man selbst unbeschadet davon.

Wochenstation

Die Wochenstation im Krankenhaus war für mich eine Achterbahn der Gefühle. Wir verbrachten dort drei Tage in einem privaten Einzelzimmer für Paare. Das war natürlich nicht gerade günstig, aber es hatte sich gelohnt und ich war dankbar für diese Privatsphäre. Zudem konnte Marc die ersten gemeinsamen Tage mit uns zusammen verbringen.

Die ersten Stunden und Tage mit unserem Neuankömmling waren aufregend. Unser Sohn war für mich der Inbegriff von Perfektion. Er war so wunderschön, zart und friedlich. Er hatte zwar durch die Enge des Geburtskanals einige Blessuren davongetragen – seine Nase sah aus wie die eines altgedienten Boxers, und ich meine den Sportler und nicht den Hund – aber ich war so fasziniert von ihm, dass ich vergaß, in der ersten Nacht zu schlafen, so beschäftigt war ich damit, ihn nur anzusehen. Leo hingegen schlief den ersten Tag und die erste Nacht komplett durch, so erschöpft war er von unserer gemeinsamen Tortur. Oder vielleicht musste er in dieser geräuschvollen Welt erst einmal ankommen. Ich wollte nach dieser schweißtreibenden Geburt erst einmal duschen und mich umziehen – ich trug immer noch das Shirt von der Geburt, das voller Blut und Käseschmiere war.

Direkt nach der Entbindung war mir aufgefallen, dass sich mein rechter Oberschenkel taub anfühlte, machte mir aber zunächst keine Gedanken darüber, da ich davon ausging, dass die Betäubung der PDA noch nicht ganz abgeklungen sein könnte. Als ich aber nun 24 Stunden nach der Geburt aufstehen wollte, um zu duschen, knickte ich mit dem rechten Bein zur Seite. Ich versuchte es noch ein weiteres Mal, aber das rechte Bein zitterte wie Wackelpudding. Bei jedem Versuch knickte mein Bein immer wieder zur Seite weg. Panisch kniff ich in meinen Oberschenkel und schlug mehrere Male energisch dagegen, aber ich spürte einfach gar nichts.

„Was ist los?“, fragte mich Marc verdutzt.

„Ich spüre mein rechtes Bein nicht mehr.“

„Immer noch nicht? Die Betäubung müsste doch längst vorbei sein?“

Und dann schoss blitzartig ein Bild vor meinem geistigen Auge vorbei. Und die Erinnerung an den Moment, als der Anästhesist mir das erste Mal diese Horrornadel ins Rückenmark stach.

„Kannst du dich erinnern, wie mein rechtes Bein gezuckt hat, als der Anästhesist mir die PDA gegeben hat?“, fragte ich Marc erschrocken.

Er nickte.

„Ich glaube, der hat dabei einen Nerv getroffen.“

Marcs Gesicht erstarrte. Und ich wusste, dass er dasselbe dachte wie ich.

Als wir uns in der Klinik für die bevorstehende Geburt angemeldet hatten, waren uns mehrere Infozettel über die PDA ausgehändigt worden, die wir vorab lesen und unterzeichnet wieder mitbringen sollten. Auf dem Infozettel waren die Risiken einer PDA aufgelistet. Unter anderem stand da auch, dass es nach dem Setzen der PDA in sehr seltenen Fällen zu Beschädigungen des Rückenmarks und Lähmungserscheinungen kommen kann.

Tausend Gedanken schossen durch meinen Kopf. Was wäre, wenn ich jetzt für den Rest meines Lebens gelähmt bliebe? Warum passierte so etwas immer mir? Warum meint das Universum es nie gut mit mir? Oder sitzt vielleicht meine ehemalige Trauzeugin, von der ich mich nach unserer

Hochzeit distanzierte habe, zuhause auf ihrer Couch mit einer mir äußerlich sehr ähnlichen Voodoo-Puppe und sticht ihr – mir – Nadeln ins Rückenmark? Mag sein, dass meine Fantasien ein wenig mit mir durchzugehen drohten oder dass ich ein klitzekleines bisschen dazu neige, paranoid zu sein, aber zutrauen würde ich es ihr.

„Schatz? Die Stations-Hebamme ist da", unterbrach Marc meine filmreifen Fantasien.

„Geht es Ihnen gut, Frau Olada?"

„Nein, ganz und gar nicht. Mein Bein ist taub und ich kann nicht aufstehen."

„Das ist aber ungewöhnlich! Normalerweise ist die Betäubung nach so langer Zeit aus dem Körper raus. Aber warten Sie noch ein wenig ab, das geht von alleine wieder weg. Immer mit der Ruhe."

Die entspannte und ruhiger Art der Hebamme führte nur dazu, dass ich noch mehr in Panik geriet. Ich fühlte mich nicht ernstgenommen. War ja klar, dass die Hebamme so etwas sagen würde, ja, sagen müsste. Schließlich würde die Klinik keinen Fehler zugeben.

Kurze Zeit später kam nun die stationsleitende Ärztin dazu, nachdem ich die Hebamme mehrmals darum „gebeten" hatte, einen Spezialisten herbeizuholen. Und zwar zackig! Und nicht erst bei der Visite in 100 Stunden.

„Frau Olada, wirklich kein Grund zur Panik", beruhigte mich die Ärztin. „Das können immer noch die Nachwirkungen der PDA sein. Ich lasse allerdings nochmal zur Sicherheit und Kontrolle einen Neurologen zu Ihnen kommen." Die Ärztin sprach mit demselben ruhigen Ton wie die Hebamme.

Was rauchen die hier denn alle?

„Kann es sein, dass das Rückenmark beschädigt wurde?", fragte ich. „Immerhin hat sich der Anästhesist beim Legen der ersten Spritze verstochen." Mir war bange vor ihrer Antwort.

Natürlich bekam ich keine zufriedenstellende Antwort von der Ärztin. Nur gewöhnliche Floskeln wie „Das kann ich Ihnen nicht genau sagen. Das müssen wir erst einmal untersuchen. Aber machen Sie sich keine Sorgen, alles wird gut."

Die auswendig gelernten Floskeln der Ärztin fand ich wenig beruhigend, vor allem weil ihr Gesicht was anderes sagte: „Ach du scheiße, hoffentlich hat der Anästhesist da keinen Fehler gemacht."

Der Neurologe war da schon etwas offener. Und nicht, dass die offenere Art mich weniger beunruhigte. Seine Aussage war nämlich, dass es nicht normal sei, dass die PDA so lange anhielt, dass so etwas in seinen zwanzig Arbeitsjahren in dieser Klinik noch nie passiert sei und dass die Wahrscheinlichkeit bei fast Null liege, dass das Rückenmark beschädigt sei und Folgen daraus resultierten.

Schön, dass ich einer von wenigen Fällen bin. Genauso wie ich zu den unglaublich wenigen Gebärenden gehöre, die keine Dammschäden von der Geburt davontragen. Was natürlich etwas Positives ist. Aber zu der Randgruppe der geringen Wahrscheinlichkeiten zu gehören, ist ein Spiel mit dem Feuer. Vielleicht sollte ich langsam wirklich Lotto spielen, da müsste ich doch dann eine hohe Wahrscheinlichkeit haben zu gewinnen …

Nach mehreren Reflex-Tests an meinem Bein kam der Neurologe zu dem Entschluss, dass wir dem Taubheitsgefühl noch eine Nacht geben würden, von alleine zu verschwinden, falls nicht, sollte ich zum MRT.

Ich war völlig überfordert mit dieser Situation und hoffte so sehr, dass alles gut werden würde und ich keine Folgeschäden davontragen würde, die mich den Rest des Lebens herumhumpeln lassen würden. Wenn ich ehrlich bin, sah ich mich schon im Rollstuhl. Trotz meiner Ängste hatten wir kurz zuvor ein Wunder auf die Welt gebracht, welches just neben uns lag. Es war wichtig, dass Leo jetzt unsere vollste Aufmerksamkeit bekam. Ich versuchte, positiv zu denken!

Irgendwann begann ich mich zu wundern, dass Leo immer noch schlief, ohne zwischendurch Nahrung gefordert zu haben. Milcheinschuss hatte ich allerdings noch keinen, aber ich erinnerte mich an mein Ratgeberwissen, demnach in den ersten drei Tagen nach der Geburt das sogenannte Kolostrom (die Vormilch) gebildet wird, eine dickflüssige gelbe Milch, die nur Tröpfchenweise produziert wird, aber ungeheuer energiereich, gesund und ausreichend für das Neugeborene ist. Mit Marcs Hilfe versuchte ich, als Leo endlich wach wurde und seine kleinen Augen das erste Mal richtig öffnete, selbst anzulegen. Es funktionierte nicht. Er saugte einfach nicht richtig. Somit klingelte ich nach der Hebamme, die eine halbe Stunde später abgehetzt und sichtlich gestresst hereinkam. Ihre unfreundliche und irgendwie hexenartige Mimik gefiel mir nicht, aber ich brauchte Hilfe beim Anlegen. Ich war ganz frisch Mutter geworden und hatte zwar reichlich theoretisches Wissen über das Stillen, aber das auch umzusetzen, erwies sich als schwieriger als erwartet.

„Na, dann zeigen Sie mal her“, forderte sie mich mit genervter Stimme auf. Ich fühlte mich richtig gut aufgehoben bei ihr. *Nicht!*

Als ich demonstrierte, wie ich Leo anlegen würde, schnauzte sie mich an: „Jetzt machen Sie mal Ihren Kopf nach hinten!“

Ich war irritiert, wozu sollte das denn dienen?

„Nun machen Sie schon.“

Völlig entsetzt von ihrer pampigen Art und Weise tat ich, was sie verlangte.

„Und nun schlucken Sie mal“, forderte sie.

Ich schluckte.

„Und? Kann man so trinken? Nein, kann man nicht, weil der Hals völlig überstreckt ist, so wie hier bei Ihrem Kind. Sie machen das völlig falsch“, fauchte sie mich an und packte plötzlich ohne Vorwarnung meinen Busen und drückte mit Gewalt Leos kleinen Mund an meine Brustwarze.

Ich war wie in Schockstarre. Hatte sie das gerade wirklich getan?

„So macht man das!"

Leo weinte. Auch ich war den Tränen nahe. Marc bekam auch kein einziges Wort mehr heraus.

„Wo ich schon hier bin, muss ich Ihre Gebärmutter abtasten und Ihre Binde sehen", sagte sie in einem noch pampigeren Ton und gab mir damit zu verstehen, dass ich mich frei machen solle und zwar zacki.

Immer noch in Schockstarre schob ich mein Klinikhemd hoch. Mit Gewalt drückte die überforderte und gestresste Hebamme auf meinen Bauch und tastete ohne jegliches Feingefühl meine Gebärmutter ab. Ich ließ mir meine Schmerzen nicht anmerken, jammerte aber innerlich und presste dabei meine Lippen zusammen.

„Und jetzt einmal die Binde."

„Wie, die Binde?"

„Ihreee Biiiindeee!", wiederholte sie, als sei ich taub oder schwer von Begriff.

„Wozu müssen Sie die sehen?"

„Also, hören Sie, hier sind noch andere Patienten, die ich versorgen muss. Ich muss prüfen, wie ihr Blut und ihr Heilungsvorgang aussehen."

Schamvoll zog ich meinen Einmalschlüpfer herab und sie begutachtete meine blutdurchtränkte Binde.

„Jo, alles super." Und dann verließ sie unser Zimmer.

Ich fühlte mich erbärmlich. Ausgeliefert. Fast schon missbraucht. Was war das für ein Benehmen? War das das „geschulte, höfliche und liebevolle Personal" womit das Krankenhaus auf seiner Website warb? Mag ja sein, dass eine frischgebackene Mutter 24 Stunden nach der Geburt noch etwas dünnhäutig ist, aber das war alles andere als liebevoll gewesen. Erniedrigend traf es besser. Meine Tränen flossen. Ich fühlte mich unverstanden und hilflos, weil ich keine Ahnung hatte, wie ich mein Kind füttern und satt kriegen sollte. Ich hatte einfach von Tuten und Blasen keine Ahnung. Marc war ebenfalls geschockt und konnte gar nicht fassen, was da gerade passiert war.

„Die verklagen wir, die alte Vogelscheuche", sagte er und umarmte mich.

Zwei Stunden später kam die Hebamme wieder und schob eine elektrische Milchpumpe vor sich her. Diesmal war sie nicht ganz so unfreundlich. Sie sei überfordert und mit ihren Nerven am Ende, weil sie schon seit sechzehn Stunden ohne Pause arbeite. Die Station sei völlig unterbesetzt, erwähnte sie beiläufig, als sie mir zeigte, wie man die Pumpe bedient. Ich denke, sie hatte ein schlechtes Gewissen und wollte sich erklären. Und ich hatte Verständnis für ihre Überlastung, hätte ihr aber trotzdem am liebsten in dem Moment, als sie sich vorbeugte und die Pumpe anschloss, in ihren voluminösen Hinten getreten. Ich tat es natürlich nicht. Enttäuscht war ich dennoch von dem Krankenhauspersonal, denn so ging man nicht mit Menschen um, und schon gar nicht mit Erstgebärenden, die auf Hilfe angewiesen waren. Und denen zu helfen, gehört nun mal zum Job einer Hebamme.

Ab sofort versuchte ich, auf eigene Faust klar zu kommen und keine Hilfe mehr von den überforderten Hebammen in Anspruch zu nehmen. Das Stillen wollte immer noch nicht klappen, Leo konnte nicht richtig saugen und meine Brustwarze fiel immer wieder aus seinem Mund. Ich war frustriert. Und prompt klopfte mein Perfektionswahn wieder bei mir an. Was war ich für eine Mutter, die ihr Kind nicht einmal stillen konnte?

Wenigstens stellte sich in meinem Bein am darauffolgenden Tag wieder Gefühl ein und ich konnte auch wieder ohne Hilfe laufen. Der Anästhesist, der mir die PDA gegeben hatte, besuchte uns ein weiteres Mal und entschuldigte sich für seinen Fehler, beteuerte zum wiederholten Male, dass ihm das noch nie passiert sei. Ich nahm seine Entschuldigung natürlich an – letzten Endes war ja alles gut gegangen.

Nachdem Leo nach 24 Stunden Erschöpfungsschlaf endlich bei uns angekommen war, gab er auch ein paar Laute von sich. Ich spürte sofort, dass er sich mit irgendwas herumquälte. Hunger konnte es nicht sein, da er meine abgepumpte Milch bekommen hatte. Dennoch war er unruhig und weinerlich. Urplötzlich ertönte ein lautes Knattern, wie von einer Rakete, die gerade ins All startete. Leos Body verfärbte sich am Rücken kohlrabenschwarz und ein unangenehmer Geruch schlug uns entgegen. Leo hatte seinen ersten Stuhlgang gehabt und Marc und ich durften zum ersten Mal Windeln wechseln! Überflüssig zu sagen, dass die gestressten Hebammen uns auch damit nicht halfen. Im Vorbereitungskurs hatte ich das Wickeln einige Male an einer Puppe geübt, aber ein lebendiges, strampelndes Lebewesen zu wickeln, ohne dabei die Hände voller Babykacke zu haben, das war ein anderes Kaliber. Mein erstes Windelnwechseln hatte ich mir anders vorgestellt: einfacher und weniger übelriechend, aber vor allem war ich von der schieren Menge an Kot überrascht. Das hier war das reinste Fäkalien-Massaker! Leos Darminhalt war pechschwarz und so viel, dass er oben aus dem Kragen seines Bodys herausquoll. Er steckte im wahrsten Sinne des Wortes total in der Kacke. Meine Schwiegermutter hatte mich schon in der Schwangerschaft vor dem sogenannten „Kindspech" gewarnt, das aus Fruchtwasser, Darmzellen, Gallenflüssigkeit, Hautzellen, Käseschmiere und Wollhaaren besteht und schon ab der dreizehnten Schwangerschaftswoche gebildet wird. In dem Sinne ist es also kein richtiger Stuhlgang, der nach der Aufnahme von Muttermilch produziert wird, sondern Überreste aus der Zeit im Bauch der Mama, die nur darauf warten, endlich in der Windel zu landen und die ohnehin schon überforderten Eltern zu erschrecken. Mission gelungen!

Am zweiten Lebenstag unseres kleinen Sprösslings besuchten uns zwei Freundinnen im Krankenhaus, ebenso meine Schwägerin und meine Schwiegereltern. Natürlich waren unsere engsten Freunde und die Familie total neugierig darauf, wie die Geburt verlaufen war, wie es uns ging und, allem voran, wie unser Sprössling aussah. Das konnte ich verstehen. Allerdings war ich immer noch ziemlich fertig von der Geburt und hatte zudem das Gefühl, ich würde verbluten. Der Wochenfluss war unangenehm und mengenmäßig auch nicht gerade wenig, sodass ich alle halbe Stunde meine Binde austauschen musste, die gefühlt so groß war wie ein Kreuzfahrtschiff und sogar noch durch die Hose hinten am Popo zu sehen war. Auch mein Gesicht war die reinste Baustelle zu dem Zeitpunkt: schwarze Augenringe wie ein Panda, knallrote Pickel, ansonsten weiß wie ein Gespenst, das sich vor seinem eigenen Spiegelbild erschreckt hat. Ich fühlte mich müde, war erschöpft und überhaupt nicht in der Verfassung, eine sinnvolle Konversation zu führen. Natürlich freute ich mich über den Besuch von unseren Freunden und der Familie und sie hatten zum Glück Verständnis dafür, dass wir nach einer Stunde wieder Ruhe haben und unsere Dreisamkeit genießen wollten.

Am darauffolgenden Tag durften wir die Klinik samt elektrischer Milchpumpe, die wir von einer Vertreterin erhalten hatten, verlassen. Bevor wir allerdings samt Sack und Pack und unserem neuen Mitbewohner nach Hause fahren durften, stand noch die erste Untersuchung bei Leo an. Hier war zum Glück alles in bester Ordnung, was man von meinem Darm allerdings nicht behaupten konnte.

„Hatten Sie Stuhlgang in den letzten drei Tagen?“, fragte mich eine junge, freundliche Hebamme indiskret, aber mit einem verschwörerischen Lächeln, als wären wir schon mal zusammen beim Pferdestehlen gewesen.

„Ähhm, nee“, stammelte ich, „ich konnte bisher noch nicht.“

Und zwar deshalb nicht, weil ich dabei höllische Schmerzen verspürte. Dank der Geburt hatte ich nämlich mit meinen Hämorrhoiden Bekanntschaft gemacht. Und wer glaubt, mit der Geburt das Schlimmste überstanden zu haben, der darf sich auf Überraschungen gefasst machen: Labien- oder Dammriss und die Folgen, Wochenfluss, Hämorrhoiden, Taubheitsgefühle, blutige Nippel, Verstopfung. Es war furchtbar. Mein Beckenboden machte mir bei jedem Toilettengang schwer zu schaffen – die Schmerzen waren so stark, als würde ich noch ein Kind gebären. Um dem aus dem Weg zu gehen, versuchte ich Toilettengänge so weit als möglich zu vermeiden.

„Sie müssen sich aber einmal noch hier entledigen, sonst können wir Sie nicht entlassen“, informierte mich die Hebamme.

„Wieso kann ich das nicht in Ruhe zuhause erledigen?“, fragte ich entsetzt. Wegen einem fehlenden Häufchen in der Kloschüssel hier bleiben zu müssen, erschien mir etwas übertrieben. Ich wollte nach Hause und endlich zur Ruhe kommen. Dringend.

„Das geht leider nicht. Es könnte sein, dass Sie sonst einen Darmverschluss erleiden und das wäre gar nicht gut."

Nicht gut? Wie ich solche Aussagen hasse. Was bedeutete das? Eine Unannehmlichkeit oder den drohenden Tod? Wohl eher nicht. „Was soll denn bei einem Darmverschluss passieren?", fragte ich deshalb.

„Ich bitte Sie einfach darum, dass Sie es nochmal versuchen, bevor wir Sie entlassen."

Also gut, wenn das ihr sehnlichster Wunsch war, würde ich ihr den Gefallen tun. Als wir eine Stunde später mit gepackten Sachen und unserem neuen Erdenbürger in der Tragetasche vor meinem Bauch endlich startklar waren, kam die Hebamme nochmal herein.

„Und hatten Sie Stuhlgang?", fragte sie sehr direkt.

Ich glaube, sie nahm ihren Job als Hebamme sehr ernst und versuchte alles richtig zu machen.

„Ja! Es hat zwar etwas gedauert, ich hatte höllische Schmerzen dabei und blutete aus allen Poren und es fühlte sich an, als würde ich nochmal ein Kind gebären, aber ja, ich hatte Stuhlgang", sagte ich und grinste sie schelmisch an. Und sie musste über meinen ausführlich-peinlichen Bericht lachen. Sie war mir sympathisch, sie teilte wohl meinen Humor. Allerdings hatte ich ein schlechtes Gewissen, weil meine Geschichte nicht ganz wahr war. Bis auf den angeblich gehabten Stuhlgang stimmte alles.

Wir bekamen unsere Entlassungspapiere und machten uns auf den Weg zum Auto, das Marc vor drei Tagen auf dem Krankenhausparkplatz geparkt hatte. Drei Tage sollte das nur her sein? Es kam mir vor wie ein halbes Leben. Und jetzt schlief Klein-Leo friedlich wie ein Kängurubaby vor meinem Bauch.

Wir setzten ihn in die Babyschale, für die er viel zu klein schien. Ich setzte mich auf die Rückbank neben ihn und dies sollte für die nächsten zehn Monate mein Stammplatz werden.

Zuhause angekommen erwartete uns eine kleine Überraschung. Unsere Hündin Luna war von Marcs Schwester vor einer Stunde hier abgeliefert worden. Bei der Gelegenheit hatten sie und meine Schwiegereltern das Wohnzimmer mit ganz vielen kleinen Geschenken und einem großen Herzlich-Willkommen-Banner geschmückt, um uns mit Leo willkommen zu heißen. Ich war vor Rührung den Tränen nahe – allerdings war ich seit der Geburt ohnehin nah am Wasser gebaut. Meine Hormone spielten gerade so richtig Regentanz mit mir.

Zwei Stunden später standen meine Schwester, ihr Freund und ihre zwei Kinder vor der Tür. Sie hatten eine zweistündige Autofahrt auf sich genommen, nur um ihren Neffen/Cousin kennenzulernen. Sie blieben auch nur zwei Stunden: Am Telefon hatte ich Jessi schon zu verstehen gegeben, dass wir erschöpft waren und nicht all zu viel Gesellschaft vertragen konnten. Sie respektierte unseren Wunsch nach Ruhe.

Im Enddefekt war ich sehr dankbar darüber, dass ich sie nach dieser harten Geburt bei mir hatte. Meine Schwester und ich stehen uns sehr nahe und ich kann bei ihr immer offen und ehrlich sein. Genau das tat mir jetzt gut. Unnötig zu erwähnen, dass sie als aller erstes wissen wollte, wie die Geburt verlaufen war. Ohne Beschönigung erzählte ich ihr davon und wir konnten das erste Mal darüber lachen. Noch immer belastete mich die Kritik der Hebamme. Inzwischen weiß ich, dass die Hebamme es nicht böse gemeint, sich einfach nur ungeschickt ausgedrückt hatte. Aber ich hatte mich angegriffen gefühlt, und machte mir immer wieder Vorwürfe, dass ich „es nicht richtig" oder gar „perfekt gemacht" hatte. Jessi sah das natürlich alles locker, aber so ist sie eben. Sie handelt stets nach Bauchgefühl, kümmert sich dabei wenig um die Meinung der anderen. Neben ihr fühlte ich mich irgendwie schwach und dieses Gefühl, dass ich ein Schwächling war und nicht perfekt genug, eine gute Mutter zu sein, meißelte sich allmählich in meinen Kopf. Es verbreitete sich in meinem Gedächtnis wie ein Lauffeuer und gab mir ein furchtbares Gefühl von Unbehagen und Traurigkeit.

Die Wahrheit über das Wochenbett

Mit Verstopfung, Schmerzen beim Wasserlassen aufgrund meines Labienrisses, starkem Wochenfluss, Babyblues, heftigen Nachwehen und extremen Schlafmangel versuchte ich zusammen mit Marc die Dreisamkeit zu genießen. Marc hatte sich vier Wochen frei genommen, um mich in der ersten Zeit unterstützen und unseren Neuankömmling kennenlernen zu können. Nach der aufreibenden Zeit im Krankenhaus hatte ich die Hoffnung, dass wir endlich zu Ruhe kommen würden. Allerdings war das Gegenteil der Fall.

Am ersten Abend auf unserer Couch bekam ich plötzlich meinen Milcheinschuss und der war so heftig, dass ich befürchtete, mir würden die Brüste platzen. Mein Busen waren prall gefüllt mit frischer Milch, die entleert werden wollte. Natürlich wollte ich unbedingt stillen – die Milchpumpe zu verwenden, die wir aus dem Krankenhaus mitbekommen hatten, kam für mich nicht in Frage. Stattdessen erlitt ich höllische Qualen und war todtraurig und frustriert, als Leo nicht trinken wollte. Ich fühlte mich wie eine Versagerin. Heute würde ich es „dumm" nennen.

Irgendwann musste ich mich damit abfinden, dass das Stillen bei mir nicht funktionierte. Rückblickend bin ich vielleicht sogar froh darüber, wenn ich daran denke, wie schwierig es bei einer Bekannten war, ihren Sohn von der Brust abzugewöhnen und wie vernarrt er in den Busen seiner Mutter war. Auch heute noch kommt es vor, dass der Junge in einem voll besetzten Fahrstuhl in aller Öffentlichkeit seiner Mutter mit den Worten „Mein Busen“ an die Möpse fasst, um sich dann direkt mit dem Kopf an ihre Brust zu kuscheln und reinzuprusten … und der Knabe ist zehn.

Zu Beginn fand ich die Vorstellung, dass das Baby an meinen Brüsten saugen würde, ein wenig befremdlich, einfach aus dem Grund, weil diese auch beim Sex vom Mann liebkost werden. Ich hielt Brüste für etwas Intimes und Sexuelles, was natürlich Blödsinn ist, denn beim Entstehen unserer Spezies wurde der Busen natürlich nicht erschaffen, um dem Partner beim Sex Freude zu bereiten, sondern um den Nachwuchs zu säugen.

Auch wenn ich auf ein Erlebnis wie das meiner Bekannten im Fahrstuhl dankend verzichten könnte, wünsche ich mir dennoch sehnlichst, dass es beim zweiten Kind mit dem Stillen klappt *und* das ich das Abstillen vor der Pubertät des Sprösslings hinbekomme. Bei Leo war ich am Erdboden zerstört, weil das Stillen einfach nicht funktionierte. Ich legte ihn immer wieder an, aber mein Sohn nahm meine Nippel einfach nicht an. Zu dem Zeitpunkt wusste ich noch nicht, dass ich sogenannte Hohlwarzen habe, ich hatte das Wort niemals vorher gehört. Durch das Anwenden der falschen Still-Technik, wie meine Hebamme das immer so nervig zu formulieren pflegte, hatten sich meine Brustwarzen entzündet. Ich hatte nichts unversucht gelassen, Leo an die Brust zu bekommen. Von Stillhütchen über Multi-Mam-Kompressen und Brustwarzensalbe bis hin zur Hoppe-Reiter-Position. Nichts wollte klappen und jedes Mal, wenn Leo weinte, stieg der Druck in mir, sein Bedürfnis nach Milch jetzt stillen zu müssen. Schon beim Anlegen verspannte ich mich total. Kaum dass Leo meine Nippel berührte, kamen mir die Tränen. Ich zog die Zehen an, krümmte mich vor Schmerz. Einmal schrie ich mein Baby sogar an. Leo erschrak und weinte und ich weinte gleich mit. Aus Angst vor den Schmerzen, gab ich ihm oft den Schnuller, auch wenn er vermutlich Hunger hatte, um die Brustmahlzeiten hinauszuzögern und meine Brüste zu schonen. So schlief er oft ein. Dann saß ich auf dem Sofa und beobachtete ihn beim Schlafen. Ich war ständig in Panik, dass er gleich aufwachen und seine Mahlzeit einfordern würde und ich ihn wieder würde anlegen müssen. Viele Male brach ich in Tränen aus, nicht nur weil ich traurig und enttäuscht von mir selbst war, dass ich einfach nicht in der Lage war, mein Kind ordentlich zu ernähren, sondern auch wegen der höllischen Schmerzen beim Anlegen. Daher entschied ich mich schweren Herzens, die Pumpe zu benutzen. Noch Wochen später konnte ich mich nur mit dem Rücken zur Duschbrause abduschen, damit meine Brustwarzen bloß nicht mit dem Brausestrahl in Berührung kamen.

Ab dann pumpte ich meine Milch ab, alle drei Stunden, vier Monate lang. Ich redete mir ein, dass ich abpumpen musste, damit mein Kind ausschließlich Muttermilch zugeführt bekommt, wenn ich schon nicht in der Lage war, zu stillen. Diese Melkerei setzte mich massiv unter Druck, erschien mir andererseits aber wie eine gerechte Strafe für eine Versager-Mutter. Und ich kann euch sagen: Das würde ich nie wieder so machen. Wisst ihr, wie furchtbar anstrengend es ist, zu unmöglichen Nachtzeiten diese prall gefüllten Dinger in Saugnäpfe zu stopfen und abzupumpen? Grausam ist das. Vor allem, weil ich Leo nach dem Abpumpen, das zwanzig Minuten dauerte, mit der Flasche füttern musste. Marc hat mich damals wirklich sehr unterstützt und ich bin ihm unglaublich dankbar dafür. Meist hat er die Raubtierfütterung nachts übernommen, während ich an der Melkmaschine hing. Das Abpumpen war auch nicht schmerzfrei – auch hier flossen viele Tränen. Es war eine echte Zerreißprobe. Unser Leben verlief im Drei-Stunden-Rhythmus, tags und nachts. Wenn unsere Ausflüge länger als drei Stunden dauerten, war ich kurz vor einem Milchstau. Alles in allem war es purer Stress und ich würde heute alles anders machen. Wenn beim zweiten Kind das Stillen nicht klappt, würde ich von Anfang an zufüttern. Natürlich würden sicher wieder Tränen fließen, weil der Wunsch, das eigene Kind zu stillen, stark ist und diese Gefühle sich nicht einfach abstellen lassen. Man gibt dem Kind ja nicht nur Milch, sondern auch Nähe, Liebe und Geborgenheit. Vielleicht würde ich anfangs etwas abpumpen – die ersten Wochen mit Muttermilch sind ja die wichtigsten – aber niemals mehr würde ich mich von meinem Perfektionismus leiten und mich darin einwickeln lassen wie eine Fliege ins Spinnennetz. Vielmehr würde ich auf mein Bauchgefühl hören. Selbstverständlich würde ich am Stillen auch die bequemen Aspekte schätzen, nämlich nachts nicht aufstehen zu müssen, um eine Flasche zuzubereiten, sondern einfach im Bett das Kind anzulegen und dabei wieder einzuschlafen.

Aber abgesehen von den praktischen Aspekten kann man seinem Baby auch ohne Stillen Liebe, Geborgenheit und Nähe geben. Auch beim Fläschchen-Geben hat man sein Kind auf dem Schoß. Leo hat mir dabei immer in die Augen gesehen und auch das ist *Bonding*! Hervorzuheben ist ebenso, dass das Fläschchen-Geben auch der Vater oder die Oma übernehmen können. Natürlich ist Muttermilch das Beste für die gesunde Zukunft des Babys – sie enthält Antikörper der Mutter, die das Immunsystem des Babys stärken. Das wissen wir alle. Aber, was viele vergessen, ist, dass sich die gestresste, frustrierte Stimmung einer Mutter, die sich als Versagerin fühlt, negativ aufs Baby auswirkt. Kinder gedeihen am besten, wenn die Mama glücklich und zufrieden ist, und das ist unabhängig davon, ob sie stillt oder nicht. Selbst wenn man das Abpumpen als zu stressig empfindet, kann man heutzutage auf sehr gut entwickelte Ersatzmilch zurückgreifen, wie die so genannte Pre-Milch, die im Protein und Fettgehalt der Muttermilch entspricht. Und ein Baby, welches durch diese Pre-Milch ernährt wird, entwickelt sich trotzdem gesund. Viel wichtiger ist eine zufriedene Mutter, die Liebe und Geborgenheit schenkt.

Die Wahrheit ist also, dass die ersten Tage mit Kind zuhause gar nicht so traumhaft sind, wie man es sich als Schwangere vorgestellt hat. Mir war dieses ganze Wochenbettgedöns von Super-Mamis ganz anders verkauft worden und es gab keine Möglichkeit, es zu reklamieren. Für mich war das Wochenbett der Horror, der mich über eine Klippe, auf der ich seit Kindheitstagen schon herumgetaumelt war, in eine Depression stürzte, die nun in ihrer ganzen Hässlichkeit über mich herfiel. Ich hatte keine postnatale Depression oder einen Wochenbettblues, sondern eine somatoforme Störung (diese wahrscheinlich zusätzlich zu den beiden anderen). Was so viel bedeutet wie das plötzliche Auftreten unterschiedlichster körperlicher Symptome, unter anderem Schwierigkeiten beim Atmen, das Gefühl zu ersticken, ein Kloß im Hals, Herzstolpern, Kieferschmerzen, Schwindel, Kribbeln in den Extremitäten und vieles mehr. Einiges weiß ich schon gar nicht mehr, es waren einfach zu viele Symptome, die sich immer wieder abwechselten. Zuerst befürchtete ich, ich sei schwer krank, rannte von Facharzt zu Facharzt und ließ mich zwei Mal ins Krankenhaus einweisen, um mich auf Herz und Nieren untersuchen zu lassen. Es wurde trotz Rundum-Diagnostik nichts gefunden. Ich war vollkommen gesund. Aber meine körperlichen Symptome verschwanden nicht und sobald ich mit meinem Sohn zusammen war, wurden sie schlimmer. Als Marc mich dann eines Tages in die psychiatrische Abteilung eines Krankenhauses fuhr, weil ich eine heftige Panikattacke hatte und glaubte zu ersticken, wurde mir bewusst, dass ich tatsächlich schwer krank war. Und zwar psychisch.

Eingangs hatte ich ja schon erwähnt, dass ich keine schöne Kindheit gehabt hatte. Durch die Schwangerschaft und die Geburt meines Sohnes setzte ich mich intensiv mit der Frage auseinander, was eine gute Mutter ist und welche Kompetenzen sie haben muss. Und ganz selbstverständlich wollte ich nicht die Fehler meiner Mutter wiederholen. Ich wollte von Anfang an alles perfekt machen. Mir reichte es nicht, eine bessere Mutter als meine eigene zu sein, nein, ich wollte *perfekt* sein. Dieser Wunsch – und seine Unerfüllbarkeit – hatte mich in eine tiefe Depression gestürzt, aus der ich nur mit Hilfe einer Therapie herausgekommen bin. Seitdem geht es mir besser denn je und ich genieße die Zeit mit meinem Sohn mit allen Höhen und Tiefen, die das Muttersein so mit sich bringt, kann über die unvermeidlichen Ups and Downs lachen, weil ich erkannt habe, dass man als Mutter nicht perfekt sein muss. Zudem habe ich aufgehört, meine Zeit mit den Meinungen selbsternannter Experten zu vergeuden. Irgendwann muss man die Notbremse ziehen! Wenn wir durch unseren Perfektionswahn nicht irre werden und in einer Zwangsjacke enden wollen, müssen wir Mütter aufhören, uns ständig in Frage zu stellen und uns immer wieder einzureden, dass wir Versagerinnen sind. Vielmehr muss man wieder lernen, auf seine Intuition zu hören, seine eigene innere Stimme – und sei sie noch so leise – also, auf dieses Urgefühl, das jeder Mensch in sich trägt, das aber leider oft von dem Kopf ausgebremst wird. Als Neu-Mami lastet viel Verantwortung auf unseren unerfahrenen Schultern. Ich konnte das Wochenbett nicht nur wegen der starken Depressionen nicht genießen, sondern auch wegen dem Schlafmangel und der Tatsache, dass sich das Leben von heute auf morgen um 180 Grad gedreht hatte. Jeder Neu-Mutter geht das so. Leider werden zusammen mit dem Kind nicht die Erfahrungen geboren, wie damit umzugehen ist. Die muss man immer noch selbst machen.

Wenn Mütter behaupten, dass das Wochenbett ein Segen, das Stillen komplikationslos, das Baby total entspannt ist und schon durchschlafe, erzählen sie nicht die ganze Wahrheit. Die unschönen Dinge werden dem Zuhörer erspart. Mir kann doch keine Mutter erzählen, dass der Wochenfluss Spaß macht. Ich hatte starke Blutungen und da ich nach der Geburt nur Leggins tragen konnte, weil meine alten Hosen noch nicht passten, sah man hinten am Po den Abdruck dieser riesigen Binde. Das ist doch alles andere als schön! Und dann diese furchtbaren Verstopfungen und diese Schmerzen beim Stuhlgang – das ist doch die reinste Folter. Und diese Baustelle untenrum? Dammriss, Labienriss, Hämorriden und was nicht alles. Ganz zu schweigen von den Pandabär-Augen, weil man seit Wochen nicht mehr als zwei Stunden am Stück geschlafen hat, weil man ein Schreibaby bekommen hat. Das Milchabpumpen und die kreisrunden Milchflecken im T-Shirt, weil die Milch aus der Brustwarze läuft, und überall riecht's nach Babykacke und -kotze. Dazu kommt ein Wäscheberg, der höher ist als der Mount Everest, weil man zwischen Windeln wechseln, Busen melken, Kind in den Schlaf wiegen, Kotze vom Kind aus der Couch schrubben und Babygeschrei einfach nicht dazu kommt, die Wäsche in den Schrank zu sortieren. Und habe ich den Beckenboden erwähnt? Das erste Mal, als ich spazieren ging, hatte ich solche Schmerzen, dass ich befürchtete, meine Gebärmutter würde beim nächsten Schritt herausfallen. Und wenn ich noch einmal diese Gebärmutter-Geräusche aus dem Handy-Lautsprecher anhören muss, dann dreh' ich vollkommen am Rad! Leo konnte lange Zeit nur dann einschlafen, wenn wir ihm diese Klänge aus dem Mutterleib vorspielten, die es bei YouTube zu hören gab. Ganze drei Monate ging das so. Ich habe diese Klänge gehasst, aber irgendwann konnte ich selbst nur damit einschlafen. Es war zum Wahnsinnigwerden.

Und ja, ich lasse mich hier gerade mal so richtig aus, aber ich weiß, dass ich damit vielen Müttern aus der Seele spreche. Ich weiß, einige meiner Leser werden empört sein, über die Art, wie ich hier über das Leben mit Kind erzähle. Aber ich bin für eine Gesellschaft, in der man auch mal offen und ehrlich gemeinschaftlich jammern und sagen kann: Ich habe es überlebt! Denn genau so ist es: Ein Baby zu zeugen ist einfach, aber es groß zu kriegen, ohne dabei zu verzweifeln, ist nicht einfach. Noch schwieriger wird es, wenn man vor anderen immer sein Gesicht, sein Bild der perfekten Mutter, wahren will. Ich bin für eine Gesellschaft, in der man seine Wahrheit aussprechen darf, ohne dabei mit herablassenden Blicken von den selbsternannten Super-Mamis abgestraft zu werden. Eine Gesellschaft, in der man sagen kann, dass das alles überhaupt kein Spaß macht und vollkommen anders ist, als man es sich vorgestellt hat. Eine authentische Gesellschaft, in der sich die Mütter untereinander verbünden, anstatt übereinander zu triumphieren. Vielmehr sollte man den Mut entwickeln, seine Überforderung einzugestehen, zuzugeben, dass man in der Wochenbett-Zeit nicht glücklich ist und in dieser Zeit oftmals einfach nur ums nackte Überleben kämpft. Natürlich ist man glücklich, dass man jetzt eine eigene Familie hat – was aber noch lange nicht heißt, dass man ausschließlich Freudensprünge macht und dreimal täglich vor Glück platzt.

Ich konnte damals nicht erkennen, dass es okay gewesen wäre, in dieser Zeit auch mal unglücklich zu sein und dass alles einfacher werden würde. Ich kam aus meiner Überlastung und meiner negativen Gefühlswelt ohne Hilfe nicht mehr heraus. Ich war gefangen zwischen Versagensängsten und Schamgefühlen und fühlte mich furchtbar und undankbar, weil ich einfach kein Glück empfand, sondern nur Frustration und Traurigkeit. Ich bin mir sicher, dass viele Mütter in solch einer Gefühlswelt eingesperrt sind. Und ich bin fest davon überzeugt, dass es Neu-Mamis, die unter einem Babyblues leiden, hilft, wenn man ihnen zuhört, ihnen entgegenkommt und ihnen vermittelt, dass sie nicht alleine sind mit ihrem Gefühlschaos, dass es vielen so ergeht und es okay ist, nicht 24 Stunden am Tag vor Glück zu schreien. Ein ehrlicher Austausch unter Müttern, die in derselben Situation sind, würde helfen, sich aus dieser Gefühlslage zu befreien, weil das Wissen, dass andere auch so empfinden, alles viel unkomplizierter macht. Kontraproduktiv ist es hingegen, sich mit selbst ernannten Super-Müttern zu unterhalten, ebenso wie das Lesen der Blogs frisch gebackener Insta-Mamis, die dem Schein den Vorzug vor dem Sein gegeben haben. Auf ihr Gefasel zu hören ist vergleichbar mit einer Gruppe Kindergartenkinder, die sich gegenseitig das Einmaleins beibringen wollen.

Lasst euch nicht blenden oder unter Druck setzen! Geburten und Wochenbettgeschichten sind individuell, das heißt, euer Alltag ist einfach nicht vergleichbar mit dem von anderen. Ruht euch im Wochenbett aus und wenn euch vier Wochen nicht nach Rausgehen ist, dann bleibt im Bett. Und lasst den Wäscheberg in Ruhe, der läuft schon nicht weg. Natürlich ist es nicht so einfach, den Haushalt erstmal links liegen zu lassen, aber der ist tatsächlich in den ersten Baby-Wochen völlig wumpe. Das Einzige was man in der Wochenbett-Zeit *muss*, ist sich auszuruhen, sich an das Leben zu dritt gewöhnen und dem Baby die nötige Liebe, Nähe und Geborgenheit zu geben, es in unserer Welt willkommen zu heißen.

Mir hat es sehr geholfen mit einer Freundin, die drei Monate vorher ihren Sohn zur Welt gebracht hatte, offen und ehrlich darüber zu sprechen, wie das Leben mit Kind wirklich ist und darüber gemeinsam zu jammern. Nachdem ich dank meiner Therapie wieder stabil war und zu meinen Gefühlen, die ich jahrelang unterdrückt hatte, Zugang hatte, war ich endlich bereit für authentische Gespräche, welche ich heute noch mit dieser Freundin genieße. Manchmal, wenn sie mit ihrem Sohn zum Spielen vorbeikommt, erzählen wir uns bei einem Glas Prosecco, wie die letzte Nacht gewesen ist und welche peinlichen Trotzanfälle unsere Söhne in der Öffentlichkeit hingelegt haben. Ich liebe diese ehrlichen Gespräche mit ihr. Ich muss mich nicht verstellen, ich kann die Wahrheit aussprechen, ohne dafür bewertet zu werden. Gemeinsam lachen wir dann über unsere Erzählungen, während die Jungs gerade die Sandkiste leer schaufeln und alles in den Pool schmeißen, den wir im Garten aufgestellt haben. Daher müssen wir unser gemeinsames Jammern hin und wieder unterbrechen, um unseren Söhnen erzieherische Maßnahmen à la:
„Nein der Sand wird nicht gegessen. Nimm die Schaufel aus dem Mund“ angedeihen zu lassen.

Und, zack, ist die Schaufel samt Sand im Mund. Und das Geheule danach groß.

2. ALLTAG MIT KIND

Die ersten Monate

Ich kann mich noch an viele Gespräche von Bekannten, Freunden und Familienangehörigen aus dieser Zeit erinnern, denn die haben sich in mein Unterbewusstsein eingebrannt, wie ein heißes Eisen in den Allerwertesten eines Pferdes.

„Patrizia ist ja auch gerade Mama geworden und die ist so entspannt und das Baby schläft schon von Anfang durch. Mit dem Stillen klappt das auch so toll“, erzählte meine kinderlose Studienfreundin bei ihrem ersten Besuch. „Und bei Anna ist das ganz anders, die wirkt total unentspannt. Das Baby schreit total viel und hält sie Tag und Nacht auf Trab und mit dem Stillen kriegt sie das auch nicht hin. Kein Wunder, dass die Kleine so viel schreit.“

Klar, dass ich bei einer solchen Vorlage weit davon entfernt war, zu erzählen, wie es bei uns zuging. Diese Freundin war offenbar der Ansicht, dass es an der Mutter lag, wenn das Baby so viel schrie. Sorry, liebe Freundin, aber meine Überzeugung ist, dass du von Tuten und Blasen überhaupt keinen Schimmer hast! Solche überflüssigen Kommentare kinderloser Menschen zum Thema Schwangerschaft und Kindererziehung sind extrem nervend und ich appelliere hiermit ernsthaft an diese Leute, sich ihre Ratschläge irgendwo anders hinzustecken! Danke!

Es gibt mit Sicherheit Babys, die pflegeleicht sind und das freut mich für deren Mütter. Aber was mit absoluter Sicherheit nicht der Wahrheit entspricht, ist, dass die Mehrheit der Babys entspannt ist, viel schläft und nie schreit. Im Gegenteil: Die absolute Mehrheit schreit und schreit und niemand weiß warum. Die Windel ist gewechselt, das Baby ist gefüttert und Zuneigung und Nähe bekommt es den ganzen Tag. Stillen, Schnuller, Fläschchen, ein Lied summen, Baby im Tragetuch schuckeln, den Bauch massieren: nichts hilft! Säuglinge scheinen ständig unzufrieden zu sein! Will man mal aus den vier Wänden raus, weil die Decke droht, einem auf den Kopf zu fallen, dann wollen sie partout nicht im Kinderwagen liegen. Überhaupt brüllen sie um ihr Leben, wenn man sie mal ablegen *muss*, weil der Ischias vom ständigen Umhertragen und Wippen schmerzt. Und schlafen? Wenn überhaupt schlafen sie nur auf oder an einem menschlichen Körper und dann liegt man da ganze zwei Stunden und kann nicht atmen oder sich gar bewegen, weil sonst das Kind sofort aufwacht. Das ist, als schliefe man mit einer Stange Dynamit auf dem Bauch. Ständig leiden sie unter schmerzhaften Koliken und dann schreien sie – und schreien und schreien und schreien und schreien. Es war zum Verrücktwerden und obwohl ich wusste, dass Leo das nicht machte, um mich zu ärgern, dachte ich manchmal nur „Halt doch mal die Klappe". Alles war aufregend, fordernd und anstrengend. Ich wurde von einem Gefühlschaos überwältigt. Obendrein war der Organisationsaufwand, den das neue Leben mit sich brachte, enorm und wir nicht darauf vorbereitet. Oft sind es Tage oder im schlimmsten Falle Wochen, in denen man auf dem Zahnfleisch geht. Aber am schlimmsten ist die Angst davor, dass es für immer so anstrengend bleiben könnte.

Für Väter ist diese Zeit nicht einfacher. Auch sie sind frustriert und leiden an Überforderung und Schlafmangel *und* müssen am nächsten Morgen um acht Uhr bei der Arbeit auf der Matte stehen. Im schlimmsten Falle schlafen die Väter wochenlang auf dem Wohnzimmersofa, weil Ohropax gegen das unaufhörliche nächtliche Gebrülle des Babys nicht ausreichend schützt. Weil die Nerven bei den Eltern blank liegen, wird zusätzlich auch noch gestritten. Man ärgert sich am nächsten Morgen wieder über die nicht ausgeräumte Spülmaschine – hatte man den Mann abends doch gebeten, das zu erledigen. Als Mutter fühlt man sich allein gelassen mit dem ganzen Kram und immer wieder tauchen die Fragen auf: Was mache ich nur falsch? Warum ist mein Kind so unzufrieden? Warum bekomme ich das nicht in den Griff? Und wo verdammter Mist hat sich das Glück versteckt, von dem die selbsternannten Super-Mamis immer schwärmen? All diese Fragen führen immer zu dem einen Ergebnis: Ich bin eine Versagerin!

Viele Mütter hegen diese Gedanken. Und ja, es scheint alles furchtbar aussichtslos und das darf man auch mal so sagen. Als Mutter ist man in den ersten Monaten nicht mehr als eine Milchbar und Geborgenheits-Maschine. Man rotiert zwischen Kind, Haushalt und Familienzusammenhalt. Marc und ich haben in den ersten Monaten nur von Tag zu Tag gelebt und waren über jeden Tag froh, den wir und das Kind überlebt hatten. Um die harte Phase mit unserem Schreibaby zu überstehen, machten wir uns gegenseitig Mut mit dem Gedanken, dass wir nur die ersten drei Monate überstehen müssten, dann würden die Koliken vorbei sein und das Schreien nachlassen. Tatsächlich erwischte ich mich aber öfter bei dem Gedanken, was denn wäre, wenn es so weiterginge. Tatsächlich aber waren die Koliken auf den Tag genau nach drei Monaten überstanden und das Gebrülle wurde weniger. Die Probleme mit dem Einschlafen allerdings nicht – die hatte Leo noch bis zum zehnten Monat. Durchschlafen? Fehlanzeige. Es gab eine einzige Nacht, in der Leo acht Stunden ohne Unterbrechung geschlafen hat – in dieser Nacht wachte ich allerdings mehrmals auf und schlich an sein Bett, weil ich diese furchtbare Angst verspürte, er könnte dem plötzlichen Kindstod anheimgefallen sein. War er nicht – er schlief nur friedlich – ich hingegen machte in dieser Nacht kaum ein Auge zu. Nach diesem achtstündigen Ausrutscher war am darauffolgenden Tag alles wie immer: Er schlief höchstens vier Stunden und verlangte dann wieder seine Milch. Es änderte sich für eine lange Zeit kaum etwas an dieser kräftezehrenden Situation. Die Wäscheberge wurden auch nicht kleiner und der Haushalt machte sich immer noch nicht von allein. Ich konnte nicht duschen gehen, ohne dass Leo einen Heulkrampf bekam. Schreiend lag er dann in seiner Wippschaukel vor der Dusche und ich hetzte mich ab und schlitzte mir in der Eile beim Rasieren die Beine auf. Wie vermisste ich das entspannte Duschen oder das Auf-dem-stillen-Örtchen-sitzen-und-mein-Geschäft-in-Ruhe-verrichten. Ich meine, wozu heißt der Raum denn *stilles* Örtchen?

Als die Ära des Krabbelns eingeleitet wurde, kamen andere Probleme dazu. Ich hatte gehofft, dass es ruhiger und entspannter würde, sobald das Kind beweglicher ist. Das traf auch zum Teil zu, denn mit zunehmender Beweglichkeit nahm auch sein Geplärre ein wenig ab. Leo weinte zwar nicht mehr, wenn ich unter der Dusche stand, aber dafür musste ich ständig plitschnass aus der Dusche springen, weil er dabei war, das ganze Badezimmer auseinanderzunehmen. Manches, das mich in bestimmten Phasen gestresst hatte, verschwand, aber dafür kamen andere, neue Hürden dazu, auf die wir wieder nicht vorbereitet waren. Die Summe der Stressoren blieb irgendwie die gleiche – es war ein Hamsterrad. Je älter Leo wurde, umso besser gewöhnte ich mich auch an meine Mutterrolle – ich hatte ja auch keine andere Wahl, als hinzunehmen, dass es jetzt so ist, wie es ist. Wenn ich zu verzweifeln drohte, machte ich mir klar, dass es sich *nur um eine Phase* handelte, ja, ich entwickelte diesen Mantrasatz, den ich mir immer wieder ins Gedächtnis rief, wenn mich die dunkle Wolke der Überforderung einzuhüllen drohte: „Es ist nur eine Phase". Und der hilft tatsächlich.

Mittlerweile ist Leo zweieinhalb Jahre alt und auch heute gibt es noch Phasen, in denen er ohne ersichtlichen Grund zehnmal in der Nacht weint. Einfach nur, weil er will, dass Mama und Papa nochmal an seinem Bettrand erscheinen. Er hat nichts Körperliches, er will dann einfach zehn Mal in der Nacht etwas trinken. Zudem hat die Phase des Eltern-Austestens begonnen. Wie weit kann ich gehen, bis Mama und Papa austicken? Wie oft kann ich beim ins Bettgehen etwas zu trinken fordern oder die Nase geputzt bekommen? Wenn er seine ganze abendliche Zu-Bett-geh-Litanei durchgespielt hat und sich endlich hinlegt, schleichen wir völlig erschöpft auf Zehenspitzen (oder im schlimmsten Falle auf allen Vieren wie verwundete Soldaten) aus dem Zimmer und hoffen, nein, beten, dass er jetzt einschläft. Marc und ich stehen dann vor der gerade verschlossenen Kinderzimmertür, zählen bis fünf und geben uns ein „High Five", wenn wir dann nichts mehr hören. Der Endgegner ist besiegt und in seinem Dämmerschlaf.

Hätten wir da mal bloß bis sieben gezählt.

Alles nur eine Phase.

Adieu, Freiheiten – Hallo, Pflichten

Die ersten Monate sind eine krasse Umstellung, vor allem wenn man ein freiheitsliebender Mensch war. Keine Frage, man liebt sein Kind über alles und würde es nie wieder hergeben wollen (und wenn, dann nur ganz kurz), dennoch wünscht man sich manchmal, man selbst zu sein, ohne dass das Kind ständig um einem herumlungert. Wie gerne hätte ich mich mal wieder in Ruhe geschminkt, ohne dass mein Kind dabei das Puder in der ganzen Wohnung verteilt und mit meinem Kajalstift die Wände bemalt. Das alles passiert innerhalb von Sekunden. Kinder sind in dem Alter schneller, als man überhaupt blinzeln kann. *The Flash* – Dreck dagegen. Das mit dem Schminken habe ich vorerst aufgegeben und decke nur noch meine Pandaringe ab und das wars. Duschen gehe ich auch nur noch abends oder am Wochenende, wenn Marc zuhause ist und den kleinen Plagegeist davon abhält, die Duschtür ständig auf- und zuzumachen, während ich mich nach Wochen mal wieder rasiere.

Die Pflichten als Mutter werden von Monat zu Monat mehr. Bist du anfänglich für Milch und Geborgenheit zuständig, stehst du, wenn einmal die Babybrei-Epoche angebrochen ist, nur noch am Herd und kochst für die nächsten vier Monate vor. Fünf Kilo Karotten, fünfzehn Kilo Brokkoli und zehn Kilo Hähnchen werden alles zu einer ekelhaft aussehenden Masse püriert, und dazu kommt noch Fisch – ist ja nun mal gesund fürs Kind. Und erstaunlicherweise hat Leo wirklich alles gegessen, selbst der pürierte Fisch schmeckte ihm. Ich war froh, als die Breizeit vorbei war und er richtig mitessen konnte, obwohl dann das Mäkeln begann. „Ihh, Fisch! Ihh Brokkoli!“

Mittlerweile hatten wir auch einen Rhythmus gefunden. Um achtzehn Uhr ging Leo ins Bett. In sein eigenes, wohlgemerkt. Mit sechs Monaten hatten wir ihn daran gewöhnt, in seinem Gitterbett im eigenen Kinderzimmer zu schlafen. Wir konnten nachts einfach nicht mehr schlafen, weil Leo einen furchtbar unruhigen Schlaf hatte und sich ständig hin und her wälzte, wobei er komische, tierähnliche Laute von sich gab. Wir merkten auch, dass er selbst dann nicht mehr zur Ruhe kam, wenn er bei uns im Bett schlief. Und wer hätte das gedacht: Seit Leo in seinem eigenen Zimmer schlief, meldete er sich nur noch dreimal die Nacht. Alle vier Stunden, aber das war immer noch um Längen besser als die zwei Stunden vorher. Wir konnten daher vier Stunden (!) am Stück ruhig schlafen, ohne von einem schnarchenden Tiger geweckt zu werden. Morgens um sechs war die Nacht allerdings vorbei und Leo hellwach und bereit zum Spielen. Während Leo also schon mal damit begann, die Wohnung auseinanderzunehmen, trank ich meinen dritten *kalten* Kaffee. Gegen zehn Uhr machte er ein einstündiges Vor-Mittags-Schläfchen. Pünktlich um zwölf Uhr gab es dann Brei und danach wieder eine Stunde Mittagsschlaf. Der Tag war streng getaktet und jegliche Abweichung von dem Rhythmus brachte ihn völlig aus dem Konzept, was er mit schlechter Laune quittierte. Bis wir loskamen, um uns mit jemandem zu treffen, war später Nachmittag. Viel Zeit blieb dann auch nicht, weil Prinz Leo um achtzehn Uhr wieder müde wurde. Nicht, dass ich mich hätte beschweren wollen – ich war froh, dass er mittlerweile nach der Horror-Zeit mit seinen Koliken so oft am Tag schlief und ich mich mal um den Haushalt kümmern konnte. Oder hätte können. Was ich natürlich nicht tat, weil ich wie ein fetter Stein auf der Couch niedersackte und augenblicklich einschlief. Je beweglicher Leo wurde, desto anstrengender wurde es. Als ich Jessi erzählte, dass ich mich darauf freute, Leo laufen zu sehen, weil man dann mehr mit ihm anstellen könne, sagte sie nur: „Freu' dich nicht zu früh. Dann bist du nur noch am Hinterherlaufen." Was soll ich sagen, natürlich hatte sie Recht.

Abends war ich erschöpft und hörte nur noch die Couch rufen. Ich sehnte mich danach, mal wieder mit meinen Freundinnen einen Cocktail trinken zu gehen. Es ist ja nicht so, dass es keine Gelegenheit für so einen Abend gegeben hätte, doch ich hatte mich nie dazu aufraffen können – viel zu erledigt war ich vom Alltag. Zudem fiel mir, sobald ich auf der Couch niedersackte, ein, was ich alles noch im Haushalt zu erledigen hatte. Ist das Kind im Bett, hat man als Mutter ja noch lange keinen Feierabend. Da fängt der Spaß erst so richtig an. Wäsche waschen und aufhängen, die saubere Wäsche zusammenlegen, Brei-Flecken mit Fleckenentferner aus der Babykleidung schrubben, Brei vorkochen, weil Vorrat demnächst aufgebraucht ist, Spülmaschine aus- und wieder einräumen, Spielzeug wegräumen (und dabei in Duplosteine treten) – ein Teufelskreis.

Fakt ist: Die eigene Freiheit bleibt auf der Strecke. Ich habe früher viel Sport getrieben – vorbei. Klar hätte ich abends nochmal meinen Hintern heben und joggen oder ins Fitnesstudio gehen können, aber ich war zu fertig. Und hatte gleichzeitig ein schlechtes Gewissen, dass ich zu wenig Sport trieb. Zusätzlich war ich in dieser Zeit (zu) viel auf Instagram unterwegs und sah mir natürlich die Posts anderer Mütter an, die auf dem Weg zur Post-Geburts-Traumfigur jeden Tag zwei Stunden intensiv Sport betrieben. Schon war es wieder da, mein Gefühl minderwertig zu sein, zu versagen.

Weil mein Alltag ausschließlich aus mütterlichen Pflichten bestand, wurde ich immer frustrierter. Mit meiner Freundin und ihrem Sohn traf ich mich zwar ein- bis zweimal, aber die Woche bestand ja aus sieben verdammten Tagen. Was sollte ich also mit einem bewegungsfreudigen Kind anstellen, das auch mir Spaß machen würde? Es gab zwar einige Möglichkeiten: Spielplatz, Spazierengehen, an den See radeln – aber diese Dinge füllten gerade mal zwei Stunden des Tages, davon mal abgesehen, dass ich beim Spielplatzbesuch nicht gerade von Glücks-oder Spaßhormonen geflutet wurde. So kaufte ich also immer wieder neues Spielzeug, um Leo zu beschäftigen, welches exakt nach drei

Tagen in der Ecke landete und nicht mehr beachtet wurde. Also wurde ein teures Bällebad bestellt. Super Idee! Jeden Tag robbte ich auf allen Vieren unter dem Bett herum, um die Bälle einzusammeln, und stieß mir jedes verdammte Mal an genau derselben Stelle den Kopf. Mittlerweile ist mir dort ein Horn gewachsen. Na Halleluja!

In der Zwischenzeit haben wir ein eigenes kleines Häuschen mit Garten gefunden. Sogar einen eigenen Spielplatz für Leo hatte Marc dort in einer Nacht- und Nebelaktion aufgebaut, weil ich das dringend wollte. Ich brauchte etwas, womit ich Leo den ganzen Tag beschäftigen konnte. Ich hatte das Gefühl, ich konnte ihm gar nicht so viel bieten, wie er von mir verlangte. Dabei brauchte er gar nichts Besonderes, er wollte nur (und will heute noch), dass ich mit ihm spiele, einfach dabei bin. Immer war mir aber nicht danach und ich fühlte mich teilweise eingekesselt, gefesselt, unter Druck und meiner Freiheit beraubt. Im Winter entschloss ich mich, einen Musikkurs mit ihm zu besuchen. Er fand es toll. Ich fand es grausam. Überall Mombies, eine Mischung aus Mommy und Zombies. Und es ging schon wieder um Waschmittel. Ich erfuhr, dass gute Mütter einen Thermomix haben. Es ging sogar so weit, dass ich ernsthaft erwog (heulend), so einen Scheiß-Thermomix zu kaufen, weil ich glaubte, ich sei eine schlechte Mutter, wenn ich das Essen für mein Kind in einem handelsüblichen Kochtopf zubereite.

Ich hatte gehofft, dass ich hier mal Mädels treffen würde, die nicht nur für ihr Kind leben und mit denen ich mich austauschen konnte. Stattdessen lief es darauf hinaus, dass ich mir Mombie-Storys von tollen Kindern anhören musste. Zum Beispiel von Kindern, die schon bis drei zählen können. Wow! Leo kann schon bis acht zählen, lässt aber fünf Zahlen dazwischen aus. Bam, und jetzt kommst du, Mombie.

Ich hatte solche Gespräche satt. Sie frustrierten mich. Ich wollte doch einfach nur mal ein Paar tolle Frauen treffen, die nicht so aufgesetzt waren und mir das Gefühl gaben, ich sei eine Versagerin, nur weil ich nicht den von Stiftung-Warentest mit „Sehr Gut" beurteilten Autositz hatte. Ich vermisste Authentizität und ich wollte mal wieder raus in die Welt. Ins Kino. Oder mal wieder ausschlafen, in Ruhe frühstücken und einen *warmen* Kaffee schlürfen, mal wieder einfach nur Ich sein.

War das jetzt alles?

Der Alltag als Mutter war anfangs hart. Auch heute gibt es Situationen, an denen ich haarscharf an einem Nervenzusammenbruch vorbeischramme. Aber ich habe gelernt, diese Gefühle zuzulassen, gelernt, dass es okay ist, dass man so empfindet und dass jede Mami das Recht hat, mal weinend zusammenzubrechen. Niemand hält all dem mit einem breiten Grinsen stand, es sei denn, er raucht Gras, aber das ist auch nicht die Lösung. Wobei so ein Baby-Yoga-Kurs, in dem im Kreis der Neu-Mamis ein Joint rumgeht, hätte auch etwas. Vielleicht würden die Waschmittel-Mamis dann mal aus sich herauskommen …

Was mich aber eine lange Zeit am meisten belastete, war, dass ich nicht wusste, was ich den ganzen langen Tag mit meinem Sohn anfangen sollte. Ich hatte zwischenzeitlich wieder begonnen, halbtags zu arbeiten, und war mittags völlig erledigt. Leo aber nicht. Er wollte was erleben: Action und Spaß. Dachte ich jedenfalls. Also versuchte ich mir jeden Tag andere Unternehmungen auszudenken, mit denen ich ihn beglücken konnte. Die Rolle als Animateur für die Nachmittags-Bespaßung setzte mich wieder unter Druck. Und es führte dazu, dass ich mit der Zeit immer unzufriedener und unglücklicher wurde. Ich wollte nicht den halben Tag mit Autos spielen oder Legotürme bauen, nur damit Leo sie mit Krawall wieder umwerfen konnte. Leo wollte auch nie alleine spielen, es machte ihn sogar glücklich, wenn *ich* mit ihm Legotürme baute und sie *selbst* umwarf. Dabei lachte er aus vollem Herzen. Ihn so zu sehen, machte mich einerseits glücklich, anderseits auch traurig, denn mir machte es keinen Spaß. Ich hasste es, mit Autos zu spielen, Türme zu bauen und Spielplätze sowieso. Ich fragte mich oft, ob das jetzt alles gewesen war? Ist das jetzt das Leben?

Mittels Therapie hatte ich gelernt, mich aus solchen depressiven Verstimmungen wieder alleine herauszuholen. Und mittlerweile konnte ich einschätzen, wann ich drohte, ganz abzustürzen, und die Reißleine vorher ziehen. Und das tat ich. Ich wusste, ich muss etwas an meiner Einstellung ändern. Irgendwie musste ich lernen, wie ich trotz Alltagsstress ein glückliches Familienleben haben kann, ohne mich dabei zu vergessen.

„Was ist mir dir? Du wirkst so abwesend?“, fragte mich Marc, als wir auf der Terrasse gemeinsam zum Mittag aßen.

„Keine Ahnung, aber in einer Stunde hole ich Leo aus der Kita ab und ich weiß schon wieder nicht, was ich mit ihm unternehmen soll“, sagte ich verzweifelt.

„Naja, wie immer, oder? Bisschen auf den Spielplatz oder Lego spielen oder malen.“

„Drei Stunden? Dabei schütte ich nicht gerade literweise Endorphine aus.“

„Und wenn du die Zeit aufteilst? Zwei Stunden macht ihr, was ihm Spaß macht, und die restliche Zeit, was du willst. Ist doch ganz einfach. Er wird sich schon anpassen. Er ist doch noch klein, er braucht nicht viel.“

„Soll ich ihn mit zum Yoga nehmen oder was?“

„Es wird doch noch andere Sachen geben, auf die du Bock hast.“

„Ich hätte Lust, mal wieder unsere Fotoalben zu gestalten.“

„Na dann mach das doch mit ihm.“

„Damit er dann alles kaputtreißt oder im Album rumkritzelt?“

„Ist doch egal. Muss denn immer alles perfekt sein? Es ist ein Album aus unserer jetzigen Zeit – da gibt es ihn nun mal und er kritzelt rum. In fünf Jahren wirst du das Album dann aufmachen und darüber lachen, was er da gemacht hat."

Nicht übel.

Ganz überzeugt war ich aber nicht.

In meiner Verzweiflung fragte ich Dr. Google um Rat. Es gab viele Möglichkeiten ein Kind zu beschäftigen. Kinderturnen da, Musikkurs hier, Englischkurs für Kleinkinder dort. Bei meiner Recherche zu Beschäftigungsalternativen stieß ich auf einen Blogpost[7] über das Buch *Simplicity Parenting*[8] von Kim John Payne und mir fiel es wie Schuppen von den Augen.

In diesem Blogpost wurde zunächst Paynes Werdegang beschrieben. Er war Psychoanalytiker und arbeitete zu Beginn seiner Karriere in verschiedenen Flüchtlingsheimen, in denen viele Kinder lebten, die in Kriegsgebieten aufgewachsen waren und an posttraumatischen Belastungsstörungen litten. Payne beschrieb sie als „nervös, schreckhaft, extrem wachsam und misstrauisch gegenüber jeglichen Änderungen oder Neuem". Irgendwann eröffnete er eine Privatpraxis in England und fand heraus, dass Kinder aus wohlha-

---

[7] Der Blogpost *Wie wir das Leben unserer Kinder zerstören – ohne es zu merken* erschien am 17.01.2018 auf www.huffingtonpost.de

[8] Kim John Payne / Lisa M. Ross: *Simplicity Parenting*, Randoum House USA Inc 2010

benden Elternhäusern dieselben Verhaltensmuster aufwiesen, wie die Kinder aus den Kriegsgebieten. Für ihn war der gemeinsame Nenner „zu viel von allem". Was so viel bedeutet wie, dass Kinder aus dem wohlhabenden Umfeld zwar in körperlicher Sicherheit lebten, aber emotional betrachtet sich ebenfalls in einer Art Kriegsgebiet befanden. Auslöser dafür sei dieses „zu viel von allem". Englischkurs, Fußballtraining und Klavierunterricht. Dieses „zu viel" begann schon im Babyalter mit Spielzeug. Diese Kinder leiden an einem Disstress (negativer Stress) oder auch an kumulativen Stress (langanhaltender Stress) und sie entwickeln ihre eigenen Bewältigungsstrategien, um sich sicher zu fühlen, was dazu führen kann, dass sie später im erwachsenen Alter psychische Störungen aufzeigen.

In dem Artikel hieß es weiter, dass Kinder von heute einer ständigen Informationsflut ausgesetzt sind, die sie nicht verarbeiten können. Sie übernehmen schon im Kindesalter erwachsene Rollen und unsere Erwartungen an sie erhöhen sich. Zudem würden sie mit Spielsachen und Auswahlmöglichkeiten überhäuft werden, die sie erdrücken und verblenden. Das führe wiederum dazu, dass sie nur oberflächlich spielten, statt sich vollkommen einzulassen und ihrer blühenden Fantasie freien Lauf zu lassen. Zudem mache eine derart große Auswahlmöglichkeit Kinder unglücklich und man nähme ihnen damit das Geschenk der Langeweile, die wiederum Kreativität fördern würde.

Gäbe man Kindern an nur zwei Stunden pro Woche eine Auszeit, in der sie frei spielen – oder sich wahlweise langweilen – können, so würden sie mehr Kreativität entwickeln. Wir als Eltern sollten also dafür sorgen, dass unsere Kinder regelmäßige Auszeiten bekommen, in der sie Trost und Ruhe vor der für sie noch sehr chaotischen Welt finden, sich erholen und wachsen können. Ruhephasen seien extrem wichtig für die Entwicklung von Kindern. Hinzu kommt, dass wir das Leben unserer Sprösslinge vereinfachen, wenn wir unnötige Aktivitäten aussortieren. Das Kind muss nicht Montag, Dienstag und Freitag zum Pilates und auch nicht am Donnerstag Gitarrenunterricht und am Wochenende Reitstunden nehmen. Ein bis zwei Tage pro Woche einen Sport zu machen, sei nicht das Problem. Das eigentliche Manko sei, dass dazwischen keine Auszeit und Freizeit für die Kinder stattfinde. Wir sollten somit unseren Kindern wieder Kindheit verschaffen, in dem wir sie in dieser prägenden Zeit auch vor Aufgaben und Pflichten (und auch die Teilnahme an einem Kurs ist eine solche) in gewissem Maße schützen. Zum Beispiel, indem wir nicht am Esstisch über politische Themen reden sollen, wenn ein kleines Kind dabei sei. Oder wenn wir unser Verlangen an Informationen aus der Welt mittels Nachrichten stillen wollen, doch bitte dann, wenn die Kinder schlafen.

Erwachsensein können Kinder noch das ganze Leben lang und sich dabei mit der immer komplexer werdenden Welt auseinandersetzen, aber sie haben nur eine sehr kurze

Zeitspanne, in der sie Kind sein dürfen. Man sagt ja nicht umsonst, die Kindheit sei die prägendste Zeit im Leben eines Menschen, sie diene einem sehr wichtigen Zweck und sie dürfe nicht heruntergespielt und einfach nur durchgestanden werden, wie es einige Eltern oft beschreiben. Weiter heißt es, die Aufgabe der Kindheit sei, die Psyche von Kindern zu schützen und sie weiterzuentwickeln, damit unsere Kinder zu glücklichen und gesunden Erwachsenen heranwachsen können. Greife die Gesellschaft zu stark in die Kindheit ein, reagiere das Gehirn darauf. Stattdessen sollten wir diese wertvolle und wichtige Episode im Leben unserer Kinder schützen und die Möglichkeit und den Nährboden liefern, auf dem sich unsere Sprösslinge entfalten können.

Dieser emotionale und tiefgreifende Artikel über das Buch *Simplicity Parenting* regte mich zum Nachdenken an und öffnete mir die Augen. Ich war sehr mitgerissen davon, vor allem, weil ich auch mich darin wiederfand. In meiner Kindheit hatte ich auch schon sehr früh die Rolle der Mutter übernommen. Meine Mutter war das Kind, um das ich mich schon mit meinen zarten sechs Jahren kümmern musste. Ich kochte, hörte mir die Probleme meiner Mutter an und versuchte Lösungen für sie zu finden. Es war der fatale Rollentausch und viele andere prägende Erlebnisse in meiner frühen Kindheit, die dann diese depressive Episode hervorbrachten.

Um Himmels Willen, *das* wollte ich doch meinem Kind alles ersparen. Ich bot ihm zwar körperlichen Schutz, aber das alleine reichte laut Payne nicht aus. Wir müssen unsere Kinder auch vor der Informationsflut schützen – und vor unseren eigenen zu hohen Erwartungen.

Mir war klar, dass ich etwas an meiner Einstellung ändern musste. Mein Perfektionswahn war also doch noch nicht überwunden und schlummerte noch tief in mir, wartete nur darauf auszubrechen. Ich wollte meinem Sohn das perfekte Entertainment bieten. Dabei hatte ich zwei wichtige Sachen vergessen: Zum einen, dass das gar nicht nötig war, denn Kinder brauchen kein tägliches Bespaßt-Werden, sondern lediglich Raum und Zeit, in der sie ihre Fantasie ausleben können, egal ob zuhause oder woanders. Und zum anderen, mich. Den ganzen Tag sah ich mich als Mutter in der Pflicht, auch wenn Leo in der Kita war. Während meiner Arbeitszeit oder wenn ich mich mal (selten) mit Freundinnen traf, machte ich mir darüber Gedanken, was ich später wieder mit Leo unternehmen sollte, und was ich ihm abends zu essen machen würde und ob sein Feuerwehrmann-Sam-Lieblingspulli schon gewaschen war. Mutter-Gedanken halt. Mich als Mensch, als Frau, als Maria, die gerne Fotoalben gestaltet, hatte ich längst in eine Schublade gesteckt und dort vergessen. Ab und an klopfte diese weggesperrte Maria wieder an und wollte auch gesehen und gehört werden, aber ich gab ihr keine Chance und wurde damit immer frustrierter. Ich musste meine fest verankernden Ansichten ändern und die alte Maria wieder aus ihrer Schublade hervorholen und ihr ein gewisses Maß an Aufmerksamkeit schenken.

Der innerlichen Frustration entgegen zu wirken, funktioniert am besten, wenn man einfach mal lockerlässt. Klingt banal, ist es auch. Es ist okay, dass man kein Bock hat, den ganzen Tag Lego zu spielen, das macht uns nicht zu schlechten Eltern. Meine „Lockerheit“ begann ich damit, indem ich mit Leo am Nachmittag eine Stunde lang das spielte, wozu er Lust hatte: mit Autos spielen, auf den Spielplatz gehen, das Haus auf den Kopf stellen, eine Kissenschlacht machen, eine Höhle aus Stühlen und Decken bauen, verstecken spielen, Türme bauen und umwerfen, uns im Bällebad mit Bällen beschmeißen. Egal was, Leo durfte es sich aussuchen. Und er hatte viele Ideen. Nicht alle gefielen mir, aber ich versuchte, mich darauf einzulassen – ich hatte es ihm und mir selbst versprochen. Im Gegenzug erklärte ich Leo, dass ich jetzt eine halbe Stunde für mich benötigte und er in der Zeit was spielen könne, alleine. Dass er irgendwas bauen, malen, mit seiner Knete Figuren basteln oder ein Puzzle machen könnte. Und – jetzt oute ich mich als „Rabenmutter“ – manchmal parkte ich ihn auch vor dem I-Pad oder dem Fernseher und ließ ihn Peppa Wutz, Feuerwehrmann Sam oder die Minions gucken. Er liebte diese Serien. Wieder ein Prinzip, das über Bord ging, hatte ich mir in der Schwangerschaft doch fest vorgenommen, dass mein Kind frühestens mit sechs Jahren und dann auch nicht länger als zehn Minuten am Tag fernsehen dürfe. Was für ein Schwachsinn! Als ich ein Kind war, habe ich es geliebt, morgens aufzustehen, Nickelodeon anzuschalten und Trickfilme zu schauen, bis meine Augen viereckig wurden. Auch das ist Kindheit und gehört zu unserem Leben dazu. Warum es Kindern also nehmen, wenn sie es lieben, gelben niedlichen Figuren in Bauarbeiter-Uniform, die einen Mix aus Englisch, Spanisch, Italienisch und Französisch sprechen, zuzuschauen. Nichts spricht dagegen, wenn man Kindern das erlaubt, natürlich alles in einem gewissen Rahmen. Und wisst ihr was? In der Zeit kann man sogar in Ruhe aufs stille Örtchen und sich mal richtig entspannen, allein.

In der Zeit, in der Leo sich eine halbe bis dreiviertel Stunde selbst beschäftigte – das konnte er nämlich ohne Probleme – erledigte ich entweder wichtige Anrufe, oder saugte, machte die Wäsche oder räumte den Geschirrspüler aus und wieder ein. Danach gingen wir zusammen einkaufen oder bastelten tatsächlich Fotoalben. Und klar, es gingen auch paar Seiten kaputt oder wurden bekritzelt und ich erlitt dabei drei Nervenzusammenbrüche – selbst „locker" zu sein, ist nicht einfach. Es war ein Prozess, mich daran zu gewöhnen, ihn nicht bei jeder Kritzelei anzumeckern und nicht ständig Nein zu sagen. Aber mir war auch klar, dass ich mit diesem Zähnezusammenbeißen gegen meinen Perfektionswahn ankämpfte und das war gut so. Das musste ich lernen. Prinzipien über Bord werfen zu können, war eine Fähigkeit, die ich mir erarbeiten musste. Das ging nicht von Jetzt auf Gleich, aber es wurde mit der Zeit besser. Klar, ich konnte natürlich nicht alle Dinge mit ihm machen, die mir Spaß gemacht hätten. Ins Kino zu gehen ging in seinem Alter noch nicht, dafür war seine Geduldsspanne noch zu gering. Und auch zum Yoga konnte ich mit meinem Kleinkind nicht gehen. Wobei ich es mir ziemlich spaßig vorstelle – vor allem die strafenden Blicke der anderen – wenn das Kind versucht durch die Beine der anderen Teilnehmer zu krabbeln, während sie gerade den „Herabschauenden-Hund" machen. Aber diese Dinge konnte ich auch abends mit einer Freundin machen, wenn Leo schlief und Papa auf ihn aufpasste. Und ich den Hintern vom Sofa hochbekam.

Seit meiner Mission, meine Einstellung zu ändern, nahm meine Frustration immer weiter ab. Und ich fühlte mich zum ersten Mal wieder richtig glücklich. Natürlich war ich immer noch gestresst vom Alltag, ich würde lügen, wenn ich anderes behaupten würde, aber es war erträglicher.

Durch Jessi weiß ich auch, dass das Leben mit Kindern mit den Jahren entspannter wird. Es kommen zwar neue Hürden dazu, wie Schule oder Pubertät, aber andere Stressoren sind dafür weniger geworden. Die Söhne meiner Schwester sind elf und siebzehn und als wir vor kurzem gemeinsam im Urlaub waren, bemerkte ich, dass Jessi wieder ganz normale Freiheiten genießen konnte. Ihre Kinder gingen alleine ins Bett, wischten sich nach dem Toilettengang den Po alleine ab und beschäftigen sich viel alleine. Ich dagegen war mit meinem Kleinkind rund um die Uhr „im Dienst". In dieser Zeit versuchte ich, Leo an das Töpfchen zu gewöhnen. Und das war der reinste Stress. Zudem hatten wir auch noch vergessen, die Karre einzupacken und so musste ich beim Ausflug in die Innenstadt von Amsterdam mein inzwischen zwölf Kilo schweres Kind die ganze Zeit tragen. Selbstverständlich wollte Leo nur auf Mamas Arm. Die vielen Menschenmassen irritierten ihn. Wenn er 30 Sekunden gelaufen war, wollte er auf den Arm, um nach fünf Minuten doch wieder „leine laufe" zu wollen. Der Urlaub war für mich furchtbar anstrengend, während Jessi total entspannt und zur Ruhe gekommen aus Holland zurückkehrte. Die musste ja auch nicht allabendlich ihrem Kind ein Lügenschauspiel vorführen. Leo verstand nämlich mit seinem zarten Kleinkindalter nicht, dass seine älteren Cousins noch wach bleiben durften. Er wollte partout nicht schlafen und wehrte sich mit Händen und Füßen gegen das Ins-Bett-gesteckt-werden. Also blieb mir nichts anderes übrig, als mit Hilfe meiner Neffen ein Schlafengehen zu inszenieren. Sie legten sich ins Bett und machten das Licht aus und wir erzählten Leo, dass sie jetzt schlafen würden und Leo auch schlafen müsse. Kaum war Leo in seinem Bett, standen die Jungs wieder auf. Es war ein riesiger Aufwand jeden Abend, aber es funktionierte. Dieses Theater veranstalteten wir vierzehn Mal, täglich einmal mittags und einmal abends. Puh, das geht an die Substanz. Jessi hingegen saß in dieser Zeit schon draußen in der Abendsonne und genoss ihre Weinschorle.

„Es wird besser Schwesterherz, halt noch drei bis vier Jahre durch", versuchte sie mich zu ermutigen, als ich schweißgebadet auf die Terrasse kam und auch endlich Feierabend hatte. Das hatte sie mir in den letzten zweieinhalb Jahren allerdings schon öfter gesagt. Natürlich weiß ich, dass sie recht behalten würde, ich sah ja, wie es jetzt mit ihren Kindern lief. Sie war wieder fast frei. Ich weiß, es hört sich vielleicht undankbar an, wenn ich von „frei" spreche. Wir hatten uns ja für ein Kind entschieden und ich bereute diese Entscheidung grundsätzlich auch nicht. Ich liebe meinen Sohn und die schönen Momente mit ihm überwiegen. Aber dennoch wünsche ich mir eine Zeit herbei, in der ich nicht mehr Windeln wechseln, ihn herumschleppen oder ihm in einer zwanzigminütigen Inszenierung erklären muss, warum Menschen schlafen müssen. Das meine ich mit „frei". Frei von solchen stressbehafteten Pflichten. Meine Freiheit wird wieder kommen, wahrscheinlich schneller als ich jetzt denke. Und dann sehne ich mich vermutlich nach meinem kleinen zweijährigen Jungen, der mich gekuschelt und mir sabbrige Küssis gegeben hat. Das alles wird man nicht mehr haben, wenn das Kind erstmal in der Vorpubertät ist. Dann findet er Mamas Tätscheleien im Gesicht eklig und die Küssis von Mama peinlich. Genau das wird einen als Mama traurig machen und wird sich wünschen, dass man die Zeit, als die Quälgeister noch klein waren, mehr genossen hätte. Aber so spielt das Leben doch immer, man ist oft unzufrieden, hat gewisse Vorstellungen und wünscht sich bestimmte

Dinge vom Leben. Sind diese Dinge dann erreicht, wird man wehmütig und vermisst doch die alten Zeiten. Das ist doch wirklich ein Dilemma und müsste eigentlich nicht sein.

Aus diesem Grund habe ich mich entschlossen, alles dafür zu tun, um *das Jetzt* mit meinem Sohn mehr zu genießen, unser Zusammensein bewusster wahrzunehmen. Und in gestressten Augenblicken und Momenten der Verzweiflung kurz innezuhalten und mich daran zu erinnern, dass es okay ist, verzweifelt oder gestresst zu sein. Dieser Moment des Innehaltens bringt mich wieder zurück und ich habe plötzlich mehr Spaß daran, mit meinem Sohn zu spielen, weil ich weiß, dass diese Zeit begrenzt ist, und weil ich weiß, dass es wichtig ist, dass das Kind seine Kindheit in vollen Zügen genießt. Ein Kleinkind braucht noch nicht viel. Es braucht die Zeit und Aufmerksamkeit der Eltern, aber es braucht keinen Clown, der den ganzen Tag Witze macht, Luftballons aufbläst und sie zu einem Hund knotet. Wenn man sich den Tag so einteilt, dass sowohl das Kind als auch die Mutter ihre Bedürfnisse ausleben können, dann war das ein erfolgreicher und ein wunderbarer Tag, sowohl für das Kind, als auch für die Mutter.

3. SOZIALES LEBEN

Allen werdenden Eltern ist bewusst, dass sich ihr Leben verändern wird, aber wie einschneidend das wirklich ist, darauf ist niemand vorbereitet. Viele Mütter sind dann völlig überrascht und überrumpelt, wie anders das Leben mit Kind eigentlich ist. Viele frisch gebackene Mamis haben auch den Eindruck, dass nichts mehr von ihrem alten Leben übrig geblieben ist. Das Baby bestimmt fortan den Alltag. In den ersten Wochen und Monaten nach der Geburt bleiben die eigenen Bedürfnisse auf der Strecke und alles dreht sich ausschließlich um die Bedürfnisse des Neugeborenen. Auch der Schlafmangel ist in dieser Zeit erst einmal ein unerträglicher Wegbegleiter. Erst nach einigen Monaten kehrt so langsam ein Tag-und-Nacht-Rhythmus bei den Babys ein, aber die meisten Kinder werden bis zum ersten Lebensjahr jede Nacht mehrmals wach. Darauf muss man sich einstellen. Lesen und erzählt bekommen ist das eine, aber das Erleben dieser Momente ist trotzdem nochmal etwas anderes. Und manche tolle Tipps kann man nicht nutzen, weil sie zu der eigenen Persönlichkeit nicht passen. So zum Beispiel der Ratschlag, man solle doch den Mittagsschlaf des Kindes nutzen, um selbst zu schlafen. Jedes Mal, wenn ich das versuchte, brauchte ich mindestens zwanzig Minuten, um überhaupt zur Ruhe zu kommen und einzuschlafen, weil mir ständig im Kopf herumschwirrte, was ich noch alles zu erledigen hatte. Kaum eingeschlafen, wurde ich Minuten später von meinem Kind aus dem Schlaf gerissen, weil bei ihm ein Furz quer lag. Nach diesem zweiminütigen Schlaf war ich matschiger in der Birne als vorher und konnte den Rest des Tages nur noch mit Mühe und Not überstehen. Zumal ich beim Hochschrecken aus diesem Sekunden-Schlaf jedes Mal einen Herzinfarkt fürchtete.

Dieser chronische Schlafmangel führte dazu, dass ich zu kaum noch etwas fähig war. Gerade in der Anfangszeit mit Leo wollte ich niemanden sehen. Ich war einfach zu müde, um überhaupt irgendwelche Gespräche zu führen. Wenn ich mich dann doch mal überwunden hatte, eine kinderlose Freundin zu treffen, dann waren unsere Themen irgendwie nicht im Einklang. Ich hatte nichts zu erzählen, was sie interessiert hätte. Es gab bei mir nur noch das Thema „Kind und dessen Folgen", mehr erlebte ich ja auch nicht. Mein Leben befand sich irgendwo zwischen Milchpumpe und Babyschwimmen. Was dazu führte, dass sich kinderlose Freunde nur noch spärlich meldeten. Das machte mich zutiefst traurig. Auch in der Partnerschaft mit Marc ging es nur noch ums Baby, Einkaufen und Haushalt. Tiefsinnige Gespräche, wie ich sie mit Marc in der Vergangenheit zuhauf geführt hatte, gab es nicht mehr. Auch heute noch fällt es uns schwer, sobald unser Sohn im Raum ist, ein ungestörtes Gespräch zu führen. Können Kinder erst einmal sprechen, quatschen sie unaufhaltsam dazwischen oder stellen Blödsinn an, sodass man ständig seine Unterhaltung unterbrechen muss, um das Kind davon abzuhalten, die Banane im Wasserglas zu ertränken oder den Kopf in den Ofen zu stecken. Und auch beim Versuch das Sexleben wieder aufleben zu lassen, kann es passieren, dass just in dem Moment der knapp Dreijährige in der Schlafzimmertür steht und dich mit großen Augen anstarrt, während der Papa unter der Bettdecke verschwunden ist. „Papa verstecken spielen", war Leos Kommentar dazu.

Generell ändert sich auf sozialer Ebene alles. Den einzigen sozialen Kontakt, den man in den ersten Wochen hat, ist der zum Baby und zur Hebamme. Es dreht sich alles um den neuen Erdenbürger und dessen Bedürfnisse. Zweisamkeit mit dem Partner gibt es vorerst nicht mehr (Stichwort: Wochenfluss) und kinderlose Freunde entfremden sich mit der ersten Zeit – zum einen, weil sie vom Dauerthema Baby die Nase voll haben, und zum anderen, weil sie den Tag einfach anders verbringen als man selbst. Im Klartext bedeutet das, dass man nicht mehr gefragt wird, ob man auf irgendein Event mitkommen möchte, weil sie – richtigerweise – davon ausgehen, dass man nicht ausgehen kann, weil man an das Kind gebunden ist. Wurde man auf die Geburtstagsparty eines Freundes eingeladen, hat seinen Schweinehund überwunden und sich todmüde dorthin geschleppt, ist man die erste Person, die vor Mitternacht wieder verwunden ist, weil man immer im Hinterkopf hat, dass das Kind um sechs Uhr in der Früh auf der Matte stehen wird.

Ob kinderlose Freunde das verstehen? Ganz und gar nicht. Sie ziehen sich zurück und ich habe diese Zeit als sehr frustrierend empfunden. Neue Freunde mit Kindern zu finden, entpuppte sich als eine echte Herausforderung, da die meisten, die ich kennenlernte, Mombies waren. Mit einer einzigen Ausnahme. Aber dennoch fehlten mir noch anderweitige Kontakte. Denn wenn meine einzige Freundin mit Kind ein Treffen absagen musste, saß ich mit meinem Sohn alleine zuhause und hatte keinen Plan B. Neue Kontakte blieben nämlich leider oberflächlich. Also blieb mir nichts anderes übrig, als mich damit abzufinden, dass es jetzt eben so ist und dass es sich irgendwann wieder ändern würde. Dabei führte ich mir vor Augen, dass auch meine jetzt kinderlosen Freunde irgendwann Eltern werden und dasselbe durchmachen würden und ich sie in dieser Zeit mit der eigenen Erfahrung unterstützen kann.

Partnerschaft – Baby, die Krönung der Liebe?

Als Marc und ich heiraten, waren wir jung. Wir waren schon im Teenageralter zusammengekommen und nach fünfjähriger Beziehung machte mir Marc in Madrid einen Heiratsantrag. Zu dieser Zeit war ich im zweiten Semester meines Studiums und lebte einen Monat bei einer spanischen Familie. In der letzten Woche vor meiner Abreise besuchte mich Marc dort überraschenderweise und machte mir zum krönenden Abschluss einen Antrag auf der Gran Via von Madrid – ein Lieblingsmoment meines Lebens, den ich nie vergessen werde. Zu dem Zeitpunkt war ich 22. Zwei Jahre später heirateten wir.

Marc ist mein Seelenverwandter. Er versteht mich blind und ohne Worte, teilt meinen Humor und liebt dieselben Dinge wie ich. Unsere Lieblingsbeschäftigung an Wochenenden – vor dem Kind, versteht sich – bestand daraus, Serien wie *Lost* oder *The Walking Dead* zu gucken, manchmal bis zum Morgengrauen. Wir waren eben Serien-Junkies. Unsere Freunde haben uns dann auch mal zwei Wochen am Stück nicht gesehen, aber sie kannten das schon von uns. Wir verbrachten einfach auch gerne Zeit nur zu zweit. Und wenn man uns nicht vor dem Fernseher vorfand, dann im Kino oder im Casino, wo wir den ganzen Abend mit zwanzig

Euro Budget Roulette spielten. Ach, was hat das Spaß gemacht.

In unserem Leben mit Kind ist wenig Nostalgisches aus dieser Zeit wiederzufinden, wenn man von den Augenringen und dem Aussehen eines Beißers aus *The Walking Dead* einmal absieht. Entspanntes sonntägliches Serien-Gucken mit Pizza auf der Couch, das ist Geschichte.

Marc und ich sind beste Freunde und Ehepartner in einem. Und ich weiß, dass das mit uns etwas Besonderes ist, und ich war mir immer sicher, dass wir alles schaffen konnten und nichts uns auseinanderbringen würde. Mit einem Baby wollten wir unsere harmonische Beziehung krönen, unsere Liebe feiern und auf eine höhere Ebene bringen. Wir wollten unser „wahrhaftiges Glück als Ehepartner" finden. Wie viele Hollywoodstreifen hatte ich gesehen, in denen das Neugeborene dem Leben des Ehepaares das wahre Glück bescherte? Schlussendlich musste ich mir eingestehen, dass es nun mal nur Filme sind. Und Filme sind die Träume, Wunschvorstellungen und Illusionen von Drehbuchautoren. In Wirklichkeit ist die Sachlage nämlich so: Die Trennungsquote[9] von Paaren im ersten Jahr nach der Geburt ist sehr hoch und das liegt nicht an den fettigen Haaren, den unrasierten Beinen, dem Schlabberlook und den tiefdunklen Augenringen der Mutter, sondern vielmehr an den Streitigkeiten. Und ich spreche hier nicht von Fremdgeh-Streitigkeiten

---

[9] Artikel dazu: https://www.t-online.de/leben/familie/erziehung/id_56924968/wenn-kinder-zum-trennungsgrund-werden.html

oder ähnlichem. Die Streitereien, von denen ich spreche, sind so banal, dass es völlig bekloppt ist, darüber auch nur ein Wort zu verlieren. Zum Beispiel der Müll. Ja, ich stritt mich mit Marc tatsächlich darüber, wer den Abfall herunterbringt, oder über die nicht-ausgeräumte Spülmaschine oder die Socken, die er herumliegen ließ. Früher hätte ich darüber hinweggesehen oder ihn nett darauf hingewiesen, aber in der „Panda-auf-Ectasy-Zeit" war Geduld ein Fremdwort für mich.

Marc und ich hatten uns vor der Geburt unseres Sohnes selten gestritten. Unsere Kommunikation funktionierte perfekt. Wir sprachen viel miteinander, damit sich Dinge in uns nicht anstauen und später mal wie eine Bombe explodieren konnten, und wenn es mal krachte, versöhnten wir uns schnell wieder. Das machte unsere Ehe aus.

Als Leo kam und wir chronisch übermüdet und frustriert waren, brach unsere Kommunikation vollkommen ab. Wir hatten schlicht keine Zeit, über mehr miteinander zu reden als über das gerade Anstehende. Ohne dieses Kommunikationsventil staute sich Wut und Enttäuschung über den Partner auf, bis man eben platzte. Das hatte ich vorher zwischen uns nicht erlebt und genau deshalb machte mich diese Zeit ziemlich fertig und ich dachte häufig, dass dies jetzt das Ende unserer Ehe sei. Ich hatte das Gefühl, dass an mir alles alleine hängen blieb: Die Bedürfnisse des Kindes zu stillen, den Haushalt zu schmeißen, einkaufen zu gehen. Ich war überfordert, traurig, enttäuscht von mir selbst, fühlte mich alleingelassen und war furchtbar übermüdet. Und ich ließ all diese Ohnmachtsgefühle und die Wut, die ich vor allem auf mich selbst verspürte, an meinem Partner aus, ungeachtet dessen, dass Marc in der Zeit viel für mich und das Baby tat. Jede Nacht gab er unserem Baby die Flasche, während ich abpumpte. Er arbeitete den ganzen Tag und war in Folge dessen übermüdet, wenn er nachhause kam. Eigentlich klar, dass er nicht freudestrahlend zur Haustür mit einem Flickflack hereingehüpft kam und als erstes die Spülmaschine ausräumte. Aber in der anfänglichen Phase mit einem Neugeborenen, die ich rückblickend als tranceähnlichen Zustand empfinde, war ich nicht in der Lage, Marcs Beitrag wertzuschätzen, fühlte mich oft alleingelassen und hatte zunehmend mit meiner Selbstkritik zu kämpfen, weil ich das Leben mit Kind nicht als pures Glück empfand. Unsere Zweisamkeit war aufgebrochen durch einen Dritten und unsere ausgleichende Kommunikation fand kaum statt – wie auch, wenn ein von Koliken geplagtes, schreiendes Kind neben einem liegt. Es war eine schwierige Phase unserer Partnerschaft und es machte mich unglaublich traurig, weil ich unsere Zweisamkeit vermisste und die pure Liebe zueinander. Diese Liebe und Aufmerksamkeit mussten wir jetzt unserem Baby angedeihen lassen.

Ein Hauptthema der Streitigkeiten war das Sexleben. Dass ich in der ersten Zeit des Wochenbetts weder wollte noch durfte, das sah Marc ein. Aber als die Wochenbett-Zeit vorüber und die Wunden geheilt waren, war sein Verständnis nicht mehr so groß. Mir war aber einfach nicht danach – ich hatte andere Dinge im Kopf, als an Sex zu denken. Zudem war ich abends, wenn Leo endlich schlief, viel zu erledigt. Meine Kräfte hatten einfach den Tiefpunkt erreicht. Und mal ehrlich, Sex neben dem schlafenden Baby zu haben, turnte mich nicht gerade an. Kam für mich einfach gar nicht in Frage.

Es war eine lange Reise, bis wir langsam zu einem Alltag zurückkehrten, der unserem alten ansatzweise glich. Als Leo entspannter wurde und nachts länger als zwei Stunden am Stück schlief, kam auch meine Libido zurück. Aber dennoch war unser Sexleben anders als früher. Spontanen, leidenschaftlichen Sex wie früher, den gab es nicht mehr. Vielmehr verabredeten wir uns zum Sex. Es war eine Planungssache geworden und die große Herausforderung dabei ist, das Sexleben nicht langweilig werden zu lassen. Zwar konnten wir dank *Amorelie* und deren Special-Weihnachtskalender ein wenig nachhelfen, doch die Befürchtung, dass Leo jederzeit im Schlafzimmer auftauchen konnte und „auch verstecken spielen" wollte, war immer noch vorhanden. Außerdem sind Kinder von Natur aus furchtbar neugierig und schnüffeln in Schubladen, um dann bei Kaffee und Kuchen den Großeltern stolz ihren riesigen, rappelnden, rosa Schlafzimmerfund zu präsentieren. Wenn das Kind wenigstens den Delphinvibrator herausgefischt hätte, dann hätte man Omi und Opi vielleicht im Glauben lassen können, dass es sich tatsächlich um ein Kinderspielzeug handelte.

Bekommt Kinder, haben sie gesagt, das wird Spaß machen, haben sie gesagt.

Unsere Kommunikation hat nach einiger Zeit wieder ihre Balance gefunden. Heute weiß ich, dass es nur eine Phase ist, in der die Partnerschaft auf der Strecke bleibt. Diese Phase muss man irgendwie überleben und gegebenenfalls eine Überlebensstrategie entwickeln, so wie im Film *Tully* mit Charlize Theron. Ein beeindruckender Film, der alle Höhen und Tiefen des Mutter-Seins behandelt. Vor allem gibt er perfekt wieder, wie man sich in den ersten Monaten mit einem Neugeborenen fühlt. Beim zweiten Kind nehme ich mir jedenfalls fest vor, mir nicht mehr so viel vorzunehmen und wenn doch, dann das, anders mit der anfänglichen kräftezehrenden Situation umzugehen. Ob es mir dann schlussendlich auch gelingt, weiß ich nicht, aber was ich mit Sicherheit weiß, ist, dass nach Regen immer ein Regenbogen kommt, und man gewisse Dinge einfach hinnehmen und durchstehen muss, um wieder zu den guten Zeiten zu gelangen.

Tipps, wie man die Partnerschaft aufrecht erhält in diesen ersten Monaten, hätte ich viele. Aber ich habe selbst erfahren müssen, dass einen diese Tipps von Tante Irmgard, Schwiegermama und anderen auch überfordern und noch mehr Druck hervorrufen können. Dennoch möchte ich euch zwei sehr wichtige Tipps nicht vorenthalten:

Erstens: Lasst einfach mal locker und versucht, die Dinge viel mit Humor zu nehmen. Klingt simpel, wirkt aber. Ihr könnt nicht verhindern, dass die Romantik und die Zärtlichkeit in der Partnerschaft am Anfang auf Tauchstation gehen. Aber es hilft ungemein, wenn man sich immer wieder ins Bewusstsein ruft, dass es *nur eine Phase* ist. Ein Baby zu bekommen ist eine riesige Herausforderung und eine wahnsinnige Umstellung für die Beziehung, das ist nicht zu widerlegen. Kinder verändern alles. Oft finden wir es bedrohlich und sind überfordert von dem ganzen Dutzidutzi, Brabbelbrabbel und Babygeschrei, zu viel Haushalt da und zu wenig Zweisamkeit hier. Mit der Zeit habe ich jedoch gelernt, es entspannter zu sehen – ist doch egal, wenn die Küche unaufgeräumt und der Schmutzwäscheberg hoch ist. Man muss den Druck, den man sich selbst aufgebaut hat und der einen gefangen hält, durchbrechen und alles viel mehr mit Humor sehen. Das tun Marc und ich heute. Wir nehmen alles lockerer. Diese Einstellung macht das Leben mit Kind einfacher und erträglicher. Tatsächlich empfindet man dabei sogar pures Glück im Familienleben. Ein entspanntes Familienleben ist immer auch irgendwie Verhandlungssache – mit dem Partner aber vor allem mit sich selbst. Humor und Lockerheit kann man trainieren. Wenn dich das Kind heute schon zum dritten Mal von oben bis unten vollgespuckt hat, dann lache darüber und zieh dir etwas anderes an. Anfangs hilft es, wenn einem noch nicht nach Lachen zumute ist, einfach mal die Mundwinkel nach oben zu ziehen. Wissenschaftler[10] haben herausgefunden, wenn man 60 Sekunden am Stück die Mundwinkel zu einem Lächeln formt, werden Reize und Impulse an das Gehirn weitergeleitet und Glückshormone produziert, egal, ob du gerade wirklich herzhaft lachst oder bewusst die Mundwinkel zu einem Lächeln formst. Probiere es mal aus.

Der zweite Tipp für die Partnerschaft wäre, einen festen Termin in der Woche auszumachen, an dem ihr euch zu einem romantischen Candle-Light-Dinner verabredet und das Baby von einer Babysitterin oder einem Familienmitglied betreut wird. Dieser Tipp ist zwar nicht gerade neu und auch gerade in der Anfangszeit nicht so einfach umzusetzen, weil, sind wir mal ehrlich, das Einzige wonach man sich noch sehnt, wenn das Kind endlich schläft, ist die Couch. Geht man doch gemeinsam aus, klingelt spätestens nach einer Stunde das Handy und die Babysitterin ruft um Hilfe. Das ist alles andere als entspannt. Trotzdem solltet ihr es versuchen – selbst wenn es nur diese eine Stunde ist – sie wird euch klarmachen, dass da noch mehr ist als Kindkindkind.

Macht euch auch bewusst, dass es nur ein kurzer Zeitraum ist, in dem die Zweisamkeit flöten geht und dass sie nach etwa einem Jahr so langsam wiederkommt. Und je älter das Kind wird, umso mehr traute Zweisamkeit erlangt

---

10 Das habe ich mal in einer Dokumentation auf kabeleins gesehen. Mehr dazu: https://www.kabeleinsdoku.de/themen/wissenschaft-und-technik/wissens-clips/168-fakten-ueber-glueck-wussten-sie-eigentlich-clip

man zurück. Klar die Sonntage auf der Couch bei einem Serienmarathon kommen die ersten achtzehn Jahre nicht mehr wieder, aber wenn das Kind älter ist, kann man durchaus mal einen Sonntag auf der Couch mit Kind verbringen und einen Kinderfilm-Marathon starten. Glaubt mir, das Kind, das in jedem von uns noch steckt, freut sich darüber wie ein Minion über eine Banane oder Schorsch über seinen „Sausia".

Freundschaften – Baby da, Freunde weg?

Partys, Ausgehen und Spiele-Abende mit Freunden? Vorbei. Wenn das Baby erst einmal da ist, bestimmt es den Rhythmus des Familienlebens. Und dieser Rhythmus ist heftig und übermannt einen mit einer so derartig krassen Wucht, dass man nicht mehr weiß, wer eigentlich Donald Trump ist. Was auch eigentlich gar nicht so schlimm ist.

Wenn alle Freunde zur gleichen Zeit Kinder bekämen, wäre das gar nicht so schlimm, aber während die kinderlosen Freunde jetzt vergnügt einen Cocktail mit Strohhalm und Schirmchen in einer Bar schlürfen, sitzt man stattdessen auf der Couch und spielt den Barkeeper für das Baby. Wir Mamis mutieren zum Fulltime-Pfleger. Diese rasante Veränderung frustriert und man vermisst die Abende mit den Freundinnen. Schaufelt man sich dann doch mal einen Abend frei und trifft sich mit seinen Freunden, hat man schnell das Gefühl, von einem anderen Stern und nicht wirklich integriert zu sein. Die eine Freundin berichtet detailliert von ihrer flüchtigen Bekanntschaft, die sie nach einer Party zuhause vernascht hat, während die andere von ihrem aufregenden neuen Job als Teamleiterin und ihrer Gehaltserhöhung erzählt. Um mitzureden – und dazuzugehören – versucht man die Geschichten zu toppen: „Leo hat gestern so einen widerlichen gelben Muttermilch-Dünnpfiff gehabt, und als Marc ihn gewickelt hat, hat er ihn so krass angeschissen, könnt ihr euch nicht vorstellen. Voll witzig, das hättet ihr sehen müssen. Ich habe ein Foto! Wollt ihr mal sehen?" Bevor ich das Handy zücken kann, winken die Mädels – welch Überraschung – dankend ab. Schlimmer ist, dass ihre Blicke mitleidsvoll sind, weil, ganz klar, in letzter Zeit mit mir etwas nicht stimmt. Womit sie recht haben. Es war die Frustration darüber, nicht mehr dabei zu sein, sich nicht mehr zur Gruppe zugehörig zu fühlen. Mitleid war allerdings das letzte, das ich benötigte. Alles was ich wollte, war ein Stück Normalität in meinem energiefressenden Alltag und wieder über banale Dinge zu sprechen, aber mehr als über den Stuhlgang meines Sohnes, sein Gebrüll und meine blutigen Brustwarzen hatte ich nicht zu erzählen. Ich erlebte ja nichts außerhalb meiner vier Wände.

Meine Freundinnen und ich waren uns immer ziemlich ähnlich gewesen, hatten sozusagen immer in dieselbe Richtung geschaut, aber plötzlich lagen Welten zwischen uns und unsere Interessen und Lebenspläne waren komplett verschieden. Das hatte schon in der Schwangerschaft begonnen – meine Welt drehte sich nur noch um Kinderwagenmodelle, Geburtsvorbereitung und Babytragen – und das wurde mit der Geburt unseres Sohnes natürlich nicht besser.

Kamen die Mädels mal zu Besuch, dann ertrug ich sie maximal ein Stündchen, weil ich viel zu erschöpft war für eine Unterhaltung. Ich hörte zwar zu, war aber kaum aufnahmefähig, sondern wie in Trance und warf glasige Kontrollblicke auf die Babywippe. Man wirkt auf andere apathisch und ausgelaugt. Zudem verwandelt das Stillen das Gehirn zu Brei. Stillen macht blöd und vergesslich, man kann sich nichts mehr merken. Die Freunde sind genervt, haben das Gefühl, man würde ihnen nicht zuhören oder empathisch antworten. Sie denken, man würde nur noch fürs Kind leben und sich nicht mehr für sie interessieren. Ersteres ist wahr. Man lebt für das Kind, den Mittelpunkt des Familienuniversums. Dass kinderlose Freunde das nicht nachvollziehen können, konnte ich verstehen, traurig machte es mich trotzdem. Ich fühlte mich unverstanden und einsam. Die Schnittmenge der gemeinsamen Themen mit meinen Freunden war auf ein Minimum geschrumpft. Während man anfangs noch viel über die Geburt und das Wochenbett erzählen konnte, und sich dabei einer mäßig interessierten Zuhörerschaft erfreuen konnte, sank das Interesse der Freunde deutlich, wenn man zum wiederholten Male über die schmerzenden, entzündeten Brustwarzen oder den Stuhlgang des Babys berichten wollte. Aber das waren meine – einzigen – Themen und ich hätte so gerne jemanden gehabt, um sie zu teilen.

Während das Leben meiner Freundinnen so weiterlief wie vorher – Jobs, Freunde, Partys, Sport – versuchte ich, den Tag zu überleben. Mir war nicht bewusst gewesen, wie stark ein Kind Freundschaften verändert. Aber nicht nur negativ. Einige werden enger, einige lösen sich ganz auf, einige Freunde gewinnt man dazu und manch alte Freundschaft aus Kindheitstagen lebt wieder auf, weil diese Freunde sich in derselben Situation befinden. Doch gerade zu Beginn hatte ich diese Erkenntnis noch nicht, fühlte mich furchtbar einsam und verlassen und weinte ganz allein in meinem nicht-so-stillen Kämmerlein.

Es ist einfach Tatsache, dass man nicht mehr auf derselben Wellenlänge schwimmt wie die kinderlosen Freunde. Wenn man nicht das Glück hat, zur gleichen Zeit wie eine oder sogar zwei Freundinnen schwanger zu sein, dann muss man mit Freundesschwund rechnen. Ich hatte dieses Glück. Zwei Freundinnen von mir waren ebenfalls schwanger. Sie waren mir beide drei Monate voraus, aber wir konnten zumindest einen Teil der Schwangerschaft zusammen erleben, uns gemeinsam daran erfreuen oder uns wahlweise über die Unannehmlichkeiten auskotzen. Das schweißt zusammen. Eine dieser Freundin ist leider kurz nach Entbindung weggezogen und wir telefonieren nur noch ab und zu. Einmal noch hat sie uns mit ihrer Familie besucht und wir haben ein nettes Wochenende miteinander verbracht, aber die Distanz ist zu groß, um die Freundschaft am Leben zu erhalten. Die andere Freundin und ihren Sohn sehe ich oft. Und ich bin sehr dankbar dafür, mich mit ihr austauschen und gemeinsam mit ihr über das Leben mit Kind jammern zu können. Sie versteht mich und ich verstehe sie. Aber oft platzten Verabredungen, weil entweder ihr Kind krank war oder meines, oder eine von uns beiden, oder wir waren einfach nur zu müde. In Leos erstem Lebensjahr haben wir nur einen einzigen Abend zusammen hinbekommen, den wir für den Besuch eines Konzerts genutzt haben. Es ist ein Dilemma und man muss sich wohl damit abfinden, dass kaum Zeit zur Verfügung steht, Freundschaften zu pflegen, solange die Kinder klein sind.

Apropos Verabredungen: Habt ihr schon mal versucht, in einer Mädels-WhatsApp-Gruppe einen Termin auszumachen? Eine absolute Herausforderung. Komischerweise sind es dann doch eher die kinderlosen Freunde, die Zeitprobleme haben, weil sie zwischen Arbeit, Yoga und einem Tinder-Date erst mal nach einem Termin fahnden müssen. Sich dann noch nach dem durchgetakteten Zeitplan einer Mutter zu richten, ist nicht drin. Dann wird ein Termin vorgeschlagen, an dem es den vielbeschäftigten Kinderlosen am besten passt. Das ärgerte mich, einfach weil ich ihre selbstgestrickten Freizeit-Probleme als nichtig ansah. Über Sätze wie „Ich habe letzte Nacht so wenig geschlafen, weil ich zu lange aus war" konnte ich nur müde – haha, genau – lächeln. Meine Sichtweise ist natürlich alles andere als fair, sondern platt egoistisch, aber so fühlte ich mich eben. Wer weiß, wie ich wäre, wenn ich kein Kind hätte. Wahrscheinlich genauso.

Der neue Lebensmittelpunkt ist nun mal das eigene Baby und nicht alle Menschen in deinem Umfeld werden damit umgehen können, dass du nicht mehr spontan sein kannst, dass du bei Gesprächen einnickst und zwar nicht, weil dich das Thema deiner Freundin – irgendein Typ, der sie immer nur anruft, wenn er besoffen ist und Bedürfnisse hat – langweilt, sondern weil du schlichtweg hundemüde von den letzten schlaflosen Nächten bist. Und dir wird im Gespräch schlagartig klar, dass „heute Nacht ist er dreimal gekommen und ich bin völlig fertig" plötzlich eine ganz andere Bedeutung hat als früher, als man noch über den Freund/Ehemann gesprochen hat.

Die Wahrheit ist, wir kriegen das alles einfach nicht gebacken und unter einen Hut. Ab jenem Moment, in dem ich gefühlt eine Wassermelone herauspresste, war ich nicht mehr nur die Maria, die gerne mal lange ausging und ein Weinchen trank. Nein, ab da gab es etwas viel Größeres, das alle bisherigen Aufgaben und Herausforderungen in meinem Leben in den Schatten stellte. Es war eine Aufgabe, die mit Angst und Verwirrung behaftet ist und mit viel, viel Verantwortung, mehr als nur der für mich selbst. Und das rund um die Uhr, an sieben Tagen die Woche. Ein Wunder, dass ich nicht vergaß, zu atmen. Ein Baby, das gefüttert werden muss, bevor man einkaufen geht, wobei man dann im Supermarkt feststellen muss, dass man sein Portmonee zu Hause vergessen hat. Ein Baby, das nach jeder Spuckfontäne umgezogen werden muss, während man selbst tagelang mit demselben fleckigen Shirt herumläuft. Ein Baby, das so viel Aufmerksamkeit braucht, dass man nicht in der Lage ist, seinen besten Freunden zuzuhören. Weder bemerkte ich die neue Frisur meiner besten Freundin, noch war ich in der Lage, mir zu merken, wann sie in den Urlaub flog. Und wohin. Das alles enttäuschte sie. Ich hatte ein Gedächtnis wie ein Sieb. Und während sie vor mir saß und von ihrem Liebeskummer erzählte, war ich in Gedanken schon bei dem grauenvollen Zu-Bett-geh-Theater, das mir am Abend bevorstehen würde. Leo würde wieder brüllen, als ob ich ihm die Haut von den Knochen zöge. Ob die Methode „das Kind schreien lassen" wirklich so eine gute ist? Was mache ich bloß – ich will doch eine gute Mutter sein. „Entschuldige, was hast du gesagt?"

Als Entschuldigung kann ich nur anführen: Eine Mutter ist auch nur ein Mensch, ihre Kräfte sind begrenzt. Eine Sache kippt immer hinten über. In der ersten Zeit mit Leo waren es die Freundschaften.

Sowohl für einen selbst als auch für die Freunde ist die neue Situation mit Baby ungewohnt, was zur Distanzierung und zu Unverständnis führen kann. Aber das gehört wohl dazu. Gute Freundschaften, wenn sie nach einigen Monaten oder sogar Jahren wieder aufleben, sind, als wäre nichts dazwischen gewesen. Unsere Kinder sind zudem perfekte Lehrer in Bezug auf das Thema Liebe. Sie lehren einen, was es bedeutet, mit allen Sinnen und vorbehaltlos zu lieben. Kinder nehmen einem den Egoismus. Durch ein Kind erfährt man, wie eng Liebe und Angst zusammengehören. Man sieht die Welt mit anderen Augen, hat sozusagen einen erweiterten Blick auf die Dinge – was einen zu einem besseren Freund macht, als der, der man in der Baby- und Kleinkindzeit des eigenen Sprösslings war. Ein Tipp von mir hier: Sagt das euren Freunden und bittet sie um Geduld. Auch hier gilt: Es ist nur eine Phase.

So erfährt man auch, welche die wahren Freunde sind, und selbst, wenn einem nur zwei oder drei bleiben, hat man gewonnen. Freundschaften bis an Lebensende gibt es meist eh nur in Poesie-Alben.

Suche Freunde mit Kind

Es ist ein tolles Gefühl, Zeit mit jemandem zu verbringen, der aus *eigener* Erfahrung nachvollziehen kann, welche Herausforderungen das Elternsein mit sich bringt. Ich hatte zwar diese eine Freundin, die mich perfekt verstand, dennoch sehnte ich mich nach weiteren sozialen Kontakten. Ich suchte also nach Müttern, die sich in derselben Lebenslage befanden wie ich und nicht nur über Waschmittel reden wollten. Diese Suche nach solchen Mamis stellte sich als eine riesige Herausforderung heraus. Ich meldete mich gefühlt bei 100 verschiedenen Kursen an: PEKiP, Schwimmen, Musik und viele mehr. Aber aus keinem der Kontakte entwickelten sich ehrliche und langfristige Freundschaften. Es lag auch nicht daran, dass unter den Bekanntschaften ausschließlich Mombies waren – ich traf auch „normal" wirkende Mamis, aber dennoch blieb der Austausch eher oberflächlich. Zum einen, weil die meisten Mamis schon ohne mich genug um die Ohren hatten, vielleicht, weil sie zuhause auch noch ein oder mehrere ältere Kinder hatten oder weil sie einfach schon genügend Freunde mit Kindern hatten und ihr Terminkalender einfach keine freien Termine für weitere Freundschaften hergab. Ihr Freundschafts-Budget war somit schon ausgeschöpft. Das frustrierte mich ungemein, vor allem, weil es meinem inneren Kritiker mühelos gelang, mich davon zu überzeugen, dass es an mir lag. Dass dem nicht so war, fand ich heraus, als ich mich mit einer Bekannten traf, die ich beim Kindermusikkurs kennengelernt hatte und die ein Dorf weiter wohnte. Ihr Sohn war im selben Alter wie Leo und hieß auch noch so. Das musste doch Schicksal sein! Ich freute mich, endlich eine Gleichgesinnte, und malte mir eine wunderbar tiefe, innige Freundschaft mit ihr aus, aber schon nach einigen Treffen platzte meine Traumblase. Sie war einer jener Menschen, die so eine furchtbare negative Aura um sich haben. Alles und jeder war schlecht in ihren Augen, sie ließ sich über jeden aus und zog über alles her, das nicht bei drei auf dem Baum war. Sie ließ einen nie ausreden und sprach pausenlos nur von sich. Da waren mir ja die Mombies noch lieber, die von Waschmittel, giftstofffreiem Spielzeug und Öko-Baby-Kleidung sprachen. Oder heißt das Baby-Öko-Kleidung? Egal. Diese Frau war eine andere Spezies, sie war ein Mampir. Ein Mampir saugt die wenige Rest-Positivität, die du nach den schlaflosen Nächten noch übrig hast, aus dir heraus wie Graf Dracula das Blut aus seinen Opfern. Sie nährt sich davon. Doch ich war so frustriert, allein und bedürftig und suchte händeringend nach sozialen Kontakten, dass ich mich entschied, ihr noch eine Chance zu geben. Meine Überlegung war, dass ein Mensch ja nicht nur schlechte Eigenschaften haben könne, sondern tief in sich etwas Positives und Liebesvolles tragen müsse. Doch bei dem besagten Mampir war es eindeutig nicht so.

Ich schrieb ihr also eine Nachricht und fragte, ob sie mal wieder Lust hätte, gemeinsam etwas zu unternehmen. Und dann stiegen Leo und ich eines wunderschönen sonnigen Nachmittages in ihr pechschwarzes Auto (einer Vampir-Höhle zum Verwechseln ähnlich), um zu einem Kinderspieleparadies zu fahren, das nicht weit entfernt lag. Kaum, dass ich eingestiegen war – ich hatte meinen Kopf nicht mal ganz drin, geschweige denn meine Füße reingezogen und die Beifahrertür hinter mir geschlossen – überfiel sie mich aus dem Hinterhalt und saugte mir das Blut aus meinen Venen. Ich verspürte ein furchtbares Engegefühl im Brustbereich.

„Gehts dir gut?", fragte sie mit unbesorgtem Blick.

„Jaja, geht schon, ich glaube, mein Kleid ist zu eng." Es war ein heißer Sommertag und ich dachte zunächst, dass es einfach nur an den Temperaturen läge.

„Das ist mir auch schon aufgefallen! Hast ganz schön zugelegt, nä", sagte sie mit einem Lächeln, das ihre Mampir-Zähne entblößte.

Mein Unterbewusstsein, meist klüger als ich, wollte mir mit weiteren Erstickungsanfällen kundtun, dass mit ihr hier zu sein, eine ganz schlechte Idee war.

Seit meiner Depression hat mein Unterbewusstsein einen Mechanismus entwickelt, der mich mittels körperlicher Symptome warnt, wenn ich in eine Situation gerate, die ich ausschließlich mit dem Kopf entschieden habe, ohne auf mein Bauchgefühl zu hören. Es schützt mich vor falschen Entscheidungen. Mir war just in diesem Moment klargeworden, dass es das letzte Mal sein würde, dass ich Zeit mit diesem Mampir verbrachte.

Diese Bekannte hatte einen riesigen Vorbau und ihre locker dreißig Schwangerschaftskilos immer noch auf den Rippen. Nicht, dass mich das gestört hätte oder dass ich darüber hätte urteilen wollen – wir hatten alle keine Zeit für Sport. Allerdings hatte *sie* kein Recht, über *meine* Figur zu urteilen. Frechheit sowas. Als ich sie damals kennenlernte, war ich im Glauben, sie sei mit Zwillingen schwanger und gratulierte ihr zu ihrer weiteren Schwangerschaft. Nur, dass sie damals gar nicht schwanger war! Vielleicht war ihre

Aussage über meine Figur ja auch nur eine Retourkutsche dafür.

Ein Gutes hat aber alles: Ich regte mich noch drei Tage auf, aber genau sie hat mich letzten Endes dazu angespornt, wieder regelmäßig Sport zu treiben und Fahrrad zu fahren. Als ich sie Wochen später beim Einkaufen traf, fragte sie mich tatsächlich, ob ich abgenommen hätte. Als ich ihr erklärte, dass ich jetzt, wo Leo den halben Tag in der Kita ist, wieder Zeit hatte, Sport zu treiben, antwortete sie allen Ernstes: „Ein paar Kilo mehr auf den Rippen haben dir aber besser gestanden." Ich sag ja, da steckt nichts Gutes in dieser Frau.

Vor kurzem habe ich in einem schönen Laden einen Jutebeutel entdeckt mit der Aufschrift „Can you see the fuck you in my smile?". Den habe ich gekauft und trage ihn seitdem bei mir, in der Hoffnung, sie wiederzutreffen und ihr dann diese Aufschrift vors Gesicht zu halten.

Die Erlebnisse mit dem Mampir haben mir die Augen geöffnet und waren mir eine große Lehre. Lieber bin ich alleine mit meinem Kind, als mich auf die falschen Leute einzulassen. Von solchen Menschen, die nur Negativität ausatmen, muss man sich fernhalten, egal wie einsam man ist. Hilfreich ist es auch, die Straßenseite zu wechseln, um einem heimtückischen Überfall eines bluthungrigen Mampirs zu entgehen.

Der Lebensabschnitt, in dem man sich gerade mit einem Kleinkind befindet, fordert nunmal vorerst seine Tribute und bedeutet, dass man wenige soziale Kontakte hat. Irgendwann, sagt meine kluge Schwester, lernt man neue Mamis kennen, die keine Mombies oder Mampire, sondern freundliche und liebevolle Mitmenschen sind, mit denen man Interessen teilt. Und mit einigen dieser neuen Kontakte werden sich innige Freundschaften entwickeln.

Im Moment ist man jedenfalls der einzige Spielpartner für das zweieinhalbjährige Kind. Sein Interesse an anderen Kindern beginnt erst langsam und irgendwann kommt es in ein Alter, in dem es sich mit anderen Kita-Kindern oder Mitschülern verabredet. Man trifft sich dann gemeinsam mit den Kindern und deren Müttern bei ihnen zuhause oder bei sich zuhause und es entstehen Freundschaften. Bis diese Zeit kommt, verbringe ich die Zeit mit meinem Sohn alleine oder mit meiner Schwester und deren Söhnen oder mit den wenigen, aber netten Freunden, die ich habe. Die Zeit, in der die Kinder klein sind, ist sehr begrenzt und lieber genieße ich diese Zeit alleine mit Leo und Marc, als mich zwanghaft aus der Bedürftigkeit heraus auf irgendwelche negativen Menschen einzulassen und dabei wohlmöglich die Kindheit meines Sohnes zu verpassen.

Tatsächlich habe ich vor einiger Zeit – genau zu dem Zeitpunkt, als ich aufgehört habe, verzweifelt nach neuen Freunden mit Kindern zu suchen – eine wunderbare Mutter kennengelernt. Sie hat den ersten Schritt auf mich zugemacht. Und das Lustige dabei ist, dass ich sie auf dem Kindergeburtstag des Sohnes der Mampirin kennenlernte. Zu dem Zeitpunkt war sie wieder schwanger und sie war mir auf Anhieb sympathisch, aber irgendwie hatte ich gerade die Nase voll vom „Neue-Freunde-Suchen" und habe die Gelegenheit nicht genutzt, sie zu fragen, ob wir uns treffen wollen. Irgendwann, ein paar Monate später, bekam ich nach der Geburt ihres zweiten Kindes eine Nachricht von ihr. Wir verabredeten uns, und es passte sofort! Wir hatten denselben Humor und konnten uns gemeinsam über den stressigen Alltag mit Kind aufregen. Sie war offen und ehrlich und wir hatten dieselben Ansichten über heuchlerische, unauthentische Muttis, die allen vorgaukeln, dass bei ihnen alles paletti sei und ihre Kinder Regenbögen pieseln würden. Seitdem sind wir Freundinnen. Manchmal klopft das Glück halt auch mal von selbst an der Tür, wenn man einfach mal die Zeit abwartet. Also, auch hier mein Rat an euch, einfach mal lockerlassen, entspannen, abwarten. Manche Dinge ergeben sich von ganz allein.

Hobbies? Welche Hobbies?

Dass man seinen Lieblingsbeschäftigungen nicht mehr so nachgehen kann, wie es noch vor der Geburt des kleinen Schreihalses möglich war, ist jedem bewusst. Oder vielleicht auch nicht? Denn ich hatte mir in meiner Schwangerschaft vieles vorgenommen, das ich später nicht ansatzweise einhalten konnte.

Marc und ich waren vor der Schwangerschaft sportlich aktiv, gingen gern ins Kino, schauten gerne Serien, tranken am Wochenende mit Freunden gerne mal einen über den Durst und erlebten viele tolle Abende mit Freunden. Typisches Studentenleben halt. Damals war ich noch jung und vital und da flutschte alles. Unsere Sonntage verbrachten wir dann des Öfteren verkatert auf dem Sofa mit einer Pizza, die durchtränkt war mit Sauce Hollandaise und schauten stundenlang Serien oder mehrere Filme hintereinander. Wir liebten diese vertrödelten Tage. Und in meiner Naivität war ich der festen Überzeugung, dass ich mich diesen simplen Freuden sicher auch mit Kind noch widmen konnte. Dass die wilden Partys weniger werden würden, das störte mich nicht, diese Zeit hatten wir gründlich ausgelebt. Allerdings hatte ich mir fest vorgenommen, ab und an mit meinen Freundinnen auszugehen. Auch Kinoabende würden auf dem Programm stehen – dafür engagierte man eben rasch eine Babysitterin. Und die Sonntage könne man ja auch harmonisch mit Kind im Bett verbringen und dann halt Kinderfilme schauen. Haha. Wenn du das Schicksal zum Lachen bringen willst, dann erzähl' ihm von deinen Plänen.

Wenn man eine Babysitterin engagieren will, muss das Kind „brav“ sein, soll heißen, es muss sich abgewöhnt haben, zu schreien und endlos zu weinen, wenn man es abends ins Bett legt. Auch sollte es dort bleiben, wenn möglich. Als unsere Babysitterin das erste Mal aufpassen sollte, hatte Leo mal wieder eine der Phasen, in denen ihm es schwerfiel, abends einzuschlafen, ohne zu weinen. In den Wochen vorher hatte das Schlafengehen schon problemlos geklappt. Wir brachten ihn also an besagtem Date-Abend ins Bett und erklärten ihm, dass Mama und Papa ins Kino gehen würden, während die Babysitterin hierbliebe, um auf ihn aufzupassen. Leo nickte, aber sein Gesicht sagte etwas anderes. Er wirkte keineswegs traurig oder panisch, zudem war er mit der Babysitterin schon vertraut. Irgendwie schien es mir, als würde er irgendwas im Schilde führen. Ich verwarf diesen Gedanken jedoch – ein Zweieinhalbjähriger war schließlich noch nicht in der Lage, irgendetwas auszuhecken. Als wir nach dem Lesen von gefühlten dreißig Seiten *Peppa Wutz*, dem Singen von fünf Mal *Liebe, liebe Sonne* und unzähligen Gute-Nacht-Küssen aus seinem Zimmer schlichen, schien alles perfekt. Leo gab keinen Mucks von sich. Sicherheitshalber warteten wir noch eine halbe Stunde, bevor wir losfuhren, erleichtert darüber, dass das Einschlafen ohne Vorkommnisse vonstatten gegangen war. Kennt ihr das Gefühl, dass man nach einem Haken sucht, wenn etwas wider Erwarten reibungslos funktioniert hat? So war uns zumute.

Und dann saßen Marc und ich, wie zwei Honigkuchenpferde grinsend, im Auto. Wir freuten uns auf ein Stück Zweisamkeit, einen tollen Film, Popcorn und Cola. Just in dem Moment, als uns das Popcorn und die völlig überteuerten Kinokarten über den Tresen gereicht wurden, schellte das Handy. Es war die Babysitterin. Im Hintergrund hörte ich Leo wie am Spieß schreien. Sobald wir das Haus verlassen hatten, so berichtete die Babysitterin, hatte er Krawall gemacht und ein Remmidemmi veranstaltet, als hätte er nur darauf gewartet. Jedwede Beruhigungsversuche waren erfolglos gewesen, nicht einmal eine Folge *Feuerwehrmann Sam* konnte ihn wieder zur Ruhe bringen und das wollte etwas heißen. Er verlangte nach Mama und Papa und war zu keinerlei Kompromissen bereit. Ich würde lügen, wenn ich sagen würde, dass ich nicht *total genervt* gewesen wäre. Ich wollte doch einfach nur diesen gottverdammten Film sehen und ein paar blöde Popcorn essen. War das denn nicht drin? Und für einen klitzekleinen Moment ärgerte ich mich darüber, überhaupt ans Handy gegangen zu sein. Aber was soll man tun, wenn „Babysitterin" im Display erscheint – man hätte sowieso keine Ruhe. Der Abend war ruck-zuck zu Ende und wir wieder zuhause.

Als wir die Haustüre aufschlossen, schlief Leo schon wieder, tief und fest. Laut Babysitterin habe er mitbekommen, dass wir uns auf den Heimweg machen würden und war danach sofort zu Bett gegangen und ohne Murren schnurstracks eingeschlafen. Seitdem bin ich überzeugt davon, dass wir unsere kleinen Würmer hinsichtlich ihrer Cleverness unterschätzen.

Das mit der Babysitterin hatte sich jedenfalls vorerst erledigt.

Als ich schwanger war, bemerkte ich, dass der Sport, so wie ich ihn früher betrieben hatte, nicht mehr möglich war. Aufgrund des Medizinballs, den ich verschluckt hatte, war ich nur eingeschränkt beweglich. Weil beim Joggen die Möglichkeit bestand, zu stürzen, fiel auch diese geliebte Sportart weg. Und weil man als schwangere Frau nicht mehr schwer heben darf, fiel auch das Hanteltraining eher spärlich aus. Dennoch wollte ich nicht ganz auf meine körperliche Fitness verzichten und besorgte mir eine Schwangerschafts-Yoga-DVD. Anfangs hatte ich Bedenken gegenüber dem Yoga – ich war der Meinung, dass das nur etwas für Hippies sei. Aber ich wurde eines Besseren belehrt: Das war ganz schön anspruchsvoll und machte dazu noch Spaß. Vor allem aber reizte mich diese Art des Trainings, weil ich es zuhause ausüben konnte und mich nicht ins Fitnessstudio begeben musste, wo solche Kurse üblicherweise voller Mombies sind. Ich beschloss, später auch meinen Rückbildungskurs auf diese Weise zu machen, denn ich wollte weder bei meiner verstrahlten Nachsorge-Hebamme einen weiteren Kurs besuchen, noch mich der Gefahr aussetzen, auf Mombies oder gar Mampire zu treffen.

Im Gegensatz zum Schwangerschafts-Yoga war der DVD-Rückbildungskurs nicht harmonisch. Ständig musste ich unterbrechen, weil mein Baby schrie und schrie und schrie. Und ich bin mir ganz sicher, dass ich mir in zwanzig Jahren beim Lachen oder Husten in den Schlübber urinieren werde, weil ich meinen Beckenboden aufgrund der Schreiattacken meines Kindes nicht ordentlich trainieren konnte. Aber damit muss ich wohl leben. Eines ist klar: Rückbildungskurs auf DVD oder generell Sport treiben, wenn das Baby einmal da ist, funktioniert nicht. Was habe ich mich verrückt gemacht, um wieder meine Möchtegern-Germanys-Next-Topmodel-Figur zurückzubekommen. Die ganzen Mamis bei Instagram trieben doch täglich auch eine Stunde Sport, warum sollte das mir nicht gelingen? Und schon wieder setzte ich mich einem starken, selbstzerstörerischen Druck aus, der geboren war aus dem Vergleich mit Top-In-Shape-Bikini-After-Baby-Body-Fotos von mir vollkommen unbekannten Müttern. Anstatt mir diese Bilder täglich anzusehen, hätte ich besser mal mein Profil dort einfach gelöscht. Aufgrund des Schlafmangels hatte ich überhaupt keine Kraft, mich überhaupt nur einen Zentimeter von der Couch zu bewegen, und wenn mein Kind sich dann doch mal erbarmte, zehn Minuten zu schlafen, wäre das Letzte gewesen, das mir eingefallen wäre, Sport zu treiben.

Laut meiner DVD sollte man „ganz einfach“ das Kind in die Übungen integrieren. „So trainieren, dass sowohl die Mama als auch das Baby Spaß dabei haben“ lautete der beknackte Slogan auf der DVD. Der Spaß hatte spätestens dann ein Loch, als Leo sich bei einer Übung – bei der ich, auf dem Rücken liegend, das Baby auf die angewinkelten Knie legen und dabei die Beine vor und zurück schweben lassen sollte – auf meinem Gesicht übergab. Zwei Minuten nach Übungsbeginn war ich vollgekotzt, alles roch säuerlich und ich fürchtete, dass meine Haut im Gesicht von der Magensäure meines Kindes angegriffen war.

Es war schlichtweg nicht möglich, mit Kind zu trainieren. Es half auch wenig, dass Marc abends auf den Kleinen aufpasste, damit ich mal eine Stunde trainieren konnte. Ich kam einfach nicht aus der Couch heraus, war darin wie festgetackert, verschwendete meine Zeit bei Instagram und verfiel in zerstörerisches Selbstmitleid. Meine Frustration stieg noch an, wenn ich in den Mama-Blogs verfolgte, wie die Frauen ihre Figuren wieder in Top-Form brachten und das mit eindrucksvollem Fotobeweis dokumentierten. Also nahm ich dann doch die Hanteln zur Hand, hob sie drei Mal hoch und legte sie wieder weg. Das musste reichen, zumindest fürs Gefühl.

So hatte ich meinen Weg gefunden. Die Situation gerade gab eben nicht die Zeit und Muße her, um mich wieder in Form zu bringen. Ich hatte jetzt wichtigere Aufgaben! Top geformt und gestylt zu sein war jetzt Nebensache. Ich hatte also eine Mission: Mir egal sein zu lassen, wie ich gerade aussah. Hauptsache war, dass ich die Zeit des Schlafmangels überlebte und mich um meinen Sohn kümmerte, so wie er es brauchte und verdient hatte. Es ist nur eine Phase – eines Tages würde die Zeit kommen, in der ich wieder Sport treiben kann, tröstete ich mich. Und ich stellte die Hanteln ins Wohnzimmer und immer, wenn ich mal zwei Sekunden Zeit hatte, nahm ich sie in die Hand und hob sie dreimal nach oben. Das würde mir natürlich keinen eindrucksvollen Bizeps bescheren, aber für das Gefühl reichte es mir.

Meine nächste Mission war, alle Frauen aus meinem Account zu löschen, die mich mit ihren selbstdarstellerischen Posts unter Druck setzten. Ich freue mich für Menschen, die das alles unter einen Hut bekommen, so ist es nicht. Nur gehörte ich nicht dazu und hatte keine Lust, mein Versagen per Vergleich permanent vorgeführt zu bekommen. Außerdem bin ich überzeugt davon, dass das Kind auf der Strecke bleibt, wenn man sich schon zu Beginn ausschließlich auf sich selbst konzentriert, so wie das bei den Insta-Mädels den Eindruck machte. Aber vielleicht sind diese Frauen auch einfach schlichtweg diszipliniert – dann ziehe ich meinen Hut vor ihnen. Ich bin es nicht. Ich bin froh, dass ich in den ersten drei Monaten, in denen ich unter akutem Schlafmangel litt und teilweise nicht mal wusste, welcher Tag war, überhaupt in der Lage war, mir alleine den Hintern abzuwischen. Oder aber sie haben gute Gene, die ihren Körper, nachdem das Baby rausgeflutscht ist, sofort wieder auf Idealmaße zusammenschnurren lassen. Vielleicht haben sie eine Nanny oder die Oma, die das Kind übernimmt, wenn sie Sport treiben wollen. Vielleicht ist die Geschichte, die sie im Internet von sich erzählen, aber auch nur erstunken und erlogen.

Seit Leo in die Kita geht, habe ich tatsächlich wieder Zeit für meinen Sport. Das Training fällt zwar nicht mehr ganz so intensiv aus wie vor Leos Geburt, aber ich laufe drei Mal die

Woche meine halbe Stunde durch den Park und trainiere mit meinen Hanteln zuhause. Allerdings habe ich momentan auch das Glück, von zuhause aus arbeiten zu können und somit die Möglichkeit zu trainieren, direkt nachdem ich Leo in die Kita gebracht habe.

Wenn man abends nicht die Energie für Sport aufbringen kann, weil man arbeitet, nach der Arbeit noch das Kind bespaßt und den Haushalt schmeißt, dann ist das eben so. Das ist kein Grund für Frust oder dafür, sich unter Druck zu setzen. Um nicht übermäßig zuzunehmen, kann man vorerst auch seine Ernährung umstellen. Und um nicht in eine Frustrationsspirale zu geraten, sollte man keine Postpartum-Body-Bilder von Mama-Bloggerinnen bei Instagram anschauen. Die Freiheiten kommen eines Tages wieder, wenn die Kinder älter sind. Dann kann man abends auch mal wieder entspannt ins Kino gehen, ohne dass die Babysitterin völlig aufgelöst anruft.

Unsere Hobbys sind einfach andere als früher: jetzt spielen wir den Clown fürs Kinde, waschen Wäsche, bügeln, kaufen ein, kochen und räumen das Spielzeug jeden Tag wieder in die Kisten. Dabei verbrennt man übrigens auch Kalorien, also etwa 1000 Fliegen mit einer Klappe.

Partys & Sonntage

Marc und ich waren vor Leos Ankunft immer die letzten, die von einer Party nach Hause gingen. Wir waren diejenigen, die nach einem Kiez-Abend morgens auf dem Hamburger Fischmarkt vorzufinden waren. Heute sind wir die ersten, die, meist schon vor zwölf, eine Party verlassen. Blöd ist nur, wenn es sich um einen Geburtstag handelt, in den reingefeiert wird. Kommt nicht so gut an, wenn man dann eine Minute nach Mitternacht aufbrechen will. 00:10 ist auch nicht viel besser.

Der sehnlichste Wunsch von werdenden Eltern – und der unerfüllbarste – ist, das Leben möge auch mit Kind so weitergehen, wie man es vorher gelebt hat. Man hat keine Vorstellung davon, dass es nicht möglich sein soll, trotzdem noch seine Freunde zu treffen, ab und an auszugehen und bis zum Morgengrauen durchzumachen, ins Kino, aufs Konzert oder ganz romantisch mit dem Mann essen zu gehen. In der Realität teilt sich das Leben in ein „Vorher" und ein „Nachher". Man gibt sein altes Leben auf und dafür bekommt sein wunderbares neues mit dem eigenen Kind. Allerdings vermisst man zu Beginn sein altes Leben, hat das Gefühl, man ist seiner Freiheit beraubt worden und ist nun fremdgesteuert, ohne Selbstkontrolle. Daran muss man sich erst einmal gewöhnen.

Natürlich kann man, wenn man Kinder hat – und einen willigen Babysitter – auf eine Geburtstagsfeier gehen und ein Glas (oder auch zwei oder drei) Wein trinken. Erst der nächste Tag macht einem dann aber bewusst, dass das ein großer Fehler gewesen ist. Dass es schier unmöglich ist, sich verkatert um ein Kind zu kümmern. Ein Kind, das zwölf Stunden Schönheitsschlaf abgehalten hat und mit Vollgas in den neuen Tag startet. Man selbst ist nicht gerade auf der Höhe, um es mal vorsichtig zu sagen und versucht, den Tag irgendwie zu überleben. Daraus resultiert der Schwur, nie wieder Alkohol zu trinken. Nur vergisst der Mensch sehr schnell oder, besser gesagt, er ist gut im Verdrängen. Und so kann es vorkommen, dass man bei einer nächsten Feier wieder zum Alkohol greift, weil man einfach nur diesen seltenen Abend genießen möchte, egal wie schlecht es einem nach dem letzten ergangen ist. Dazu kommt, dass man kaum noch Alkohol verträgt und man nach zwei Gläsern Weißwein-Schorle hackedicht ist. Und dann kommt wieder ein Kinderbetreuungs-Morgen. Spätestens nach dem zweiten Erlebnis dieser Art ist man diese Person, die vor Mitternacht nach Hause geht.

Kinderlose Freunde können das schlecht nachvollziehen, werfen einem vor, dass man spießig und langweilig sei. Früher oder später werden diese Freunde auch verstehen, warum man so früh die Party verlassen hat.

Zu Beginn trauerte ich diesen Feierlichkeiten hinterher. Doch heute weiß ich, dass es gar nicht um die durchzechten Nächte und schon gar nicht um den Alkohol ging – den Tag nach einer Party habe ich schon immer gehasst. Dieses eklige flaue Unwohlsein im Magen und dieses ständige Gefühl, man müsse sich übergehen. Und dann dieser furchtbare Gestank, der sich in die Haare und Klamotten gefressen hat: Ein Mix aus Zigarettenqualm, Schweiß, Knoblauch und Alkohol. Es ging mir um meine Freiheit – und die hing gedanklich an dieser unbeschwerten Studentenzeit ohne Verantwortung, außer für mich selbst.

Aber mein Leben hat sich verändert und heute bin ich glücklich darüber. Auch wenn es mir oft viel abverlangt, zeigt mir das Leben mit Kind, was wirklich zählt im Leben. Meine Sichtweisen, Vorlieben und Prioritäten haben sich verschoben – im Gegensatz zu denen von kinderlosen Freunden. Zudem hat ein Kind auch seine Vorzüge – man kann es als Ausreden benutzen, um furchtbar öde Veranstaltungen frühzeitig zu verlassen und damit langweilige Unterhaltungen und blöde Besäufnisse umgehen.

Statt mit Freunden auf eine Party zu gehen, wenn Leo bei Oma nächtigt, bevorzuge ich heute einen kinderlosen Samstagabend mit Film und Weinchen mit Marc auf der Couch und einen darauffolgenen kinderfreien Sonntag, an dem ich mal ausschlafen, stundenlang unbeobachtet duschen und einen *warmen* Kaffee zusammen mit Marc in aller Ruhe auf der Terrasse genießen kann.

Das Ding mit den Schwiegermamas

Oma und Opa spielen für Kinder eine große Rolle im Leben und das nicht nur, weil man bei Oma naschen und Coca-Cola trinken darf. Omas und Opas, befreit vom Zwang, das Kind erziehen zu müssen, sind einfach lockerer. Sie haben mehr Zeit, Muße und Geduld als die eigenen Eltern im stressigen Alltag. Zudem benötigen Kinder den Kontakt zu anderen Bezugspersonen, um auch mal andere Blickwinkel und Meinungen und einen ganz anderen Lebensstil vermittelt zu bekommenen. Zusätzlich zu den bewussten Erziehungsmaßnahmen wie „Nimm die Gabel in die linke, das Messer in die rechte Hand" formen wir allein durch unser Handeln unbewusst den Charakter unserer Kinder, die in dem Alter die Welt mittels Nachahmung zu begreifen versuchen und uns ganz selbstverständlich als ihre Vorbilder sehen. Kinder nehmen sowohl negative als auch positive Verhaltensweisen von uns an und verhalten sich im Erwachsenenalter dementsprechend. Gerade deshalb ist es so wichtig, dass auch andere Personen im Leben eines Kindes zu engen Vertrauten werden, ein Vorbild darstellen und ihm andere Verhaltensweisen mit auf den Weg geben.

Ich bin sehr froh, dass es mit meiner Schwiegermutter gut klappt. Klar, gerade am Anfang versuchte sie, mir Tipps rund um Erziehung mitzugeben und hatte zu allem eine Meinung, die – natürlich – mit meiner kollidierte.

„Wie das Stillen klappt nicht? Jede Frau kann stillen", höre ich sie noch sagen.

Schön, wenn es so gewesen wäre. Und weil ich sowieso komplett am Boden zerstört war und mich mit Selbstvorwürfen überschüttete, hätte ich solche Kommentare aus den Reihen der Familie nicht gebraucht. Ich fühlte mich auch ohne die Worte meiner Schwiegermutter schon wie die letzte Versagerin.

Meine Schwiegermutter ist leicht esoterisch angehaucht. Und ein wenig übereifrig. Als Leo gerade mal ein Monat alt war und diese furchtbaren Koliken hatte, wegen denen er nicht nur nachts schrie, sondern auch tagsüber, machte sie, ohne Rücksprache mit uns, einen Termin bei ihrer Hausärztin aus. Das ist eine supernette Ärztin, keine Frage, aber einige ihrer Praktiken fanden Marc und ich äußerst fragwürdig. Vor einigen Jahren war ich wegen Verdauungsprobleme bei ihr in Behandlung. Nachdem sie meinen Unterbauch abgetastet hatte, holte sie plötzlich einen Stein aus ihrer Schublade, schloss die Augen und legte den Stein an verschiedenen Stellen meines Körpers an. Das war schon seltsam genug. Als sie aber dann noch merkwürdige Klänge von sich gab, die sich furchteinflößend anhörten – wie die Gesänge afrikanischer Ureinwohner bei religiösen Ritualen – wurde mir mulmig zumute. Hoffentlich praktiziert sie da nicht gerade irgendein kannibalistisches Ritual und frisst mich als nächstes auf, dachte ich. Vertieft in meinen Alptraum spann ich den Gedanken weiter und sah mich schon wie ein Wildschwein auf einem Grillspieß über einem Lagerfeuer hängen wie in *Pirates of the Carribean* – ich glaube, ich habe zu viele Hollywood-Filme gesehen. In dem Moment riss die Ärztin urplötzlich ihre Augen wieder auf und starrte mich an, als hätte ich vier Köpfe. Ihr Blick und die Mimik jagten mir ordentlich Pipi in den Schlübber, denn sie sah dabei aus wie Emily aus *Der Exorzismus von Emily Rose*, als der Dämon in ihr Gestalt annimmt. Ich sag's ja: zu viele Filme geschaut.

„Sie haben eine Weizenallergie", sagte sie dann wieder mit normaler Stimme.

Aha, eine Weizenallergie also. Und das hat sie jetzt mittels Steinauflegen und schamanischem Tamtam herausgefunden? Dass ich allerdings einfach nur einen Furz quer liegen hatte und dieser meine Bauchschmerzen verursachte, das hatte sie allerdings mit ihrem Hokuspokus nicht herausgefunden.

Ich fühle mich bei solchen Praktiken einfach veräppelt. Ich wollte nach der Nummer mit der angeblichen Weizenallergie, die sich übrigens nie bestätigt hat, nicht mehr zu dieser Ärztin gehen, schon gar nicht mit meinem Baby, und das allerletzte, was ich wollte, war, dass sie irgendwelche angsteinflößenden Rituale an meinem Neugeborenen praktiziert. Somit entschlossen wir uns, den Termin ohne das Wissen meiner Schwiegermutter abzusagen. Als wir dann beim nächsten Mal beim Mittagessen bei ihr waren, wollte sie natürlich wissen, was die Ärztin gesagt hatte. Dazu muss ich erwähnen, dass Marc ein ganz untalentierter Lügner ist und man ihm schon auf 100 Meter Entfernung ansehen kann, wenn er nicht die Wahrheit sagt. Er verhält sich dann genauso wie Sheldon in *The Big Bang Theory*, beginnt zu stottern und blinzelt merkwürdig mit den Augen.

Marcs Mutter war furchtbar enttäuscht, dass wir diesen Termin nicht wahrgenommen hatten. Das konnte ich verstehen, weil sie an die Ärztin und ihre Methoden glaubte und darauf vertraute, dass deren Behandlung Leo helfen würde. Ihre Enttäuschung über uns krönte sie mit dem Ausspruch: „Also, wenn mein Kind so schreien würde, dann würde ich *alles* tun, um herauszufinden, wieso. Aber vielleicht ist es euch nicht so wichtig." Mir stieß die Anschuldigung übel auf und ging mir persönlich zu weit. Ihre Enttäuschung konnte ich ja noch nachvollziehen, sie wollte uns einfach nur helfen. Aber nur weil wir nicht gemacht hatten, was sie uns vorgeschlagen hatte, zu behaupten, unser Sohn sei uns nicht wichtig genug, ging zu weit. Wir glaubten eben nicht an den Erfolg der Ärztin und wollten unser Kind nicht mit solchen mysteriösen Praktiken erschrecken. Zudem war uns klar, dass wir die Phase, bis die Koliken von selbst verschwanden und sich der Darm unseres Babys sich an das neue Nahrungsmittel gewöhnt hatte, einfach abwarten mussten. Um das zu wissen, brauchten wir keinen schamanischen Steinaufleger. Und genau das haben wir ihr gesagt. Zunächst war sie mucksch, aber sie beruhigte sich schnell wieder. Seitdem hat sie nie wieder unabgesprochen Termine für uns vereinbart. Und auch sonst ist sie mit ihrer Meinung zu unseren Erziehungsmethoden und Tipps, wie man es besser macht, zurückhaltend. Was ich sehr begrüße.

Allerdings weiß ich aber auch, dass sich Schwiegereltern sehr schwer tun mit der Zurückhaltung. Ich glaube wirklich, dass sie versuchen, sich rauszuhalten, aber es gelingt ihnen einfach nicht immer. Und ich bin mir sicher, dass es auch mir schwerfallen wird, meine Tipps für mich zu behalten, wenn ich mal Oma werde. Man meint es ja nur gut. Anderseits kann ich nicht abstreiten, dass mich die Erziehungstipps meiner Schwiegermutter genervt und unter Druck gesetzt haben. Ich hatte immer das Gefühl, in ihren Augen keine gute Mutter zu sein, wenn ich ihr Enkelkind anders erzog, als sie ihren Sohn erzogen hatte. Was natürlich mehr über meine eigene Unsicherheit aussagt, als über die Intentionen meiner Schwiegermutter. Und dennoch habe ich das Gefühl, dass sie manchmal belächelt, was ich tue. Sicherlich merkt sie es gar nicht und ist auch überhaupt nicht ihre Absicht, aber es schüchtert mich ein und setzt mich unter Druck: Schließlich will ich nicht nur alles richtig, sondern es auch allen rechtmachen.

Als Leo zwei Jahre alt war und Marc und ich uns sehnlichst wünschten, nur zu zweit für drei Tage zu verreisen, baten wir seine Eltern darum, unseren Sohn zu betreuen.

„Ist das nicht viel zu früh?“, wurden wir gefragt. „Er ist doch noch so klein und würde seine Eltern schrecklich vermissen. Der bekommt doch sicherlich ein Trauma davon. Also, wir sind ja *nie* ohne unsere Kinder verreist, die waren immer *überall* dabei“, teilte uns Marcs Mutter mit.

Vier Sätze und ich hatte ein mega-schlechtes Gewissen. Der Gedanke, was ich mir eigentlich dabei gedacht hatte, auch nur zu erwägen, mein Kind für drei Tage wegzugeben, verschlang mich förmlich. Ich fühlte mich wie eine Rabenmutter, obwohl ich noch nicht mal verreist war. Den Kurzurlaub konnten wir einstampfen – wir hätten ihn nicht genießen können. Was für unsere Beziehung schade war, denn ein wenig Zweisamkeit hätte uns zu diesem Zeitpunkt sehr gutgetan.

Immer mal wieder kommen solche Sätze von der Schwiegermutter und mittlerweile reagiere ich nicht mehr so emotional darauf. Denn ich weiß inzwischen, dass ich es drauf habe, dass ich eine gute Mutter bin, die immer nach bestem Gewissen handelt. Aber ich war nicht nur Mutter, sondern auch Maria, die gerne mal Zeit mit ihrem Marc alleine verbracht hätte. Das hätte uns nicht zu Rabeneltern gemacht und auch das Kind nicht umgebracht, wenn es mal drei Tage bei Oma und Opa übernachtet hätte. Selbstverständlich hätte Leo uns vermisst – wäre ja schrecklich, wenn es nicht so wäre – und auch wir hätten ihn vermisst, aber im stressigen Familienalltag hätte es sowohl den Eltern als auch dem Kind vermutlich gutgetan, mal ein wenig Abstand zu haben – umso mehr freut man sich wieder aufeinander. Wir, die Eltern, hätten in dieser Zeit den Akku wieder aufladen und Kräfte für die nächste Trotzphase sammeln können, die uns unweigerlich bevorstand. Leo hätte seine Großeltern ausgiebig genießen und einen anderen Familienalltag erleben können. Ein wenig mehr Unterstützung hätte ich mir in diesem Zusammenhang schon gewünscht. Und Verständnis dafür, dass andere Menschen Dinge anders handhaben und andere Wünsche und Vorstellungen vom Leben haben.

Liebe Schwiegermama, ich weiß du wirst dieses Buch lesen und an einigen Stellen erschrecken, deine Stirn runzeln und dich vielleicht auch für meine Offenheit schämen. Das ist okay. Ich schätze dich als Person und als Leos Omi und will dich auf keinen Fall angreifen oder verärgern. Nur das mit den Tipps, das ist halt so eine Sache. Die möchte eine junge Mutter nicht unbedingt hören, auch wenn sie gut gemeint sind. Jede Generation hat ihre eigenen Erziehungsansätze. Frühere Generationen haben das Kinder-Erziehen nicht schlechter oder besser gehandhabt, nur anders. Jede Generation, nein, jede Familie muss ihren eigenen Weg finden, um das Leben mit Kind zu (über)leben, dabei glücklich zu sein und sich nicht selbst zu verlieren. Den einen richtigen Weg gibt es nicht, letztendlich sind alle Kinder unterschiedliche Persönlichkeiten und auch die Bedürfnisse der Eltern sind verschieden.

Tipps sind erlaubt, ja, sogar gerne, wenn sie nicht als Forderung formuliert sind oder sich wie eine Kritik anhören und die Erziehungsweise der Eltern in Frage stellen.

Termine bei Schamanen sind allerdings tabu.

4. KITA-ZEIT

Kitaplatzsuche

Schon in der zwanzigsten Schwangerschaftswoche saß ich gemeinsam mit Marc im Büro einer Spanisch-Deutschen Kindertagesstätte. In Hamburg ist es schwierig, überhaupt einen Kita-Platz zu bekommen, und deshalb befolgte ich einen der wenigen brauchbaren Tipps meiner verstrahlten Hebamme und meldete mein noch nicht einmal geborenes Kind in seiner zukünftigen Krippe an. Marc und ich hatten uns bewusst eine Kindertageseinrichtung ausgesucht, in der sowohl Spanisch als auch Deutsch gesprochen wird. Wir wollten, dass unser Kind zweisprachig aufwächst. Marc und ich sprechen zwar beide sehr gut Spanisch, aber ich wollte vermeiden, dass Leo meinen deutschen Akzent kopiert. Marc spricht zwar akzentfreies Spanisch, ist aber bescheiden und behauptet, dass er nicht ganz sattelfest in seiner zweiten Muttersprache sei.

Marcs Papa kommt aus Barcelona, dennoch haben Marc und seine Schwester kein Spanisch vom Vater gelernt, einfach deshalb, weil der Vater selbst die deutsche Sprache lernen und anwenden wollte. Verständlich, aber sehr schade für die Kinder, denn so haben Marc und seine Schwester die Sprache nicht spielerisch im Umgang mit dem Vater erlernt. Dennoch ist Marc der spanischen Sprache mächtig, weil er mit acht Jahren mit seiner Familie nach Spanien ausgewandert ist. Dort lernte er dann die Sprache durch Freunde und die Schule. Marc ist heute traurig darüber, dass ihm der Vater seine zweite Muttersprache vorenthalten hat und er mit acht Jahren in ein ihm völlig fremdes Land ziehen musste, dessen Sprache als auch Kultur ihm völlig fremd waren.

Wir wollten vermeiden, dass Leo ebenfalls darüber traurig sein könnte, obwohl sein Vater spanische Wurzeln hat und die Mutter die Sprache gut beherrscht, und meldeten ihn deshalb in einem zweisprachigen Kindergarten an.

Das heißt, wir ließen uns auf die Warteliste setzen. Wir würden in zwei Jahren einen Platz bekommen. Völlig absurd, aber Kita-Plätze sind in Hamburg absolute Mangelware. Dafür hatte es die Regierung in Hamburg geschafft, dass Eltern eine finanzielle Entlastung für Kita-Gebühren erhielten. Mittlerweile bekommt man einen kostenlosen Kita-Gutschein für die ersten fünf Stunden. Eine wirklich gute Sache, wie ich finde, denn eine Kita ist schon die erste Bildungseinrichtung vor der Schule und sollte deshalb vom Staat (mit)finanziert werden. Der Haken an der ganzen Sache war nur, dass wir kurz nach Leos erstem Geburtstag nach Schleswig-Holstein umgezogen sind. Einerseits super, denn wir hatten endlich – in Zeiten schier unbezahlbarer Grundstücke – ein preisgünstiges Häuschen mit Garten zur Miete gefunden, anderseits eine ganz doofe Idee in Bezug auf die finanzielle Unterstützung bei den Kita-Gebühren. In Schleswig-Holstein gibt es nämlich keine Kita-Gutscheine, so wie in vielen anderen Bundesländern auch nicht. Hier zahlt man einen hohen Beitrag für seinen Kita-Platz, 450 Euro monatlich. Eine Menge Geld, wie ich finde. Und einen Spanisch-Deutschen Kindergarten gab es in unserem Dorf natürlich auch nicht.

Am Bildungssystem kann man kurzfristig nichts ändern. Die Politiker schmeißen eher viel Geld für den Bau eines neuen Flughafens raus, als etwas für die finanzielle Entlastung der Eltern und die Bildung der nachfolgenden Generation zu tun. Von dem irrsinnigen Bau der Elbphilharmonie, die zu Lasten der Steuerzahler geht, fange ich jetzt gar nicht erst an. So kann man auch Geld verbrennen, oder man macht gleich ein schönes Lagerfeuer. Aber das ist ein anderes Thema und ich will mich gar nicht übermäßig beschweren, denn in einer Welt wie dieser, in der Kriege, Terror und Hungersnöte herrschen, kann ich froh sein, dass ich selbst hier leben und auch mein Kind in Deutschland großziehen kann. Verbesserungen am Bildungssystem allerdings – da ist noch Luft nach oben.

Viel wichtiger zu erwähnen ist es, dass man nach einem Jahr der Eltern-Zeit wieder arbeiten gehen muss. Jedenfalls all die Mütter, die auf das Geld angewiesen sind. Dieser Schritt zurück in den Beruf ist mit Freude, aber auch vielen

Problemen behaftet. Auf der einen Seite ist es schön, wieder rauszukommen, den Mama-Alltag zumindest auf die Hälfte zu verkürzen und das Gefühl zu haben, wieder am Geschehen außerhalb der eigenen vier Wände teilzuhaben. Auf der anderen Seite ist es ein merkwürdiges Gefühl, sein Kind in der Krippe abzugeben und es von fremden Menschen behüten und erziehen zu lassen. Das Kind ist mit einem Jahr ja noch so klein und kann noch nicht mal laufen, geschweige denn sprechen.

Und mal wieder fühlte ich mich als Rabenmutter und fragte mich, ob es zu früh sei, das Kind jetzt schon in die Krippe zu geben. Ich war mir unsicher, anderseits wollte ich auch mal wieder rauskommen. Nur Hausfrau und Mama sein – das war einfach nicht ich. Ich brauchte eine andere Herausforderung. Zudem fiel das Elterngeld weg und uns fehlte somit mein Einkommen. Ich musste mich also zumindest nach einem Teilzeit-Job umsehen.

Nachdem wir nach Schleswig-Holstein gezogen waren, bekamen wir sofort einen Platz in der Kita. An Kita-Plätzen mangelte es hier nicht – wahrscheinlich, weil wir jetzt auf einem Dorf leben, in dem es mehr Tiere als Menschen gibt. Die Einrichtung war schön und als ich das erste Mal zur Besichtigung kam, tauchte meine eigene Kita-Zeit in meiner Erinnerung auf. Es roch genauso wie früher – nach fettigem Kantinenessen. Aber irgendwie mochte ich diesen Geruch – er ließ Bilder von Freiheit, Spiel und Spaß vor meinem inneren Auge entstehen. Ich bin gerne in der Kita gewesen. Obwohl es schon 25 Jahre her ist, habe ich den Spaß, den ich dort hatte, in guter Erinnerung. Ich war sicher, Leo würde hier Freude haben und gut aufgehoben sein. Und ich würde nach einem Jahr Pause von der Außenwelt ein Stück meiner Freiheit zurückgewinnen.

Kita-Eingewöhnung

Der erste Tag war aufregend, mehr für mich als für Leo. Meine Aufregung rührte vor allem daher, dass ich nicht wusste, ob Leo das überhaupt mitmachen würde. Für Kleinkinder ist die Kita-Eingewöhnung ein emotionaler Ausnahmezustand. Sie bedeutet Stress. Überall fremde Menschen und Kinder, andere Geräusche und Gerüche. Aber nicht nur für das Kind ist das ein neuer Lebensabschnitt, auch für die Mutter ist es eine große Herausforderung, fremden Menschen ihr Kind anzuvertrauen und darauf zu hoffen, dass die sich fürsorglich um dein kleines Puschibärchen kümmern und zeitlich und emotionell ausgerüstet sind, auf dessen Bedürfnisse einfühlsam und geduldig einzugehen.

Am Tag der Besichtigung hatten wir viele Info-Zettel mitbekommen, unter anderem eine Liste mit Dingen, die das Kind benötigt, von Brotbox bis Matschhose. Ein weiterer Info-Zettel klärte über das sogenannte Berliner Modell auf: Eine Richtlinie, die für alle Tagesstätten in ganz Deutschland gilt und besagt, wie man Kinder sanft in die neue Umgebung eingewöhnt. Ich finde dieses Modell klasse. In den ersten drei Tagen sind Mama und Kind gemeinsam für zwei Stunden in der Kita, wobei das Kind zunächst erst zuschauen und langsam Kontakt zu den Erziehern und anderen Kindern aufbauen kann. Dabei ist anfangs immer noch zur Sicherheit die Mama da, auf die es zurückgreifen kann.

Leo griff nicht auf mich zurück, im Gegenteil, er ignorierte mich vom ersten Tag an, als wäre ich gar nicht anwesend. Mir brach das Mutterherz, vor allem, weil ich mit zwiespältigen Gefühlen an diesen neuen Lebensabschnitt herangegangen war. Einerseits fühlte ich mich wie eine egoistische Rabenmutter, die ihr Kind hier einfach abgibt, andererseits machte ich mir natürlich Gedanken darüber, ob Leo sich hier wohlfühlen oder ob die Kita ihn überfordern würde. Auf der einen Seite wusste ich, ich würde ihn schrecklich vermissen, auf der anderen Seite konnte ich es kaum erwarten, bis meine Halbtags-Freiheit endlich beginnen würde. Irgendwie empfand ich das Gefühl von Freude auf die Freiheit als falsch. Eine Mutter darf nicht so fühlen, redete ich mir ein.

Heute weiß ich, dass es völlig legitim ist, als Mutter den Wunsch nach Freiheit zu spüren und sich danach zu sehnen – deshalb ist man noch lange keine schlechte Mutter. Im Unterbewusstsein hatte ich dieses Loslassenwollen aber unterdrückt. Und als ich nun feststellen musste, dass Leo ohne mich perfekt klarkam, fühlte ich mich nutzlos. Ich war furchtbar traurig, fühlte mich ungeliebt von meinem eigenen Sohn. Natürlich war das Schwachsinn, denn ein Kind in diesem geborgenheitssuchendem Alter braucht seine Mutter wie die Luft zum Atmen und liebt sie bedingungslos. Trotzdem fühlte ich mich schlecht. Meine Reaktion war nicht ganz so emotional, wie die einiger Mombies, die weinend vor der Kita standen, weil ihr Kind fröhlich dort spielte und sie für die nächsten Stunden niemanden zu bemuttern hatten. Sie wussten offenbar nicht, was sie jetzt mit ihrer freien Zeit anstellen sollten. Ich hingegen wusste das sehr wohl.

Dennoch machte es mich traurig, als Leo mich gar nicht mehr beachtete. Nur ein einziges Mal am ersten Tag der Eingewöhnung, als er beim Hochziehen am Tisch abrutschte und mit dem Kinn auf die Tischplatte schlug, suchte er nach Mamas Trost. Am zweiten Tag war ich für ihn komplett unsichtbar und als er sich dann irgendwo anstieß, ließ er sich von der Erzieherin trösten. Und ich spürte die Eifersucht in mir hochkochen wie eine giftig-gelbe Suppe. Am liebsten wäre ich hingerannt und hätte ihr Leo aus den Armen gerissen und gebrüllt, „Das ist *mein* Kind", so wie es die Kita-Kinder machen, wenn sie sich um ein Spielzeug streiten. Mir war bewusst, dass das ziemlich kindisch gewesen wäre und sich nicht gerade vorteilhaft auf Leos Eingewöhnung ausgewirkt hätte. So biss ich die Zähne zusammen und blieb sitzen, auch deshalb, weil ich gerade von einigen Kindern frisiert wurde und meine Haare zu Zöpfen geflochten wurden. Es war wie verhext: Jedes Kind wollte mit mir spielen, nur meines nicht. Das schmerzte und ich versuchte diese Empfindung zu unterdrücken. Vielleicht schlummerte doch ein kleiner, aber wirklich nur klitzekleiner Mombie in mir, der nicht loslassen konnte?

„Leo macht das toll", sagte die Erzieherin zu mir. „Das sehen wir wirklich selten, dass ein Kind so zutraulich auf uns Erzieher zugeht und nicht bei jeder Kleinigkeit Schutz bei der Mutter sucht."

Sofort fühlte ich mich angegriffen. Was sollte das heißen? Dass mein Kind mich nicht mag und deshalb den Erziehern gegenüber so zutraulich ist? Und was sollte das schon wieder mit dieser Seltenheit? Da war es wieder, diese Randgruppe, der mein Kind angeblich angehörte. War das gut oder schlecht? Für Leo war es gut, weil es bedeutete, dass er keinen emotionalen Stress empfand. Für mich schlecht, weil ich mir nutzlos und ungeliebt vorkam.

Als wir uns nach zwei Stunden Kita-Spaß verabschieden wollten – ihr ahnt sicher schon, was jetzt kommt – wollte Leo nicht mit mir mitkommen. Er überhörte absichtlich meine Rufe, und als ich ihn auf den Arm nahm, fing er plötzlich an zu weinen. Auch ich hatte mit den Tränen zu kämpfen. Bloß nicht heulen jetzt, sagte ich mir immer wieder. Ich musste mich jetzt wie eine normale Mutter verhalten und mich zusammenreißen. Im Flur entschied die Erzieherin, am nächsten Tag schon eine erste Trennung für eine Stunde vorzunehmen, weil „es mit Leo so gut klappte". Es war gerade mal der zweite Tag und laut Berliner Modell würde man die erste Trennung erst am vierten oder fünften vornehmen, aber Leo schien es völlig egal zu sein, ob ich dabei war oder nicht. Also wollte die Erzieherin den Termin vorziehen.

Zuhause angekommen hatte Leo sich wieder beruhigt – ich allerdings nicht, ich hatte einen fetten Kloß im Hals. Ich betrachtete die Eingewöhnung von Leo in der Kita als eine Abgewöhnung von mir. Ich hatte diese Phase seines Lebens anscheinend auf die viel zu leichte Schulter genommen und jetzt bekam ich die Rechnung dafür.

Als Leo abends erschöpft und glückselig in seinem Bettchen schlief, legte auch ich mich ins Bett und weinte.

„Was ist denn hier los?", fragte Marc verdutzt, als er von einem Kundentermin nach Hause kam und durch die Schlafzimmertür lugte.

„Unser Kind mag mich nicht", presste ich zwischen den Zähnen hervor und versuchte krampfhaft, meine Tränen zurückzuhalten.

Marc lachte. Er war es gewohnt, dass ich oftmals viel zu emotional auf neue Situation reagierte. Änderungen waren mir schon immer schwergefallen und deshalb war Marc schon verwundert gewesen, dass ich anfangs so „erwachsen" auf den neuen Meilenstein zugegangen war.

„Was ist denn passiert?"

„Leo ist es völlig schnuppe, ob ich da bin oder nicht. Es interessiert ihn nicht. Und wenn er sich weh tut, dann kommt er nicht zu mir, sondern rennt zu der blöden Erzieherin."

„Also, ich glaube nicht, dass dein Kind, welches du neun Monate unter deinem Herzen getragen hast, dich nicht liebt. Ich denke, du musst das positiv sehen. Du hast ihn stark für neue Situationen gemacht. Sei doch froh, dass dein Kind dir keine Szene macht und melodramatisch rumschreit. Was meinst du, wie schwer es dir dann fallen würde, loszulassen."

Natürlich hatte Marc (wieder einmal, Sch…eibenkleister aber auch) Recht. Er sah alles immer so positiv, dass es mir manchmal total auf die Eierstücke ging. Aber hier hatte er es vollkommen korrekt auf den Punkt gebracht. Und ich sah, dass ich mich irrational verhielt. Es war Blödsinn, was ich da redete, und vor allem war es egoistisch. Hätte ich mich besser gefühlt, wenn Leo plärrend an meinen Klamotten gezogen hätte? Sicher nicht.

Die Kita-Eingewöhnung war eine vollkommen neue Situation und Leo war sehr selbstbewusst damit umgegangen. Vielleicht hatte ich ja bei meiner Erziehung doch intuitiv etwas richtig gemacht und hatte meinem Kind Sicherheit vermittelt. Leo hatte abgespeichert, dass er keine Angst vor neuen Situationen haben musste, weil er wusste, dass ich für ihn da war, ohne, dass er ständig an mir dran kleben musste wie ein Kaugummi unter einem Schuh. Dieser Gedanke gab mir ein gutes Gefühl und ich nahm mir vor, etwas erwachsener mit der Trennung umzugehen.

Unbemerkt von Leo verließ ich am nächsten Tag seine „gelbe Zwergengruppe". Einen Augenblick blieb ich vor der verschlossenen Tür stehen und horchte, ob sich etwas regen würde. Ich hörte normales Kindergekreisch und -getobe, sonst nichts. So holte ich noch einmal tief Luft und ging durch den langen Kita-Flur raus in Richtung Freiheit. Dabei hatte ich gemischte Gefühle. Zum einen verspürte ich immer noch eine kleine Traurigkeit in mir, dass Leo so einfach loslassen konnte, anderseits freute ich mich jetzt darüber.

Die Sonne schien mir ins Gesicht, ich sog mit einem tiefen Atemzug diesen wunderbar erfolgreichen Tag ein und fragte mich, was ich mit meiner Stunde Freizeit machen sollte. Nach Hause fahren? Aufräumen? Wäsche machen? Lohnte sich wegen der kurzen Zeit nicht. Und dann sah ich das Eis-Café auf der anderen Straßenseite. Dort suchte ich mir ein sonniges Plätzchen, bestellte mit einen Caramel-Latte-Macchiato und rauchte eine Genuss-Zigarette. Es fühlte sich traumhaft an, in Ruhe seinen Kaffee zu genießen, ohne dabei immer das Kind im Blick haben zu müssen. Zum allerersten Mal seit langer Zeit war mein Kaffee *heiß*, und nicht beim Windeln wechseln, Wäsche machen, Essen zubereiten, kalt geworden. Ich empfand eine Gefühlsregung in mir – es war die Freiheit, die in mir aufloderte. Diese Freiheit fühlte sich wunderbar an! Das zweite Highlight des Tages war, rasch – als der Kaffee Wirkung zeigte – nach Hause zu fahren und einem menschlichen Bedürfnis nachgehen, bei dem man lieber alleine ist, ohne dass einem ein Kleinkind zwischen den Beinen herumkrabbelt und das Klopapier abrollt.

Zwei Wochen später war Leo völlig eingewöhnt. Mittlerweile hatte auch ich mich an den Gedanken gewöhnt, dass er tagsüber in der Kita betreut wurde – ich wusste, dass er dort gut aufgehoben war. Derweil beschloss ich, bevor ich mich um einen Teilzeit-Job bemühen würde, für drei Wochen eine Auszeit zu nehmen und mich erst einmal um mich selbst zu kümmern, Dinge zu tun, die ich ein Jahr lang nicht hatte machen können. Eine kurze Verschnaufpause war in finanzieller Hinsicht möglich und Marc damit einverstanden. Auf meiner Want-to-do-Liste stand zum Beispiel das Mittagsschläfchen. Eines, bei dem man nicht nach zehn Minuten von Kindergebrüll aus dem Babyphon hochgerissen wird und befürchtet, einen Herzinfarkt erlitten zu haben, weil das Herz so rast.

Ich schätzte diese kleinen aber feinen Freiheiten jetzt viel mehr und erfreute mich an meinem heißen Kaffee am Morgen. Auch das Einkaufengehen war viel einfacher und machte tatsächlich Spaß, weil ich nicht immer wieder das Kind davor abhalten musste, die Lebensmittel wieder aus dem Einkaufswagen zu schmeißen.

Fünf Wochen später war Leo, zunächst unbemerkt von uns, in seiner nächsten Entwicklungsphase. Ein neuer Wachstumsschub hatte sich angekündigt. Er wollte partout nicht in die Kita und weinte fürchterlich, wenn ich ihn dort abgab. Aber ich war zu dem Zeitpunkt nicht die einzige Mutter, die ein heulendes Kind in der Kita abgeben musste, anscheinend befanden sich noch drei weitere Kinder in solch einem Entwicklungsschub – oder haben es sich voneinander abgeschaut – jedenfalls weinten morgens um viertel vor acht vier Kinder im Chor, dass das Trommelfell zu platzen drohte. Hilflose und überforderte Blicke der Eltern trafen sich und gegenseitiges Verständnis und Mitleid wurde durch Nicken kundgetan.

Es sind alles nur Phasen. Ohmmm.

Wachstumsschübe

Die Wachstumsschübe meines Sohnes brachten mich manchmal, ach, was erzähle ich, sehr oft an den Rand der Verzweiflung. Babys weinen viel, man bekommt keinen Schlaf, das Stillen ist eine Wissenschaft für sich, ähnlich kompliziert wie Theoretische Physik. Diese Zeit ist eine Zerreißprobe für alle Eltern. Aber auf all das war man durch Erzählungen von anderen einigermaßen vorbereitet.

Aber warum, zur Hölle, erzählt einem niemand von den furchtbar nervtötenden Wachstumsschüben? Erst seit ich weiß, was Wachstumsschübe sind, kann ich Eltern verstehen, die in dieser Zeit ein Hang zu Spirituosen entwickeln. Darüber sollte man sich nicht lustig machen. Das würde ich auch nie, denn ich bin selbst in einem Zuhause groß geworden, in der Jim Beam und Jack Daniels wie Familienmitglieder gehandelt wurden. Aber die Zeit der Wachstumsschübe war eine Ausnahmesituation. In diesen Phasen trank ich jeden Tag ein Glas Wein. Ich hatte meinen Alkoholkonsum immer unter Kontrolle, es blieb bei genau einem Glas. Aber ohne dieses Glas Wein hätte ich diese Wachstumsschübe vermutlich nicht überstanden.

Ich glaube, jede Mutter kennt das Buch *Oje, ich wachse!* von Hetty van de Rijt und Frans X. Plooij[11], in dem die zehn Wachstumssprünge, die jedes Baby in den ersten zwanzig Monaten durchläuft, beschrieben und Hilfestellungen gegeben werden, wie man diese anstrengenden Phasen übersteht. Nachdem ich so viel von anderen Müttern von diesem Buch gehört hatte, kaufte ich es mir auch. Ich fand das Buch gut, weil es mich dabei unterstützt hat, Leo in dieser nervenaufreibenden Zeit besser zu verstehen. Sobald ich merkte, dass Leo unruhiger schlief, mehr Nähe benötigte und auch mehr nach Nahrung verlangte als sonst, schaute ich ins Buch und mir war klar, dass das den nächsten Schub ankündigte. Und mit Wachstumsschub ist nicht die Körpergröße gemeint, sondern die mentale Entwicklung des Babys. Diese Schübe hielten bei Leo teilweise vier Wochen an und tatsächlich, exakt wie in dem Buch beschrieben, hatte Leo nach Beendigung des Schubs neue Fähigkeiten. Plötzlich

---

11 Hetty van de Rijt und Frans X. Plooij: *Oje, ich wachse!*, Goldmann 2005

griff er zum Beispiel nach Spielzeug, was er vorher nicht gekonnt hatte.

Jedes Kind durchläuft die Entwicklungsstufe in seinem eigenen Tempo, der eine schneller, der eine langsamer. Fakt ist aber, dass die Entwicklung in einem bestimmten Lebensmonat stattfindet und in dieser Zeit sind die Babys sehr, sehr – sehr – quengelig.

Von Anfang hatte ich bei Leo das Gefühl, dass er ein sehr sensibles Kind war, das auf neue Dinge feinfühlig reagierte, was auch bedeutete, dass er während dieser Entwicklungsphasen sehr empfindsam war. Er war dann vier Wochen lang furchtbar schlecht drauf, fraß mir in dieser Zeit fast die Haare vom Kopf, weinte furchtbar viel, schlief nachts noch weniger als sonst und ließ mich tagsüber keine Sekunde aus seinem Blickfeld verschwinden. In dieser Zeit war die Tragetasche unser täglicher Begleiter. Wenn er dann mal schlief (für zwanzig Minuten wohlgemerkt), saß ich auf der Couch und heulte. Zu allem Übel hatte er ja auch diese Drei-Monats-Koliken, zu denen sich jeder neue Entwicklungssprung dazugesellte. Der Tag bestand aus viel Geschrei und Weinen und nicht nur seitens des Babys. Diese Phasen verlangten uns beiden enorm viel ab.

Als Leos Drei-Monats-Koliken nachließen und er endlich mal vier Stunden am Stück schlief, hoffte ich, dass jetzt langsam Ruhe einkehren und ich wieder zu Kräften kommen würde. Aber da hatte ich die Rechnung ohne den nächsten Wachstumsschub gemacht, der schon an der nächsten Ecke lauerte. Ich kaufte zu dem Buch die begleitende App, die relativ genau anzeigte, wann mein Kind in der nächsten Wachstumsphase sein würde, so dass ich mich darauf einstellen konnte, wann der Horror wieder losgeht. Ich kam in dieser Zeit an meine Grenzen. Der Akku war leer und das Einzige, was mich noch entspannte, war ein Glas Wein, wenn das Kind nach zwei Stunden Dauer-Gebrüll endlich eingeschlafen war. Und ich betone, ich bin kein Alki. Natürlich habe ich in meiner Studentenzeit gerne mal was getrunken, wie es in der Studentenzeit eben ist. Und natürlich hatte ich auch seit Leos Geburt bei einigen wenigen Gelegenheiten zwei, drei Gläser Wein getrunken, aber insgesamt war das sehr selten gewesen.

Je älter Leo wurde, desto schlimmer wurden seine Schübe. Ich versuchte ihm die nötige Nähe, Geborgenheit und Liebe zu geben, aber irgendwann war mein Energiespeicher leer. Ich konnte nicht einmal duschen gehen, ohne dass er aus vollem Halse schrie, wenn ich ihn auf einer Decke mit Spielsachen vor der Dusche ablegte. Er brauchte meine Nähe 24 Stunden am Tag für vier Wochen am Stück. Diese Belastung brachte mich an den Rand der Verzweiflung. So ging ich tagelang eben nicht duschen, roch wie ein Iltis, hatte fettige Haare und Augenringe bis zum Bauchnabel. Ich war ausgelaugt und verzweifelt, weil selbst Marc Leo nicht mehr beruhigen konnte. Er wollte nur noch die Mama. In solchen Momenten habe ich mich gefragt, was ich mir dabei gedacht hatte, ein Kind haben zu wollen und schwor mir, dass es mit Sicherheit das letzte sein werde. Marc sah das ähnlich. Auch er war von den Nächten so erledigt, dass er keine weiteren Kinder haben wollte.

Die nötige Liebe und Geborgenheit zu geben, fiel mir tagsüber nicht schwer – schließlich liebe ich mein Kind. Aber gegen Abend sehnte ich mich nach Ruhe. Ich freute mich, wenn der kleine Zeiger der Uhr auf der sechs und der große auf der zwölf war, dann nämlich bekam Leo seinen Abendbrei und wurde bettfertig gemacht. Aber so richtig entspannt konnte ich meiner so genannten Freizeit nicht entgegensehen, weil ich wusste, was mir und Marc blühen würde: Ein Kind, dass drei Stunden ununterbrochen schreit, bis es vollkommen erschöpft einschläft. Das war das Schlimmste an den Schüben. Wir machten Leo bettfertig, sangen ihm *La-li-lu* vor oder erzählten ihm eine Geschichte aus einem Buch, gaben ihm einen Kuss, streichelten sein Gesicht, legten ihn ins Bett. Dabei lächelte er friedlich und rieb sich die Äuglein vor Müdigkeit. Aber sobald wir uns umdrehten und zur Tür gingen, brach das Inferno los. Er brüllte und weinte. Er wollte partout verhindern, dass wir den Raum verließen. Aus Verzweiflung nahmen wir ihn oft mit in unser Bett, aber auch da schlief er nicht, sondern tobte herum und fand keine Ruhe. Zudem waren wir davon überzeugt, dass es nicht zielführend sei, das Kind jedes Mal aus dem Bett zu nehmen, wenn es weinte, denn so würden wir die falschen Signale setzen und er würde womöglich mit achtzehn noch bei uns nächtigen wollen. Also kaufte ich einen Ratgeber, in dem es um das Einschlafen ging. Gaaanz schlechte Idee! Nachdem wir also alles befolgt hatten, was in diesem Ratgeber empfohlen wurde – ein kleines Licht aufzustellen, das sein Zimmer ein wenig erleuchtete, einen CD-Player zu installieren, den wir erst einmal kaufen mussten, um eine CD mit Meeresrauschen abspielen zu lassen – und das alles nicht half, waren wir kurz davor, die Methode anzuwenden, bei der man sein Kind im Intervall schreien lassen solle. Allerdings war ich überhaupt nicht begeistert von dieser Methode und lehnte sie anfangs strikt ab. Die Vorstellung, mein Baby schreien zu lassen, obwohl es doch nur nach Nähe und Geborgenheit flehte, konnte ich mit meinem Mutterherz nicht vereinbaren.

Eines abends, als Leo nach zwei Stunden immer noch schrie und ich zwanzig Mal reingegangen war und ihm versichert hatte, dass ich noch da war und alles gut sei, riss mir beim 21. Mal der Geduldsfaden. Wütend, müde, erschöpft, an meiner Grenze angelangt, beugte ich mich über sein Bett und brüllte ihn an, dass er endlich aufhören solle zu schreien und dass mir sein Geheule auf die Nerven gehe. Dabei sah ich in ein zuerst erschrockenes, dann tief enttäuschtes Baby-Gesicht. Ich erinnerte mich, dass in dem Ratgeber gestanden hatte, dass man das Zimmer verlassen solle, wenn man wütend sei. Dieser Tipp steht in vielen Eltern-Ratgebern, denn tatsächlich gibt es Menschen, die in solchen Momenten komplett durchdrehen und ihr Kind im schlimmsten Falle zu Tode schütteln. Soweit würde ich niemals gehen –

die Tatsache, dass ich Leo angeschrien hatte, ging mir persönlich schon viel zu weit.

Tieftraurig und voller Selbstzweifel verließ ich das Zimmer und weinte bitterlich. Es tat mir so unfassbar leid, dass ich Leo angebrüllt hatte. Seinen Blick werde ich nie vergessen. Daraufhin schwor ich mir, das nie wieder zu tun. Es musste andere Möglichkeiten geben. Und so griff ich auf die besagte Methode, genannt Ferber- oder auch Fünf-Minuten-Schrei-Methode, zurück. Peinlichst genau informierte ich mich, wie dieses Schlaflernprogramm umgesetzt werden soll.

Für das Anwenden der Ferber-Methode[12] wird Gesundheit und ein Mindestalter des Kindes vorausgesetzt. Wichtig hierbei sei auch, dass ein Kind ein gewisses Abendritual durchlaufe. Kinder benötigten Routine, um sich in unserer Welt besser zurecht zu finden. Das könne ein Buch sein, das man abends noch vorliest, oder ein Lied, das man singt. Danach solle man das Kind in sein Bett legen, ihm einen Kuss geben oder es streicheln, sich verabschieden und dann das Zimmer verlassen. Das Kind fängt dann in den meisten Fällen an zu schreien und zu weinen. Die Ferber-Methode sieht vor, dass die Eltern das Kind zunächst einmal fünf Minuten schreien lassen, bevor sie wieder ins Kinderzimmer gehen und es trösten. Dabei soll es jedoch nicht aus dem Bett hochgenommen werden. Man solle die Zimmertür öffnen

---

12 Mehr dazu: https://www.netmoms.de/magazin/baby/babyschlaf/ferber-methode/

und hereinrufen, dass alles in Ordnung sei, dass Mama und Papa da seien, damit das Kind sich sicher und geborgen fühlt, und dann nach maximal zwei Minuten wieder das Zimmer verlassen. Meistens weint das Kind dann wieder. Diesmal kommen die Eltern erst nach zehn Minuten zurück, um es zu beruhigen. Die Abstände steigern sich bis auf maximal 30 Minuten. Diese Verfahrensweise wird solange wiederholt, bis das Kind schläft. Bis sich der Erfolg einstellt und das Kind alleine ein- und durchschläft, vergehen einige Tage. Und diese Tage sind wirklich hart für alle Beteiligten. Hart, weil es einem in der Seele wehtut, das Kind weinen zu lassen. Hart für das Kind, weil es sich zwischendrin verlassen fühlt. Aber wir wussten uns nicht mehr anders zu helfen. Nach vier Tagen war der Spuk vorbei. Leo schlief nicht nur augenblicklich ein, nachdem wir das Zimmer zum ersten Mal verlassen hatten, sondern schlief zu unserer Verwunderung auch sechs Stunden durch. Das war die erholsamste Nacht, die wir bis dato gehabt hatten. Und auch die darauffolgenden Nächte schlief Leo problemlos ein. Was waren wir erleichtert! Die Anspannung fiel von mir ab, weil ich keine Angst mehr davor hatte, ihn abends ins Bett zu bringen.

Für uns hat sich diese Schlaflern-Methode bewährt. Ich weiß, dass diese Methode polarisiert und es Kritiker gibt. Aber die gibt es bei jeder Methode der Kindeserziehung. Bei dieser Einschlaf-Prozedur müsse man als Eltern wirklich konsequent sein, denn ansonsten trete eine Verschlechterung ein, heißt es. Greife man als Eltern doch wieder auf altbewährte Einschlaf-Hilfen – in den Schlaf wiegen, noch ein Milch-Fläschchen oder die Brust als Einschlaf-Hilfe geben – zurück, würde das Kind nur lernen, dass es einfach lang genug schreien müsse, um die Eltern nebst Goodies wieder ans Bett zu beordern. Gegner der Methode kritisieren, dass Schreien für Babys Stress bedeutete und das Stress negative Veränderungen im Gehirn hervorrufen könne. Ein weiterer Kritikpunkt dieses Programms sei, dass dem Kind das Grundbedürfnis nach Nähe und Geborgenheit verwehrt würde und die Eltern-Kind-Bindung dadurch ernsthaft gefährdet würde. Befürworter führen aus, dass das Kind lerne, auch ohne Hilfsmittel einzuschlafen und wenn es nachts aufwache, auch wieder ohne Hilfsmittel von alleine einschlafen würde. Das bedeute für das Kind einen erholsameren Schlaf und daher sei es auch tagsüber ausgeglichener.

Jede Art, seinem Kind etwas abzugewöhnen oder anzuerziehen, hat ihr Für und Wider. Es gibt immer Kritikpunkte. Für mich steht fest, dass man auf sein elterliches Bauchgefühl hören sollte. Bei uns hat die Methode funktioniert, mein Sohn und ich haben heute eine innige Bindung, was darauf schließen lässt, dass diese Methode unsere Beziehung in keinster Weise gestört hat. Vielmehr bin ich davon überzeugt, dass es sich – in unserem Fall – negativ auf unsere Bindung ausgewirkt hätte, wenn ich immer wieder genervt und frustriert ins Zimmer gekommen wäre, um meinem Kind täglich zwei Stunden dabei zu helfen, in den Schlaf zu finden. Diese Frustration der Mutter wirkt sich nämlich auch negativ auf das Kind aus. Es bemerkt natürlich die Gereiztheit der Mutter. Seitdem ich wieder ausreichend Schlaf bekomme, bin ich tagsüber viel ausgeglichener und das bekommt auch Leo zu spüren. Ich habe wieder viel mehr Energie, um mehr mit Freude und Elan für mein Kind da zu sein. Und wenn der Mama-Akku aufgeladen ist, ist auch das Kind glücklicher.

Ob man diese oder eine andere Methode, seinem Kind beim Einschlafen zu helfen, anwenden will, muss jeder für sich selbst entscheiden. Ich kann nur aus eigener Erfahrung berichten und appelliere an euch, euren eigenen Weg zu finden und auf euer Bauchgefühl zu hören. Den einzig richtigen Weg gibt es ohnehin nicht und jeder Mensch – Väter, Mütter und Kinder – haben unterschiedliche Bedürfnisse. Man muss schauen, womit man sich selbst am besten wohl fühlt und nicht das tun, was Tante Irmgard für gut befindet. Man kann sich Tipps und Meinungen anhören, aber am Ende entscheidet das eigene Gefühl. Vielleicht muss man auch verschiedene Methoden ausprobieren – aber jede Familie findet ihren Weg.

Leider hatten wir Phasen, in denen wir wieder bei Null anfangen mussten – jedes Mal, wenn Leo wieder einen Schub hatte oder als er die Krippe wechseln musste. Das waren für ihn emotionale Ausnahmezustände, in denen er wieder mehr Sicherheit und Geborgenheit von uns benötigte. Hin und wieder kommt es heute noch vor, dass Leo anfängt zu weinen, wenn wir abends sein Zimmer verlassen. Weil ich weiß, dass er mich braucht, um seinen emotionalen Stress zu bewältigen, gebe ich nach und gebe ihm die nötige Geborgenheit, allerdings achte ich auch hier auf einen gewissen Rahmen. Ich nehme ihn in den Arm, rede mit ihm, vermittle ihm, dass es okay ist, wegen der neuen Kita aufgeregt zu sein und dass er auch weinen darf. Wichtig ist, dass Kinder ihre Gefühle, vor allem auch die negativen, nicht unterdrücken. Und dass vor allem wir Eltern darauf achten, diese Gefühle nicht zu unterdrücken, nur weil wir gerade gestresst sind und eigentlich keinen Kopf für ein bedürftiges Kind haben. Kinder sollten wissen, dass auch negative Gefühle einen berechtigten Platz haben und wir Eltern müssen diese Gefühle für sie benennen. Woher sollen sie wissen, dass es Angst ist, was sie gerade quält, und nicht Traurigkeit oder Wut. Sie können das weder unterscheiden noch wissen. Gibt man diesen Gefühlen allerdings einen Namen, benennt sie mit Wut, Angst, Traurigkeit, dann können Kinder sie besser einordnen und auch besser damit umgehen. Ich bin also in solchen emotionalen Ausnahmezuständen für Leo da. Allerdings ist Leo nun schon in dem Alter, in dem er mich und Marc schon gezielt um den Finger wickeln kann. Ich merke oft an seinem Verhalten und daran, dass er nachts wieder durchschläft, dass seine emotionale Phase vorbei ist, trotzdem weint er wieder, wenn wir nach dem Zu-Bett-Bringen sein Zimmer verlassen. Einfach weil er sich daran gewöhnt hat und es schön findet, wenn wir noch zehn Mal reinkommen und ihm beim Einschlafen helfen. In solchen Situationen geben wir dann nicht so schnell nach und versuchen, ihn wieder mittels der Einschlaf-Methode zum Schlafen zu bringen. Man fängt somit wieder bei Null an. Immer und immer wieder.

Und immer und immer wieder wiederhole ich dann den Satz: „Es sind alles nur Phasen".

Es gibt es ja nicht nur „normale" emotionale Ausnahmezustände, wie die oben erwähnten. Da gibt es noch einen ganz anderen Ausnahmezustand, der viel furchteinflößender ist, die Nacht zum Tag macht und Kind und Eltern wochenlang kein Auge zu machen lässt: der sogenannte Nachtschreck.

Kurz vor Leos zweitem Geburtstag fing es an. Weil ich meinen Job wechselte, ergaben sich daraus andere Gewohnheiten für Leo. Statt wie gewohnt von mir in der Kita abgeliefert zu werden, machte das jetzt Marc. Zudem musste Leo die Krippe wechseln, um in eine zu gehen, in der er eine Stunde länger bleiben konnte. Viel Neues für unser Kleinkind und somit wieder ein emotionaler Ausnahmezustand. Die Eingewöhnung in der neuen Krippe übernahm diesmal Marc. In Leos Augen lief alles völlig durcheinander und nichts war so, wie er es gewohnt war. Klar, dass das in ihm emotionalen Stress hervorrief. In dieser Zeit begannen diese gruseligen Nachtschrecks.

Eines Nachts wurde ich von furchtbar schrillem Geschrei aus Leos Zimmer aus dem Tiefschlaf gerissen und saß kerzengerade im Bett. Ich war völlig matschig und duselig im Kopf, mein Gehirn noch auf Stand-by.

Leos Schreien war so ohrenbetäubend, als würde er bei lebendigem Leib aufgeschlitzt werden. Mein Gehirn schlief noch, ich aber torkelte schon im Dunkeln schlaftrunken in sein Zimmer und stieß mich auf dem Weg dorthin an allem an, was Kanten hatte. Aua! Marc kam hinter mir her gestolpert und murmelte ständig „Was ist denn hier los?“, „Wo bin ich eigentlich?“ oder „Was soll die Kacke denn jetzt?“. Als wir in das Zimmer stürmten, schrie Leo immer noch wie am Spieß, sein Blick war an die gegenüberliegende Wand gerichtet. Also war er wach. Als ich ihn aber hochnehmen wollte, schlug er wie wild um sich, mit der einen Hand verpasste er mir einen schmerzhaften Haken an den Kehlkopf, mit der anderen eine Kopfnuss. Schlaftrunken torkelte ich rückwärts und rang nach Luft. Das ging hier ja zu wie im Boxring! Leo ließ sich durch nichts beruhigen, jeder Versuch, ihn zu bändigen, scheiterte. Marc war überhaupt nicht zu gebrauchen – er beobachtete das Spektakel mit halbgeschlossenen Augen aus einiger Entfernung, murmelte irgendwas in seinen Drei-Tage-Bart und rührte sich ansonsten nicht von der Stelle. Scheinbar war er noch voller Schlafhormone und schlichtweg handlungsunfähig.

In jener Nacht hatte Leo diesen, ich nenne es Anfall, genau sieben verdammte Male. Jedes Mal war der Spuk der gleiche: Er schrie, weinte, schlug um sich, war nicht ansprechbar, wollte keine Nähe, die Windel war auch leer, er wollte nichts trinken, hatte kein Fieber. Er schien zu schlafen und gar nicht mitzubekommen, was da gerade vonstatten ging, hatte aber seine Augen geöffnet. Wirklich gruselig! Es war, als ob er in irgendeiner Zwischenwelt gefangen war. Als wir ihn wieder hinlegten, wälzte er sich zuerst hin und her und schlief dann wieder ein. Uns wurde klar, dass es nichts Körperliches war, was in quälte. Die Nacht war dementsprechend sehr kurz für uns und ich schleppte mich mit weniger als zwei Stunden Schlaf in die Praxis, in der ich zu dem Zeitpunkt noch arbeitete. Um während meiner Arbeitszeit nicht einzuschlafen, trank ich eine ganze Kanne Kaffee und saß irgendwann nach der fünften Tasse zitternd auf dem Stuhl. Diagnose: Überdosis Koffein. Kaffee ist halt auch keine Lösung.

Nach der dritten schaurigen Horrornacht in Folge zog ich Dr. Google zu Rate. Eigentlich war ich auf Entzug gesetzt worden. Marc hatte mir verboten, Krankheitssymptome zu googeln, weil ich – das gebe ich auch unumwunden zu – einen Hang zum Dramatisieren habe. Jedes Mal, wenn ich Dr. Google kontaktiert hatte, stand ich kurz vor dem Sterben – als nächstes hätte ich die Telefonnummer des örtlichen Bestatters gegoogelt. Doch diese war eine Ausnahmesituation. Ich befürchtete, dass seine nächtlichen Anfälle etwas Neurologisches sein konnten. Nachdem ich Dr. Google Leos Symptome detailliert beschrieben hatte, spuckte er mir den sogenannten Nachtschreck aus, auch Pavor Nocturnus genannt. Plötzlich ergab alles einen Sinn. Die Beschreibung traf exakt auf Leos Verhalten zu. Es war beruhigend zu lesen, dass ein Nachtschreck nichts Ernsthaftes war und nur auftrat, weil das kindliche Gehirn den Übergang vom Tief- in den Traumschlaf noch nicht richtig erlernt hatte. Beim Nachtschreck sei der Körper zwar wach, das Kind somit motorisch handlungsfähig und seine Augen geöffnet, das Bewusstsein des Kindes war es aber nicht. Dies bedeutete, dass Leo gar nicht bewusst mitbekam, was gerade passierte und auch am nächsten Morgen nichts mehr davon wusste. Er war quasi zwischen zwei Schlafphasen gefangen gewesen. Als Eltern könne man laut Dr. Google nicht viel tun, da die Kinder auf Beruhigungsversuche meist mit Um-sich-Schlagen reagieren. Ach! Vielmehr soll man versuchen, sie möglichst nicht hochzunehmen, sondern nur mittels einfühlsamer Worte auf sie einzugehen und sie gegebenenfalls sanft zu streicheln. Ein Nachtschreck sei in die Kategorie Schlafwandeln einzuordnen.

In den darauffolgenden Wochen, in denen Leo die Nachtschrecks immer wieder fünf bis sieben Mal pro Nacht heimsuchten, versuchte ich, ihn mit sanfter Stimme zu beruhigen und blieb solange an seinem Bett, bis er wieder zur Ruhe fand. Nach vier Wochen war der Spuk vorbei. Diese „Anfälle" treten nur noch äußerst selten bei ihm auf. Wenn er allerdings mal einen Tag nicht in seinem üblichen Umfeld ist und sein gewohntes Einschlafritual anders ausfällt, zum

Beispiel im Urlaub, kommt es wieder gehäuft zu derartigen Anfällen. Dann aber nur in der ersten Nacht und/oder in der darauffolgenden. Aber wir haben erkannt, dass Leo sensibel auf neue Gegebenheiten reagiert und dass er seine festen Rituale benötigt, die wir versuchen, strikt einzuhalten.

In Phasen mit Wachstumsschüben und Nachtschrecks geht man als Eltern auf dem Zahnfleisch. Das Leben mit Kind ist härter als jeder Kellnerjob, den ich je gemacht habe. Es ist ermüdend. Aber ich versuche mir immer wieder zu sagen „Es sind nur Phasen und es kommen wieder andere Tage". Das macht diese Ausnahmezustände zwar nicht besser, aber man hat wenigstens einen Hoffnungsschimmer vor Augen.

Und wie meinte ein Freund vor kurzem mit sarkastischem Ton: „Sie geben einem ja so viel zurück."

Bazillen-Killerkommando

Ist das Kind erstmal in der Kita eingewöhnt, jongliert man als Eltern mindestens mit vier Bällen: Job, Kind, Haushalt und Krankheiten. Erster Akt des Dramas: Die Kita-Eingewöhnung bringt einem keine freie Zeit ins Haus, sondern Krankheiten. In meinem Leben vor Leo war ich selten krank, vielleicht zweimal im Jahr, und so etwas wie Grippe hatte ich immer nur in den Medien mitverfolgt, aber nie am eigenen Leibe erfahren müssen. Jetzt, zweieinhalb Jahre später sind Marc und ich dauernd krank und auch die Grippe hat uns schon heimgesucht. Bei uns Zuhause läuft es ab wie damals beim Staffellauf beim Sportfest der Schule: Wir übergeben einander den Staffel-Stab der Krankheiten. Wird der eine langsam gesund, ist der nächste dran. Und haben alle die Bazillen-Attacke überstanden, bringt Bazillenschleuder Leo aus der Kita wieder die neuste Edition Killerbazillen mit. Es ist ein Teufelskreis, vor allem in der Winterzeit.

Und so bekomme ich jedes Mal einen halben Nervenzusammenbruch, wenn ich auf dem Aushang der Kita sehe, welche möglichen Krankheiten mal wieder im Umlauf sind. Zur Auswahl stehen neben dem normalen Husten-Schnupfen-Heiserkeit oft Scharlach, die Hand-Mund-Fuß-Krankheit und als die Krönung aller Übel: Brech-Durchfall. Ich bekomme Schweißausbrüche, wenn ich lese, dass wieder irgendein fieser Killervirus in der Kita kursiert. Ich bin selbst noch nicht ganz fit von der letzten Bazillenattacke, die gerade mal zwei Wochen zurückliegt und die ganze Familie flachgelegt hat. Und außerdem kann ich nicht zum 100. Mal in Folge bei der Arbeit fehlen.

Bei diesen Aushängen in der Kita klingeln die Alarmglocken im Gehirn mit dem Notruf „Hilfe, ich will die Bazillen nicht in meinem Haus“. Gleichzeitig – bei den Worten „Alarm“ und „Notruf“ gesellt sich zu meiner Furcht direkt der Ohrwurm „Alarm es kommt ein Notruf ein, Feuerwehrmann Sam ist unser Mann“ dazu. Was die Situation auf humorvolle Weise entschärft. Dennoch bin ich wenig scharf darauf, haufenweise Brechdurchfall-Wäsche mit 90 Grad waschen zu müssen und zu hoffen, dass ich mich dabei nicht selbst infiziere. Da ist doch ein Nervenzusammenbruch vorprogrammiert. Mein nächster Gedanke bei diesen Aushängen ist: Wer, zum Kuckuck, hat schon wieder sein bazillenverseuchtes Kind in die Kita geschleppt und können diese Eltern ihre Virenschleudern nicht einfach zu Hause lassen. Können sie nicht, denn dann müssten *sie* ja auf der Arbeit fehlen.

Ich habe schon unzählige Male mitbekommen, dass Eltern ihr totkrankes Kind in die Kita bringen. Einmal habe ich beobachtet, dass sich ein Kind im Flur der Kita übergeben hat und die Mutter das mit „Sie hat Beeren gegessen und die bekommen ihr nicht so gut" abgetan hat. Dem Kind hat man aber schon auf weiter Entfernung angesehen, dass es irgendwelche Killerviren in sich trägt. Zwei Tage später saß die ganze gelbe Zwergengruppe samt Erzieherinnen auf dem Töpfchen, nochmal zwei Tage später die dazugehörigen Eltern. Es waren wohl doch nicht die Beeren gewesen, sondern ein ausgewachsener Noro-Virus. Na, herzlichen Glückwunsch.

Und anstatt seine Freizeit zu genießen, die man sich erträumt hat, wenn das Kind erstmal in die Krippe geht, sitzt man stattdessen mit Spritzpups auf dem Klodeckel, weil man es nicht mehr geschafft hat, ihn hochzuklappen, und übergibt sich gleichzeitig ins Waschbecken, weil die Badewanne voller Bettwäsche ist, die das Kind in der Nacht vollgekotzt und vollgesch… hat.

Kita-Viren sind fiese Mistkröten, die einem das Leben zur Hölle machen. Aber auch davon hatte mir niemand aus dem Bekanntenkreis erzählt, niemand warnte einen vor dieser unaufhörlichen Spirale des Krankseins. Auch erzählte niemand davon, dass man den Warteraum des Kinderarztes öfter sieht als sein eigenes Wohnzimmer oder die Arbeitsstelle. Und während man in diesem keimverseuchten Wartezimmer sitzt, atmet man durch seinen Schal, weil man befürchtet, sich noch eine zweite Sorte Killerviren anzulachen, zusätzlich zu denen, die man schon mit sich rumträgt. Es ist ein Teufelskreis. Aber wie sagte die Kinderärztin so schön: „Ihr Kind trainiert dadurch sein Immunsystem". Nur ich fürchte aufgrund von Stress, schlaflosen Nächten und ständigen Bazillenangriffen einen Herzinfarkt zu erleiden. Aber wie war das noch? Sie geben einem ja so viel.

Jeden Montag befürchte ich eine weitere Epidemie. Jetzt, ein Jahr nach der Eingewöhnung in der Kita, hat es sich gebessert, wir sind seltener krank, aber immer noch öfter als vor Leos Erscheinen. Eine Tatsache, mit der man sich wohl oder übel abfinden muss. Und da hilft auch kein Sport, keine noch so gesunde Ernährung, nicht einmal haufenweise Vitamintabletten. Vor dem Killer-Kommando namens Kita-Bazillen ist nichts und niemand gefeit. Da hilft nur eins: einfach lockerzulassen, um diese anstrengende Zeit irgendwie zu überstehen.

Mittlerweile halten Marc und ich uns auch weit fern von kranken Leuten im näheren Umfeld. Sobald einer von unseren Freunden, Bekannten oder Familienmitgliedern krank ist (vor allem, wenn sie diesen unberechenbaren Brech-Durchfall haben), schließen wir uns für die nächsten zwei Wochen zuhause ein und gehen diesen laufenden Bazillenschleudern aus dem Weg. Klingt übertrieben? Wir schützen uns damit nur. Denn jedes Elternpaar weiß genau, wie unberechenbar der Brechdurchfall ist. Bei uns geht es inzwischen so weit, dass wir Leo vorsichtshalber für eine Woche aus der Kita nehmen, wenn wir lesen, dass wieder Brechdurchfall umgeht, nur für den Fall der Fälle. Aber dieser Spritzpups-Virus ist wie ein Buschfeuer und wir haben Angst und großen Respekt vor diesem Killer-Kommando, weil es zusätzliche Ausnahmezustände zuhause hervorruft. Derer haben wir auch ohne Brechdurchfall genug.

Ein Vorteil am Leben mit Kind ist, dass es mich vor fast gar nichts mehr ekelt. Dafür habe ich einfach schon viel zu oft Kot an den Händen gehabt, viel zu oft habe ich triefenden, grünlichen Rotz von der Nase meines Sohnes gewischt oder Kotze vom Badezimmerfußboden. Wovor ich mich heute stattdessen richtig ekele, sind hustende, schniefende und brechende Menschen. Die jagen mir etwa so viel Angst ein wie die Zombies aus Apokalypsen-Filmen, weil es meinen Alltag auf den Kopf stellt, wenn ich in Berührung mit deren Killerviren komme. Seit dem ist desinfizierendes Handgel mein täglicher Begleiter.

Aber mehr als meine persönliche Abneigung gegen Killerbazillen, machte mir natürlich Sorgen, wenn Leo plötzlich mitten in der Nacht Atemnot bekam und ich befürchten musste, dass er erstickt. Als ich durchs Babyphon ein Wimmern und merkwürdige Atemgeräusche hörte, war ich blitzschnell wach und rannte in Leos Zimmer. Leider bin ich ein Mensch, der schnell panisch wird und dann nicht weiß, was er tun soll. Dieser Charakterzug ist in solchen Situationen nicht unbedingt vorteilhaft und wirkt sich gegebenenfalls negativ auf das Kind und seinen Zustand aus. Zum Glück ist Marc ganz anders und verhält sich in solchen Situationen (wenn sein Gehirn denn endlich nicht mehr auf Stand-by läuft) geistesgegenwärtig und besonnen.

Wenn Leo hustete, gab er ein Rasseln von sich, das sich furchtbar anhörte. Er hatte enorme Schwierigkeiten beim Atmen. Zufällig – und glücklicherweise – hatte ich kurz zuvor einen Blogeintrag eines Familienvaters über Krupp-Husten gelesen. Dieser Vater hatte sogar ein Video hochgeladen, in dem sein Sohn einen Krupp-Anfall erlitt. So makaber ich das auch gefunden hatte, jetzt kam es uns zugute, denn Leos Husten und seine Atemnot hörten sich ganz genauso an wie in diesem Video. Und ich erinnerte mich an die Tipps, die der Vater in dem Video gegeben hatte. Unter anderem sagte er, dass man das Kind warm einwickeln und das Fenster weit öffnen solle, damit es kalte Luft einatmet und die Atemwege abschwellen. Gesagt, getan. Währenddessen wählte Marc den Notruf. Wir mussten uns versichern, dass es nichts Ernsthaftes war – es hätte ja auch eine Lungenentzündung sein können. Die frische Luft half Leo tatsächlich bei der Atmung, sein Hustenanfall wurde besser und er beruhigte sich wieder. Auch Dr. Google, den ich mal wieder kontaktierte hatte, erklärte, dass man nicht viel mehr tun könne, als dem Kind frische Luft zuzuführen und es zu beruhigen. Der Mann in der Notruf-Zentrale hatte übrigens dasselbe gesagt, allerdings mit dem Zusatz, dass, wenn in innerhalb einer Minute keine Besserung eingetreten sei, man ins Krankenhaus fahren oder einen Notarzt kommen lassen sollte.

„Das ist Krupp-Husten, auch Pseudo-Krupp genannt“, sagte die Kinderärztin, während sie Leos Lunge mit dem Stethoskop abhörte. Krupp, das hörte sich für mich an wie eine Hustenbonbon-Sorte oder ein Haushaltsgerät. Eine neue Krankheit, von der ich zuvor noch nie etwas gehört hatte. Aber man lernt ja nie aus. Die Ärztin versuchte uns zu beruhigen und erklärte, dass es nichts Ernsthaftes sei, dass das viele Kleinkinder hätten, wenn sie sich eine Erkältung zugezogen haben. Die Schleimhäute im Kehlkopfbereich würden bei Erkältungen anschwellen, wie bei uns Erwachsenen auch. Nur mit dem Unterschied, dass es durch die viel kleinere Luftröhre der Kinder schnell zu Problemen mit der Atmung käme. Und eben zu diesen pseudokruppartigen Erstickungsanfällen. Vor allem geschehe dies nachts, wenn die Kinder in Rückenlage liegen. Durch die Rückenlage sei anatomisch der Halsbereich verengt, so dass das die Atmung massiv erschwere.

Für den Notfall bekamen wir verschreibungspflichtige Kortison-Zäpfchen. Da Leo bei fast jeder Erkältung diesen Pseudo-Krupp aufweist, sind die Zäpfchen schon öfter zum Einsatz gekommen. Mittlerweile wissen wir uns bei seinen nächtlichen Anfällen dank Medikamenten und frischer Luft schnell zu helfen. Dennoch haben uns diese Erlebnisse große Angst eingejagt und viele schlaflose Nächte beschert.

Im Großen und Ganzen kann man sagen, dass immer irgendwas im Hause Olada los ist. Ob es nun Wachstumsschübe, Nachtschrecks, Krupp-Anfälle oder Brechdurchfall ist. Es ist nie langweilig. Jedes Mal, wenn Leo mit einer neuen Killerbazille nach Hause reinspaziert kommt, dann wünsche ich mich auf eine einsame Insel … ohne Kinder. Aber wie war das noch: Bekommt Kinder, haben sie gesagt, das wird Spaß machen, haben sie gesagt.

Wenn dann mal eine Woche Ruhe ist und kein Flitzekacki oder andere Vorfälle unseren Alltag auseinandernehmen, ploppt der Gedanke in mir auf „Mensch, das ist ja schon fast langweilig, es müsste doch bald mal wieder irgendwas kommen". Und ich hasse mich jedes Mal für diese Gedanken, weil man es damit herbeiruft, das Unheil. Kennt ihr das auch, dass ihr mal eine gute Zeit habt, in der ihr euch unbeschwert und zufrieden fühlt und plötzlich denkt: „Bestimmt wartet das Unglück schon hinter der nächsten Ecke auf mich"? Diesen Gedanken sollte man sich dringend abgewöhnen, denn jedes Mal, wenn mir dieser Gedanke aufkam, war am darauffolgenden Tag Ausnahmezustand bei uns. Ich habe schon überlegt, ob ich hellseherische Kräfte habe. Man sollte auch einfach mal gut sein lassen und das Glück und die schönen Phasen genießen, ohne zu denken, dass das Schicksal sich ins Fäustchen lacht und nur darauf wartet, seine Dämonen auf einen zu hetzen. Man sollte lieber gute Phasen erkennen, genießen und Kräfte tanken, anstatt in der Angst zu leben, das bald wieder irgendwas passieren wird. Und lasst euch gesagt sein: Das nächste Unheil kommt bestimmt, auch ohne, dass ihr es durch negative Gedanken und Panik selbst heraufbeschwört.

5. JOB & KIND

„Wie? Du gehst immer noch nicht arbeiten?"

„Findest du nicht, du solltest langsam mal auf eigenen Beinen stehen und dich nicht so abhängig von Marc machen?"

„Also ich könnte mich ja nicht von meinem Mann aushalten lassen."

„Ist dir nicht langweilig? Was machst du denn den ganzen Tag?"

„Also ich könnte das ja nicht, nur Hausfrau und Mutter sein."

Diese Ansammlung von taktlosen Aussagen durfte ich mir alle von kinderlosen Freunden, Bekannten, Familienangehörigen, Nachbarn oder Neidern anhören. Beim nächsten Kommentar dieser Art hebe ich dann meine rechte Hand, sage, dass alle Finger Federn sind, bis auf den mittleren, der sei ein Stein – und dass die Leute doch bitte mal pusten sollten. Die Federn fliegen weg, nur der Stein bleibt. Und was seht ihr? Richtig!

Wie man es macht, man macht es sowieso falsch in den Augen der anderen: Geht man arbeiten, ist man eine Rabenmutter, arbeitet man nicht, ist man faul. Obwohl wir das alle wissen, lassen wir uns immer wieder von der Meinung der anderen beeinflussen. Aber ist deren Meinung wirklich wichtig? Ist es wichtig, dass andere einen bewundern? Dass sie denken „Wow, wie macht sie das nur, Job und Kind unter einen Hut zu bekommen?" Nein, ist es nicht! Da scheißt der Hund drauf. Wichtig ist, dass man selbst glücklich ist mit dem Weg, den man eingeschlagen hat. Dass er für die Familie passt. Auf sein Herz hören, lautet die Devise und sind die Eltern zufrieden, ist auch das Kind glücklich – das hatte mir meine Hebamme mit auf die Reise als Neu-Mama gegeben.

Auf die Meinung anderer ein dickes Häufchen zu geben, ist allerdings nicht einfach. Viel zu sehr ist die Methode in uns verwurzelt, über die Anerkennung anderer das eigene Selbstwertgefühl aufzupeppen. Sobald dann jemand mit seiner ungefragten Meinung um die Ecke kommt, dreht sich das Gedanken-Karussell und das Selbstwertgefühl findet man in einer staubigen Ecke im Keller wieder. Oder gar nicht. Die Fragen: Mache ich das so richtig? Was denken die Leute von mir, wenn ich nur Hausfrau bin? Oder was denken sie gar von mir, wenn ich nach zwölf Monaten schon wieder arbeiten gehe? Bin ich ein schlechtes Vorbild fürs Kind, wenn ich nicht arbeiten gehe? Oder eine schlechte Mutter, wenn ich arbeiten gehe? Und schon zweifelt man seine Kompetenz als Mutter an und verzweifelt am Leben mit Kind.

Diese Fragen muss man ganz aus sich selbst heraus beantworten und die Meinungen der anderen dabei vollkommen außer Acht lassen, so schwer das anfänglich scheinen mag. Und wenn man sich vorerst für den Job der Vollblut-Mama entschieden hat und dafür seinen Job als Bankangestellte sausen lassen möchte, dann ist es vollkommen egal, was andere darüber denken. Sollen die doch vor ihrer eigenen Tür kehren. Es wird sicherlich Momente geben, an denen man diesen Job vielleicht vermisst, seine persönliche Unabhängigkeit zum Beispiel oder den Austausch mit Kollegen.

Aber Job und Kind unter einen Hut bekommen? Für mich war das mehr als schwierig. Ich wollte eine Arbeit, die meinen beruflichen Qualifikationen entsprach, angemessen bezahlt wurde, räumlich günstig gelegen war (ich wollte ja nicht Stunden mit der An- und Abreise verbringen) und das Ganze bitte in Teilzeit, damit ich Leo und den Haushalt auch noch versorgen konnte. Unnötig zu sagen, dass diese Stellen nicht gerade haufenweise auf der Straße lagen. Also macht man notgedrungen einen anderen Job, der zwar zeitlich passt, aber die eigenen Fähigkeiten verkümmern lässt. Es ist ein Dilemma. Man hat im Prinzip nur eine Möglichkeit: einen Kompromiss einzugehen und sich damit zufriedenzugeben.

Alle Menschen haben individuelle Vorstellungen und Wünsche. Und es gibt Leute, die sind glücklich und zufrieden mit dem, was sie haben. Und ich schätze diese Einstellung sehr. Aber es gibt auch Menschen, die mehr wollen, die sich nicht mit weniger zufriedengeben wollen und eine innere Unruhe verspüren, die Dinge für sich zu ändern. Egal, zu welcher Sorte Mensch du gehörst: Folge deinem Herzen, da kannst du nichts falsch machen. Es gibt kein richtig oder falsch, es gibt nur „Ich mache das, was *ich* für richtig halte. Egal, was *du* denkst oder sagst."

Zurück in den Beruf

Beruflich wieder Fuß zu fassen, ließ mich darauf hoffen, neben meinem Alltag, der ausschließlich aus mütterlichen Pflichten bestand, wieder ein Stück Freiheit und Selbstständigkeit zurückgewinnen. Leo war etwas über ein Jahr alt, als wir ihn in der Krippe eingewöhnten. Die kinderfreien Vormittage genoss ich für einen kurzen Zeitraum – den ich mir nach Absprache mit Marc genommen hatte, um Kräfte zu tanken und mich danach auf meine Jobsuche zu konzentrieren – in vollen Zügen. Klar vermisste ich Leo, aber ich erfreute mich daran, wieder Sport zu treiben, einfach mal auf dem Sofa zu liegen, dabei fernzusehen, ein Buch zu lesen oder einen Mittagsschlaf abzuhalten.

Nach zwei Wochen wurde mir allerdings schon langweilig. Das Hartz-IV-vormittags-TV ging mir gehörig auf die

Nerven, das Haus war blitzblank und mir fiel die Decke auf den Kopf. Ich musste irgendetwas tun. Vielleicht einen Kuchen backen? So weit war es also schon gekommen, dass ich tatsächlich darüber nachdachte, einen Kuchen zu backen, einfach so, ohne Anlass, als nächstes würde ich wahrscheinlich noch selbst Marmelade herstellen und Socken stricken!

Irgendetwas löste eine enorme Unzufriedenheit in mir aus. Leo war vormittags in der Krippe, somit lag in dieser Zeit das Kümmern und Umsorgen nicht mehr in meiner Verantwortung. Ich hatte keine Aufgabe, weswegen ich mich zunehmend nutzlos und unbrauchbar fühlte. Unbrauchbar für die Gesellschaft, weil ich keiner richtigen Aufgabe mehr nachging, seitdem ich Leo in die Krippe gebracht hatte.

Ingesamt drei Wochen Auszeit hatte ich mir genommen, um wieder zu mir selbst zu finden und meinen Akku neu aufzuladen. Nach dieser Erholungspause hatte ich vorgehabt, mich auf Jobsuche zu begeben. Aber ich bemerkte, bei dem Gedanken daran, wieder arbeiten zu gehen, selbstzweiflerische und frustrierende Gefühle in mir. Selbstzweifel, weil ich nicht wusste, ob es mir gelingen würde, Job und Kind unter einen Hut zu bekommen. Frustration, weil ich nicht genau wusste, welchen beruflichen Weg ich einschlagen soll. Ich hatte zudem kein Kind in die Welt gesetzt, um es erst abends zu sehen und dann rasch ins Bett zu bringen. Ich wollte daher eine Arbeitsstelle in Teilzeit, die mir Spaß bereitete, meinen Fähigkeiten entsprach und gutes Geld brachte – nur sind diese Stellen Mangelware.

Marc und ich hatten uns ein bisschen Geld beiseitegelegt, und so entschied ich mich – nach gescheitertem Durchforsten der Zeitungen und Internetbörsen nach passenden Jobangeboten – den Versuch zu wagen, mich mit meiner Herstellung von Armbändern – was zu Anfang nur ein Hobby gewesen war – selbstständig zu machen. Wenn nicht jetzt, wann dann, sagte ich mir. Leider floppte dieser Traum schon nach wenigen Wochen, weil meine Produktionskosten und daher meine Preise einfach zu hoch waren und ich nicht gegen Großkonzerne, die ihre Produkte im Ausland billig herstellen ließen und günstig anboten, anstinken konnte. Die Kunden legten einfach zu wenig Wert darauf, dass die Ware handgemacht und in Deutschland hergestellt war. Somit entschied ich mich letzten Endes doch dafür, auswärts arbeiten zu gehen. Ich hatte Sprachwissenschaft mit dem Schwerpunkt Spanisch und Katalanisch studiert, hätte also in meinen alten Beruf als Texterin in einer Reisefirma zurückkehren und wieder von Zuhause arbeiten können, wie ich es auch schon in der Schwangerschaft gemacht hatte. Aus irgendeinem Grund, den ich heute nicht mehr nachvollziehen kann, wollte ich das aber nicht. Ich wollte raus, was Neues ausprobieren. Aber was? Und da schlich sich eine Idee in mein schlaues Köpfchen: Ich würde eine Ausbildung machen.

Was für eine Schnapsidee!

Ich wollte also mit fast dreißig eine Ausbildung beginnen, obwohl ich ein abgeschlossenes Studium hatte. Super Idee, Maria. Aber ich habe öfter mal einen Anflug von Idiotie.

Nur was für eine Ausbildung sollte ich machen? Irgendetwas mit Menschen und irgendwas mit Medizin sollte es zu tun haben, soweit war ich schon mal. Für ein ausgewachsenes Medizinstudium war ich schon zu alt und mein Numerus Clausus entsprach nicht ganz den Anforderungen und so entschied ich mich für eine Ausbildung zur Medizinischen Fachangestellten / Arzthelferin.

Auf nur drei Bewerbungen meldeten sich tatsächlich zwei Praxen bei mir. Es handelte sich dabei um eine Praxis für Augenheilkunde und eine für Gynäkologie und Geburtshilfe. Beide Stellen boten die Möglichkeit an, die Ausbildung auch in Teilzeit zu machen, wobei sich die gesamte Ausbildungszeit aber um ein Jahr verlängern würde. Natürlich entschied ich mich für letzteres Stellenangebot. Es entsprach einfach mehr meinem augenblicklichen Interessengebiet. Kurze Zeit später begann ich meine Ausbildung – vier Wochen vor dem offiziellen Ausbildungsbeginn. Die Berufsschule würde auch erst in vier Wochen beginnen, bis dahin sollte ich in der Praxis schon mal eingearbeitet werden. Ich fühlte mich mit der Arbeit und den Kollegen auf Anhieb wohl. Der erste Berufsschultag dagegen war für mich ein absoluter Graus. Meine Mitschülerinnen waren minderjährige, pubertierende Gören, deren Interessen sich auf Make-up, Boys und Partys beschränkten. Abgesehen von einer 40-Jährigen, die sich auch entschieden hatte, einen anderen beruflichen Weg einzuschlagen, war ich die Älteste. Ich fühlte mich furchtbar unwohl – meine Mitschülerinnen hätten meine Töchter sein können, fast jedenfalls. Ich fand es grausam, mit diesen jungen Hühnern kaum irgendwelche Gemeinsamkeiten zu haben und hatte irgendwie das Gefühl, ich würde zehn Schritte zurück gehen, anstatt zwei nach vorne. Erschwerend kam hinzu, dass die Klassenlehrerin in meinem Alter war und als sie dann noch aufzählte, in welchen Fächern wir unterrichtet werden würden – nämlich auch in Sport – war bei mir alles vorbei. Ich wusste in diesem Moment, dass ich diese Ausbildung nicht fortführen würde. Es ging einfach nicht. Allein die Vorstellung, wieder über einen Bock springen zu müssen oder Völkerball zu spielen, ließ mir die Nackenhaare hochstehen. Ich bemerkte, wie ich beim Gedanken daran zunehmend Symptome bekam. Mein Körper zeigte mir unmissverständlich, dass ich im Begriff war, den falschen Weg einzuschlagen.

Und so teilte ich meiner Chefin am darauffolgenden Tag mit, dass ich die Ausbildung nicht weiterführen würde, weil ich das Gefühl hatte, mit dieser Ausbildung einen Schritt zurückzugehen. Es fühlte sich einfach falsch an.

„Aber auch ein Schritt zurück, kann ein Weg zum Ziel sein. Und manchmal muss man einen Schritt zurückgehen, um zu wissen, was man wirklich will", lautete ihre Aussage.

Meine Chefin war zwar enttäuscht, hatte aber Verständnis für meine Entscheidung und hatte irgendwie schon damit gerechnet. Im Gegensatz zu mir war ihr bewusst gewesen, in welcher Altersklasse die Auszubildenden in meiner Berufsschulklasse sein würden und da ich von der Universität kam, ahnte sie, dass ich nicht dorthin passen würde. Dennoch hatte sie insgeheim gehofft, dass ich die Ausbildung durchziehen würde, erzählte sie mir.

Da meine Chefin und meine Kolleginnen froh waren, mich zu haben, entschieden sie kurzerhand, mich trotz fehlendem medizinischen Fachwissen als Quereinsteigerin in Teilzeit einzustellen. Allerdings durfte ich kein Blut abnehmen, alle anderen Tätigkeiten durfte ich ausüben. Vorerst war ich glücklich mit dieser Entscheidung. In meinem Arbeitsvertrag waren achtzehn Stunden Arbeitszeit festgelegt, also drei Tage pro Woche von acht bis vierzehn Uhr, die anderen zwei Tage hatte ich frei. Dies empfand ich als einen gelungenen Kompromiss, denn so konnte ich einer Arbeit nachgehen und Geld nach Hause bringen und zugleich hatte ich Zeit, meinen mütterlichen und hausfraulichen Pflichten nachzugehen. Der Job in der Praxis machte mir zunächst Spaß und ich genoss den Umgang mit Schwangeren, allerdings kam ich in dieser Zeit auch mit vielen Schicksalsschlägen (wie zum Beispiel) Brustkrebs in Berührung – Umstände, mit denen ich emotionale Heulsuse nicht gut umgehen konnte. Zudem fiel mein Gehalt als ungelernte Kraft auch nicht gerade üppig aus und ich bereute zunehmend, nicht in meinem alten Job geblieben zu sein, bei meinem geliebten Homeoffice, wo ich mir die Zeit frei einteilen konnte. Vor allem, weil ich es als sehr anstrengend empfand, morgens um sechs Uhr aufzustehen, mich schnell herzurichten, das Kind kitafertig zu machen und dann verspätet zur Arbeit zu hetzen.

Kennt ihr das allmorgendliche Anziehdrama eines Kindes? Leo bummelt vor sich hin, will sich nicht anziehen lassen, und immer, wenn ich ihn ermahne, sich zu beeilen, schaltet er völlig auf stur. Und genau an diesen Tagen, an denen ich sowieso schon zu spät dran bin, will Leo dann auf einmal überhaupt nicht in die Kita und bekommt einen Heulkrampf. Und wenn wir Erwachsenen unter Zeitdruck geraten, werden wir sehr schnell schroff, was das Kind noch weniger zum Mitmachen einlädt. Aber was soll man tun, wenn man schon morgens völlig überfordert ist? Man kann doch nicht noch früher aufstehen, um alles unter einen Hut zu bekommen!

Um morgens rechtzeitig aus dem Haus zu kommen haben ich eine Strategie entwickelt. Leo zum Beispiel liebt *Feuerwehrmann Sam* und damit er sich morgens zügig anzieht, habe ich einfach ein Feuerwehr-Szenario in unsere Morgenroutine eingebaut. Um sieben Uhr klingeln also die imaginären Feuerwehr-Sirenen. Leo weiß dann, dass „Alarm in der Feuerwache" ist und dass „wir uns ganz schnell anziehen und zum Einsatzort fahren müssen". Das funktioniert, ruckzuck ist er in seinen Klamotten, die Zähne geputzt, Haare gekämmt – und marschiert nach unten zum „Einsatzort", wo er mit dem Staubsauger „das Feuer löscht".

Ich komme mir jeden Morgen bekloppt vor, mein Kind so platt zu beschummeln, aber der Zweck heiligt die Mittel. Zumindest eine Sache, die jetzt funktioniert. Bleiben nur noch 100 andere, die es nicht tun – dennoch ist das doch eine gute Bilanz.

An den Tagen, an denen ich in der Praxis arbeitete, fuhr Marc unseren Sohn zur Kita. Nach Feierabend holte ich ihn dann völlig abgehetzt wieder ab. Natürlich stand ich zu allem Übel ständig im Stau und schaffte es immer nur ganz knapp, das Kind pünktlich abzuholen. Es war einfach immens anstrengend und kräfteraubend, alles unter einen Hut zu bekommen. Ständig stand ich unter Zeitdruck, morgens wie nachmittags. Zudem war ich vollkommen gaga im Kopf, wenn ich von der Arbeit kam. Klar, Leo war das völlig Banane – er hatte 100 neue Anregungen in der Kita bekommen, die er nun zuhause mit mir spielen, backen, basteln wollte. Als wäre das nicht schon genug, war ich zudem alle zwei Wochen erkältet. Es war die reinste Katastrophe. Klar, es war Winterzeit, in einer Arztpraxis tummeln sich viele Kranke und somit viele Killerbazillen, aber ich glaube heute noch, dass mein Unterbewusstsein mal wieder besser wusste als ich, was mir guttat. Und das Arbeiten in der Praxis gehörte nicht dazu.

Unnötig zu erwähnen ist, dass Leo in dieser Zeit zusätzlich zu seinen ständigen Erkältungen, Nachtschrecks, Brechdurchfällen und Krupp-Husten seine Phasen, Phasen und nochmals Phasen hatte. War ja alles eine Umstellung für ihn.

Neue Kita, neue Umstände, neue Zeiten. In den fünf Monaten, in denen ich in der Praxis arbeitete, schlief ich nachts nie mehr als zwei Stunden, weil immer irgendetwas los war. So schleppte ich mich dann übermüdet zur Arbeit und an den zwei Tagen, an denen ich frei hatte, versuchte ich meine verschiedenen Erkältungen auszukurieren. Nebenbei schmiss ich den Haushalt, wenn auch ein bisschen dürftig und halbherzig, ging einkaufen, kochte Mittag, bespaßte das Kind, bis es ins Bett ging. Und Leo – wie soll es auch anders sein – wollte nicht schlafen. Es war grausig und ich war – schon wieder einmal – an meiner Belastungsgrenze angekommen. Ich hatte keinerlei Kraftreserven mehr.

Einer Arbeit nachgehen, wenn auch „nur" halbtags, Kind bespielen, nebenbei noch die hausfraulichen Pflichten erfüllen, soziale Kontakte pflegen und sich dabei selbst nicht vergessen, ist schlichtweg nicht machbar. Ich ziehe meinen Hut vor allen Müttern, die das tagtäglich hinbekommen, entweder weil sie müssen oder wollen. Solange das Kind so klein ist, ist man im Spagat zwischen Job, Haushalt und Mutterpflichten an seiner Belastungsgrenze angelangt, vor allem dann, wenn man in allen Bereichen alles perfekt machen will und der Energievorrat dabei langsam aber sicher abnimmt.

Ich machte irgendwann alles nur noch halbherzig. Der Haushalt war nur halb gemacht, für Leo hatte ich weniger Zeit, auch, weil ich die Energie schlichtweg nicht mehr aufbringen konnte. Ich war am Ende. Und das hatte nichts mit Schwäche zu tun oder damit, dass ich für das Muttersein nicht gemacht war. Nein, ich bin kein Roboter, den man wieder ans Ladekabel hängen kann. Das sind wir Mütter alle nicht.

Nach fünf harten Monaten gab ich den Job in der Praxis wieder auf. Und ich bereue es bis heute nicht. Vielleicht hatte meine Chefin recht, vielleicht war es ein Schritt auf dem Weg. Denn jetzt tue ich etwas, was schon immer mein größter Traum war: Meiner Leidenschaft zum Schreiben nachgehen und gleichzeitig Mutter sein. Das ist es, was mich glücklich macht. Und ich bin dankbar dafür, dass ich es tun kann. Dankbar, weil ich weiß, dass es nicht selbstverständlich ist, seinem Traum nachgehen zu können. Ich bin auf dem Weg dorthin auch Umwege gegangen, um herauszufinden, was ich will.

Siehe da, seit ich tue, was ich für richtig empfinde, bin ich viel seltener erkältet. Und viel glücklicher.

Und vielleicht habe ich meine Bestimmung schon gefunden. Jeder Mensch, davon bin ich überzeugt, hat seine eigene Bestimmung. Die einen sind Krankenschwestern und pflegen andere Menschen, andere sind dazu bestimmt, Gangster von der Straße zu holen und einzubuchten. Manche Frauen sind Mütter aus voller Leidenschaft. Manch einer mag das nicht verstehen. Aber zum Glück sind alle Menschen unterschiedlich und haben unterschiedliche Wünsche und Vorstellungen von ihrem Leben.

Und man sollte immer leben und leben lassen. Nicht urteilen und nicht werten. Es ist nicht immer möglich, seinem

Herzen zu folgen, weil einem manchmal auch die Hände gebunden sind. Wichtig ist immer, dass man auf sein Bauchgefühl hört und nicht darauf, was andere davon halten. Egal, wie man es macht, in deren Augen man macht es sowieso falsch.

Dazu fällt mir eine Geschichte ein, die ich in dem Buch *Love and Happiness – In allem was wir tun, ist Liebe der Schlüssel*[13] von Dave Hardy gelesen habe und die mir in Erinnerung geblieben ist, weil sie es genau auf den Punkt bringt.

In dieser Geschichte geht es um einen Vater und seinen Sohn, die gemeinsam mit einem Esel durch die Gassen ihres Ortes ziehen. Immer wieder treffen sie dabei auf Vorbeigehende. Der erste Passant ist darüber empört, dass der Vater faul auf dem Esel sitzt, während der Junge sich die Füße müde läuft. Bestürzt über diese Aussage, steigt der Vater ab und lässt den Sohn auf dem Esel reiten, während er den Esel führt. Der nächste Vorbeigehende beschwert sich darüber, dass der alte Mann laufen und den Esel führen muss, während der Junge wie ein König auf dem Esel sitzt. Daraufhin steigt auch der Vater auf den Esel auf. Ein weiterer Passant moniert, dass es Tierquälerei ist, wenn die beiden schweren Menschen sich von dem schwachen Esel tragen lassen und als beide absteigen und den Esel durch das Dorf führen, fragt sie der nächste Vorbeigehende, wie dumm sie denn sein können, dass sie selbst laufen, obwohl sie ein Reittier

---

13 Dave Hardy: *In allem was wir tun, ist Liebe der Schlüssel*, CreateSpace Independent Publishing Platform 2016

dabeihaben. Daraufhin wird dem Vater klar, dass es, egal was man tut, immer jemanden geben wird, der kritisiert. Er erklärt daraufhin seinem Sohn, dass es wichtig ist, dass man das tut, was man selbst für richtig hält.

Ich erinnere mich sehr oft an diese Geschichte, weil sie der Wahrheit entspricht. Es wird immer wieder Menschen geben, die negativ über das denken, was wir tun, sich ein Urteil über uns bilden, uns als nicht genug ansehen und uns in eine Schublade stecken. Das liegt auch oft daran, dass sie nicht die ganze Wahrheit kennen. Für die einen ist man zu blöd, für den anderen zu langsam, für den anderen hat man zu viele Schwächen. Man kann gar nicht verhindern, abgelehnt zu werden, aber da wir alle geliebt und akzeptiert werden wollen, schmerzt die Ablehnung. Traurigkeit und Schmerz gehört zum Leben dazu, aber es macht einen stärker.

Das eigentliche Problem entsteht aber erst dann, wenn wir zu viel darauf geben, was andere über uns denken, und uns nach deren ausgesprochenen oder manchmal nur erahnten Meinungen richten. Dieses fremdbestimmte Handeln bremst uns, unsere Persönlichkeit und unsere Fähigkeiten aus. Wenn wir es immer allen recht machen wollen, verlieren wir unser eigenes Ziel aus den Augen und schlussendlich auch uns selbst. Natürlich kann man nicht von heute auf morgen erwarten, dass es einem pupsegal ist, wie andere über einen urteilen – es ist ein Prozess, diese Gleichgültigkeit zu erlernen, aber man wird peu à peu besser darin. Und irgendwann kommt das Gefühl, dass einem niemand mit seinem Urteil etwas anhaben kann, weil man selbst am besten weiß, was für einen das Richtige ist.

Also macht euch keine Sorgen, was andere über euch denken, auch in Bezug auf die Erziehung eures Kindes oder eures beruflichen Werdegangs. Macht das, was euch euer Bauchgefühl sagt. Ihr wollt Vollzeit-Mama sein? Dann tut das! Ihr wollt euer Kind zuhause betreuen bis es drei ist? Macht das, es ist euer gutes Recht! Ihr möchtet nach einem Jahr Elternzeit wieder arbeiten? Zur Hölle, klar, macht das, wenn es das ist, was *euch* glücklich macht!

Als ich meiner Familie und Freunden erzählte, dass es mein größter Wunsch sei, Bücher zu schreiben und Autorin zu werden, wurde ich belächelt. Man glaubte nicht an mich, hielt das für eine dieser verrückten Ideen, mit denen ich in regelmäßigen Abständen um die Ecke komme – von der Nageldesignerin über Babygeschenkartikelproduzentin bis zur Schmuckherstellerin. Und dann die Superschnapsidee mit der Ausbildung. Und wer weiß, auf welche Idee ich morgen komme. Ich bin ein Ideen-hab-Stehaufmännchen, das sich nicht unterkriegen lässt. Und nach allen gescheiterten Projekten schätze ich heute umso mehr, dass ich mein Studium abgeschlossen habe. Das macht mich stolz.

Meiner größten Leidenschaft, dem Schreiben, nachzugehen und mit euch mein manchmal doch sehr nervenaufreibendes Leben mit Kind teilen zu können, euch zu animieren, mit mir darüber zu schimpfen und zu lachen, und mich dabei mit euch anderen Müttern verbunden zu fühlen, ist jetzt genau das, was Zufriedenheit in mir schafft. Es macht mich glücklich, zu wissen, dass ich mit meinen Worten andere Mütter erreiche, sie zum Nachdenken anrege und vielleicht dazu beitrage, ihre kräftezehrenden Phasen mit Kind erträglicher zu machen, einfach, weil ich offen, ehrlich, authentisch und ohne Zensur darüber spreche. Das Wissen, dass es anderen genauso ergeht, wie einem selbst, und dass man mit seinen Sorgen und der Frustration nicht alleine ist, macht das Leid viel erträglicher.

Der Beruf-Mutter-Spagat

Der Spagat zwischen Job und Kind fordert oftmals Tribute: Erschöpfungszustände bis hin zum Burn-out und Depressionen. Während der Chef Energie und Konzentration verlangt, verlangen die Kinder Schlaflieder und Schulbrote. Eine Ausgangslage, die sehr kräftezehrend sein kann. Weil ich mich dazu entschieden habe, auf meinen Bauch anstatt meinen Kopf zu hören, gelang es mir, nicht wieder in einer Depression zu enden. Auch weil mein klügeres Ich, mein Unterbewusstsein, einen Weg gefunden hat, mich mittels körperlicher Symptome zu warnen, damit ich mich wieder in die Balance bringen und den richtigen Weg einschlagen kann.

Für mich stellt sich also nicht die Frage, ob ich Karrierefrau oder Hausfrau sein will. Ich bin beides nicht. Weder bin ich eine erfolgreiche Geschäftsfrau, noch eine marmeladekochende Hausfrau. Ich bin irgendetwas dazwischen, so wie wahrscheinlich die meisten. Aber wie soll man, wenn man sich gegen den Beruf entscheidet, sein Familienleben hinbekommen, ohne dabei finanzielle Abstriche machen zu müssen? Grundsätzlich sollte man sich die Frage, ob man eine Karriere-Frau sein möchte, vor dem Kinderzeugen stellen. Aber hier richtig zu entscheiden, ist nicht leicht, denn man hat nicht alle Informationen – die hat man erst, wenn das Kind da und es für eine echte Entscheidung zu spät ist. Man hat sich das Leben mit Kind nicht so anstrengend vorgestellt, wie es dann in der Realität tatsächlich ist. Man glaubt, man bekäme das schon alles hin, man ist ja eine starke Frau – doch mit Stärke und Schwäche hat das nichts zu tun. Hinterher ist man zwar schlauer, aber das hilft einem dann auch nicht mehr: Das Baby ist da und der Burn-Out nicht weit.

Heutzutage sind Familien oftmals auf das zweite Gehalt angewiesen, um die Kreditraten des Eigenheimes abzuzahlen und sich zusätzlich die überteuerten Kita-Gebühren leisten zu können. Alles Dinge, an denen die Politiker noch ordentlich feilen sollten, um künftige Eltern vor einem psychischen und finanziellen Ruin zu bewahren. Und wir in Deutschland haben es noch gut: In vielen anderen Ländern gibt es weder Eltern- noch Kindergeld. Dort ist man komplett auf sich alleine gestellt.

Diesen Beruf-Mutter-Spagat hinzulegen, ohne sich dabei alle Knochen zu brechen, ist schwer. Aber warum kommt es eigentlich soweit? Zum einen, weil es in unserer heutigen Gesellschaft anspruchsvoller geworden ist, Mutter zu sein. Die eigenen Erwartungen, als auch die von anderen sind enorm hoch. Vor fünfzig Jahren hat sich keine Mutter die Frage gestellt, ob sie arbeiten geht oder zuhause bleibt – die damalige Gesellschaft hat eine Wahlmöglichkeit in dieser Sache gar nicht hergegeben. Heute können/dürfen/müssen sich Frauen entscheiden, ob sie Karriere machen oder Hausfrau sein wollen – oder eben beides. Die Folge: Unsicherheit und zu hohe Ansprüche an sich selbst, gefolgt von Selbstzweifeln und Enttäuschung, wenn die perfekt ausgemalte Zukunft als glückliche Karriere-Mami sich nicht erfüllt. Zusätzlich hatte man als Mutter früher mehr Unterstützung von der Familie, selbst die Nachbarn griffen mal ein und hüteten das Kind, damit die Mutter Erledigungen tätigen oder sich mal ausruhen konnte. Das war ganz normal in der Generation unserer Eltern und Großeltern. Heute ist das überhaupt nicht mehr denkbar. Junge Familien leben für sich, die Eltern sind oftmals räumlich weit weg, die Mütter der Mütter arbeiten ebenfalls. Den Nachbarn kennt man kaum und mehr als ein flüchtiger Gruß ist selten drin.

Die eigenen Erwartungen und die des Umfelds sind zu hoch gesetzt und das macht schlichtweg krank und unglücklich. Perfekte Insta-Mamis, die das einen Job nennen, Fotos von ihrer selbstredend perfekten und glücklichen Fa-

milie hochladen, und dabei versuchen, anderen Müttern auf diesem Wege Babyartikel anzudrehen, tragen ihren Teil dazu bei. Und was passiert, wenn man sich mit solchen künstlichen Existenzen vergleicht? Zweifel, ein Gefühl von Überforderung, Stress, Enttäuschung und Wut auf sich selbst sind nur ein Teil des giftigen Gefühl-Cocktails.
Aber diese Gedanken sind völliger Schwachsinn! Jede Mutter auf dieser Erde arbeitet hart, egal ob sie „nur" Hausfrau ist oder zusätzlich einen Beruf ausübt.

Und, ich finde, Mütter haben dafür einen riesigen Applaus verdient:

Dafür, dass sie oftmals nachts nur zwei Stunden schlafen, weil das Kind wieder irgendeine Phase durchlebt, oder krank ist, oder einen Nachtschreck hat und dass sie in anstrengenden Zeiten ihren Kindern trotzdem die nötige Liebe und Geborgenheit schenken – obwohl sie diese in solchen Augenblicken vielleicht selbst dringend gebrauchen könnten.

Dafür, dass Mütter jeden Morgen zwei Stunden früher aufstehen, um dem Kind Schulbrote zu schmieren.

Dafür, dass sie die Wäsche waschen und alle Kotz-Kacki und andere undefinierbaren Flecken aus den Kinderklamotten schrubben, aufhängen, bügeln und zusammenlegen.

Dafür, dass Mütter mit müden, quakenden Kindern einkaufen gehen, die mitten im Laden filmreife Trotzanfälle bekommen.

Dafür, dass sie ihre mit Killer-Bazillen versuchten Kinder in jeder Situation lieben und unterstützen, auch wenn sie riskieren, selbst krank zu werden.

Dafür und für vieles mehr, was Mütter 24 Stunden am Tag leisten, sollten sie mal ein dickes High-Five bekommen, anstatt gute Ratschläge oder gar Kritik, wenn sie mal ganz offen sagen, dass sie das Familienleben überfordert.

Besonders kontraproduktiv im Zusammenhang mit einer möglichen Berufswahl der Mutter finde ich solch schwarzmalerische Aussagen wie: „Was ist, wenn ihr euch mal trennen solltet? Dann stehst du mit nichts da, weil du dich finanziell von ihm völlig abhängig gemacht hast." Wenn ich immer schon fünfzig Jahre in die Zukunft schaue und mit dem Gedanken umherlaufe, dass mein Mann und ich uns eines Tages trennen können – obwohl die Ehe gut läuft und wir glücklich miteinander sind – dann sollte ich erst gar keine Partnerschaft eingehen. Es gibt keinen wasserdichten Plan für immerwährendes Glück und wie Erich Kästner schon so treffend sagte: „Leben ist immer lebensgefährlich".

Karriere und Kind zu organisieren, lässt sich nicht nur mit mehr Struktur, guter Organisation und gutem Willen lösen. Der gesellschaftliche Druck, Anspruch und die Vorurteile von außen, dass „nur" Mutter-Sein einen nicht befriedigen könne und dass man die Balance finden und einen prämierungswürdigen Spagat hinlegen müsse, um Job und Kind unter einen Hut zu bekommen, führt einen in ein Dilemma. Und so zerreißen sich Mütter und Väter und führen ein Leben zwischen Spielplatz, Wartezimmer des Kinderarztes, Elternsprechtag auf der einen Seite und wichtige Kundenterminen, Konzentration und Engagement im Beruf auf der anderen. Sie geben in beiden Bereichen alles, aber diese Energie hat auf die Dauer kein menschliches Wesen. Und Scheitern macht unzufrieden.

Ein einheitliches, zufriedenstellendes Konzept, in dem Beruf und Familie ohne Abstriche miteinander vereinbar sind, gibt es nicht. Damit muss man sich wohl oder übel abfinden. Ich denke, dass viel eher eine individuelle Herangehensweise erforderlich ist, um ein glückliches Familienleben führen zu können.

Tatsächlich kann man etwas dafür tun, dass es gar nicht erst zu Erschöpfungszuständen kommen muss. Indem man zum Beispiel Kind und Karriere nicht gleichzeitig mit vollster Perfektion meistern möchte, sondern sich im Vornherein dessen bewusst ist, dass es zu Abstrichen in beiden Bereichen kommen wird. Es reicht, wenn man sowohl im Beruf als auch in der Elternschaft durchschnittlich gut ist – man muss nicht perfekt sein. Kommt man also nach einem anstrengenden Arbeitstag nach Hause, dann sollte man sich nicht noch verkrampft auf den Haushalt stürzen – der läuft nicht weg. Und auch das Mittagessen für das Kind kann ausnahmsweise mal aus einer Pizza und Pommes bestehen, davon fallen Kinder nicht gleich tot um, im Gegenteil, sie freuen sich über solche ungesunde Ausnahmen. Die Quintessenz ist, auch hier sollte man lockerlassen, Kräfte einsparen und Dinge auch mal auf morgen verschieben. Wir Mütter müssen Äpfel nicht sternförmig schneiden, nur weil wir denken, wir seien dann eine Super-Mami.

Im Voraus sollte man sich vielleicht auch darüber klar werden, was man wirklich möchte. Entscheidet man sich für „berufstätige Mama", ist es gut, wenn man vorher weiß, was auf einen zukommt und sich schon frühzeitig mit dem Gedanken befasst, dass das anstrengend werden wird. Wenn der Stress nicht überfallsartig kommt, kann man sicher besser damit umgehen und findet wohlmöglich schneller eine Lösung. In jedem Fall sollte man, wenn man an den Punkt gerät, an dem man merkt, dass man nervlich am Ende ist, einen Gang zurückschalten, vielleicht sogar die Arbeitsstunden minimieren. Das muss ja nicht für immer sein, aber zumindest solange, bis man wieder Kräfte gesammelt hat. Natürlich möchten viele Frauen arbeiten – der Nebenverdienst in einer jungen Familie ist ja nicht zu verachten – aber man sollte sich überlegen, zu welchem Preis man das macht? Sollte man ernsthaft den halsbrecherischen Spagat wagen, bei dem man nur verlieren kann? Nur, um sich selbst und der Gesellschaft und deren viel zu hoch gesetzten Erwartungen zu genügen, während man innerlich zerbricht? Oder könnte man es auch gut mit sich vereinbaren, nicht zu arbeiten (immer vorausgesetzt, dass es finanziell möglich ist) und erstmal Vollzeit-Mutter sein und trotzdem das Gefühl zu haben, ein vollwertiges Mitglied der Gesellschaft zu sein?

Diese Entscheidung ist sehr individuell. Ich habe mich dafür entschieden, Vollzeit-Mutter zu sein und folge inzwischen meiner Passion. Ich tue, was mich glücklich macht, ich folge einem Traum. Ich ertrage – inzwischen immer besser – dass andere mich belächeln, wenn ich sage, dass ich meiner Leidenschaft, dem Schreiben, nachgehe und ein Buch verfasse, in dem ich Tabuthemen anspreche und andere Mütter damit erreichen will. *Ich* sehe einen Sinn in dieser Aufgabe und das ist – sorry, liebe Nörgler – alles, was zählt!

Auch klar ist, dass sich in Sachen Familienpolitik einiges ändern sollte. Im Augenblick müssen sich hierzulande Mütter zwischen Kind und Karriere entscheiden, weil es schlichtweg unmöglich ist, beides zu wuppen, ohne sich zu überarbeiten. Es muss einfach dafür gesorgt werden, dass Mütter und Väter mehr Entlastung bekommen. Und auch die Arbeitgeber sollten ihre Einstellung gegenüber Müttern überdenken und ihnen kein schlechtes Gewissen vermitteln, wenn sie sich nun schon das dritte Mal in Folge wegen dem Kind haben krankmelden müssen. Es frustriert, seinen Arbeitgeber nicht zufriedenstellen zu können, und schürt Ängste, möglicherweise seinen Arbeitsplatz zu verlieren.

In Vorzeigeländern wie Schweden und Frankreich klappt es, was Job und Kind angeht, viel besser als bei uns. In Frankreich hat eine Vollzeit-Woche nur fünfunddreißig

Stunden, was einer Mutter ganze fünf Stunden mehr Zeit für die Familie lässt. In Schweden kann sich die Mutter ohne schlechtes Gewissen von der Arbeit befreien lassen, wenn das Kind mal wieder Brechdurchfall oder andere abstruse Krankheiten hat. Feierabend bedeutet in diesen Ländern Freizeit, was sich in Deutschland immer mehr verwischt, weil nach Dienstende rasch mal das Handy klingelt und der Chef nur noch „ganz schnell eine Frage hat", die bitte bis morgen geklärt sein sollte.

Momentan passiert familienpolitisch nicht viel in Deutschland. Man kann nur hoffen, dass die Generation unserer Kinder dann einen Schritt weiter ist, wenn sie versucht, Beruf und Kind zu managen. Unsere Generation muss als Mutter „überleben" und Frauen sich klarmachen, dass sie trotzdem vollwertige Mitglieder der Gesellschaft sind, selbst wenn sie nicht arbeiten.

Wichtig ist auch, Hilfe von außen anzunehmen, wenn sie angeboten wird, und wenn das nicht der Fall ist, sie gegebenenfalls auch mal einzufordern. Eltern, Tante, Geschwister und Freunde können auch hin und wieder Unterstützung leisten, mal auf die Kinder aufpassen, während man in Ruhe kocht oder einkaufen geht. Oder drei Tage mit seinem Mann wegfährt. Man sollte sich nicht davor scheuen, andere um Hilfe zu bitten, aus Angst, man würde dann Schwäche zeigen. Und wenn jemand denkt, ihr seid schwach? Auch egal! Habt Mut, euch eure Überforderung einzugestehen und sie nach außen zu kommunizieren. Wertschätzt euch, auch wenn ihr momentan „nur“ Mamis seid. Mutter-Sein ist eine der herausforderndsten Aufgaben, die ich je bewältigt habe, und ich habe schon viele Jobs gehabt.

Und wenn euch das nächste Mal jemand fragt, welchen Job ihr momentan bekleidet, dann sagt ihr:

„Ich bin Mami. Und was ist deine Superkraft?“

Geldsorgen

Die Frage, was ein Kind an zusätzlichen Kosten bedeutet, haben wir uns schon vor der Schwangerschaft gestellt. Allein die Anschaffungskosten für all die Dinge rund ums Baby sind eine beträchtliche Summe. Man braucht einen ganzen Sattelzug Zeugs für den kleinen Neuankömmling, teilweise wird dafür sogar der Platz in der gar nicht auf drei Personen ausgelegten Wohnung eng. Und wie es in der „Wir-bekommen-ein-Baby-Euphorie“ üblich ist, schafft man ja auch zusätzliche Dinge an, von denen man fest davon überzeugt ist, dass man sie brauchen wird, weil andere Mütter diesen ganzen Unsinn auch haben oder Ratgeber so etwas empfehlen. Schnell vergisst man in diesem Kauf-Hype, dass Mama-Bloggerinnen oftmals nur die Produkte ihrer Kooperationspartner bewerben, ob sie selbst davon überzeugt sind oder nicht.

Jedenfalls war unsere Wohnung vollgepackt. In einem komplett eingerichteten Kinderzimmer fanden sich ein Reisebett, ein Stubenwagen, eine Tragetasche, der Wickeltisch nebst Wickeltisch-Heizung, eine Babybadewanne, ein Riesenberg an Kleidung (die ein Baby in der Zeit, bis es daraus herausgewachsen ist, unmöglich tragen kann), ein Haufen Kuscheltiere, Fläschchen, Kinderwagen, Autositz …

Die Wohnung war voll, das Konto hingegen leer – und da war das Kind noch gar nicht da. Fakt ist: In der Anfangsphase der Familiengründung herrscht in der Familienkasse Ebbe. Und die dauert länger als sechs Stunden.

Marc machte sich schon während meiner Schwangerschaft Sorgen über unsere Finanzen – er stand unter einem enormen Druck, all das Geld aufzubringen, das wir für den neuen Erdenbürger benötigten. Zumal ja auch fast die Hälfte meines Einkommens in der Elternzeit fehlte, denn das Elterngeld besteht ja aus nur aus 60% des letzten Einkommens. Klartext: Weniger Einkommen, mehr Kosten. Klar, dass der Druck für den werdenden Vater steigt, weil er versucht, das fehlende Einkommen der Ehefrau und die dazukommenden Kosten zu kompensieren. Für Marc und mich waren finanzielle Sorgen neu und es war nicht einfach für uns, aber man hat es ja so haben wollen.

In einem Artikel[14], den ich vor Kurzem gelesen habe, heißt es, dass laut Angaben des statistischen Bundesamtes im Jahr 2013 ein viertel weniger Kinder als noch vor zwan-

---

14 Artikel aus 2013 zu *Geldsorgen und Lebensstil: Deutsche wollen keine Kinder mehr,* www.deutsche-wirtschafts-nachrichten.de

zig Jahren geboren wurden. Zum Vergleich: 1990 kamen 905.700 Kinder zur Welt, während es 2013 nur noch 673.500 waren. Ein Grund dafür sei, dass Frauen unserer Generation bei der Geburt des ersten Kindes durchschnittlich deutlich älter sind– das Durchschnittsalter liege demnach bei 31 Jahren, während das Durchschnittsalter in den 70ern bei 24 Jahren gelegen habe. Die Daten zeigen auch, dass Frauen, die in jüngerem Alter mit dem Kinderkriegen begonnen haben, insgesamt mehr Kinder zur Welt gebracht haben. Aber warum ist das so?

Zum einen, heißt es weiter in dem Artikel, werde die Selbstverwirklichung und die berufliche Entwicklung der heutzutage gut ausgebildeten Frauen in den Vordergrund gestellt. Die finanziellen Unsicherheiten in unserer heutigen Zeit steigen – so kann kein Arbeitnehmer (kein Familienvater) noch sicher sein, immer einen gut bezahlten Arbeitsplatz zu finden, oder gar, ihn dreißig Jahre zu behalten, wie das noch in der Generation unserer Eltern üblich war. Und nicht zuletzt kreiere die Medienwelt ein Idealbild der modernen Frau, welches enormen Einfluss auf die jungen Frauen unserer heutigen Gesellschaft ausübt: Schlanke, erfolgreiche emanzipierte Frauen, die sich selbst verwirklichen, die Welt bereisen und Verantwortung, wenn überhaupt, nur für sich selbst übernehmen wollen. In dieser Welt sei kein Platz für Kinder.

Ein anderer Artikel[15] aus diesem Jahr zeigt, dass die Geburtenrate in den darauffolgenden Jahren laut statistischem Bundesamt wieder angestiegen sei. Es ist regelrecht von einem „Babyboom" die Rede. Der Grund dafür sei, dass Frauen zwischen 30 und 37 Jahren vermehrt Kinder zur Welt bringen. Das ist eine gute Entwicklung, dennoch bleiben finanzielle Sorgen nicht aus. Ist es doch meist die finanzielle Unsicherheit, die viele Paare dazu veranlasst, entweder gar kein Kind zu bekommen, oder es auf Zeiten zu verschieben, wenn ein bisschen Geld angesammelt worden ist. Ansonsten wären sie in steter Sorge, dass ein Kind den finanziellen Ruin bedeuten würde.

Die Lebenshaltungskosten mit Kind sind tatsächlich enorm hoch. Das ist eine Tatsache und lässt sich nicht schönreden. Zu den Nahrungsmitteln, der Bekleidung, den Hygieneartikeln kommen zusätzlich Versicherungsschutz, Ausbildungsvorsorge und die hohen monatlichen Aufwendungen für den Kita-Platz und die Schulbildung hinzu. Das sind Summen, die sich ein Normalverdiener kaum leisten kann, ohne dabei an anderen Stellen, wie der längst überfälligen Waschmaschine oder einem neuen Auto sparen zu müssen. Die Sorgen nehmen nicht etwa ab, denn je älter ein Kind wird, desto mehr finanzielle Mittel benötigt es. Schulmaterialien, neue Kleidung, Schulausflüge, Führerschein, Studium. Alles Dinge, die man seinem Kind natürlich er-

---

15 Artikel aus 2018 zu *Babyboom in Deutschland*, www.spiegel.de

möglichen möchte. Aber woher soll das Geld dafür kommen?

Ich selbst war früher eine Shopping Queen, habe mir gerne mal etwas gegönnt. Marc und ich waren viel im Urlaub und wir mussten nie überlegen, ob wir uns die neue Couch, die wir uns sehnlichst wünschten, leisten können oder nicht. Vor Leos Geburt lebten wir in einer kleinen, aber feinen Zwei-Zimmerwohnung, unsere Miete lag unter 500 Euro, woran heute in Hamburg nicht mehr zu denken ist. Wir hatten geringe Fixkosten. In dieser Zeit lebten wir als Normalverdiener wie Krösus. Heute sieht das anders aus. Unsere Fixkosten haben sich verdreifacht: ein Häuschen zur Miete, zwei Autos, Kita-Gebühren, Hausratsversicherung und zwei Handyverträge summieren sich monatlich zu hohen Beträgen. Zudem ist Marc aufgrund seiner Selbstständigkeit privatversichert und Leo dementsprechend auch, weil mein Mann der Hauptverdiener ist. Knapp 200 Euro im Monat zahlen wir allein schon für Leos Krankenversicherung. Das ist ein Haufen Kohle, von dem man einen Kurzurlaub an der Ostsee machen könnte. Heute müssen wir überlegen, ob wir in den Urlaub fahren oder die längst fällige Waschmaschine bestellen – beides zusammen is nich! Shoppen, um uns persönlich etwas zu gönnen, waren wir schon lange nicht mehr. All unser hart verdientes Geld geht für die Lebenshaltung drauf – für das schöne Leben, dass wir Leo ermöglichen wollen. Marc dreht seine Schlübber dreimal um – naja, ganz so schlimm ist es zum Glück nicht, aber es ist ewig her, dass er sich mal neue Klamotten gegönnt hat. Meine Schwiegermutter schenkt ihrem Sohn aus diesem Grund jedes Jahr zum Geburtstag oder Weihnachten einen Shopping-Gutschein, damit er sich mal neu einkleiden kann. Marc steht aber auch unter enormen finanziellen Druck. Er arbeitet viel und hart, so dass er momentan Leo nur zum Abendbrot und am Wochenende zu Gesicht bekommt. Klar, dass Leo seinen Papa vermisst und sich abends nur von ihm ins Bett bringen lässt – Mama ist dann abgemeldet. Von der Sekunde an, in der Papa die Szene betritt, nicht mehr angeschaut zu werden, fühlt sich undankbar an. Mir ist klar, dass ich dafür Verständnis aufbringen muss, dass Leo Zeit mit seinem Papa verbringen will, aber es fällt mir schwer.

Marc ist in unserem Haushalt der Hauptverdiener und er tut viel, damit wir unseren Lebensstandard halten können, im Gegenzug kümmere ich mich zu 80% um unseren Sohn und fahre sogar öfter alleine mit Leo fort, damit Marc die Zeit nutzen kann, um ungestört zu arbeiten. Im Gegenzug gibt Marc mir den Freiraum, mich selbst zu verwirklichen und meiner Leidenschaft des Schreibens nachzugehen und dafür bin ich ihm unendlich dankbar.

Fakt ist, dass ein Kind finanzielle Tribute fordert, auf die man sich im Vorfeld einstellen sollte. Vor ein paar Wochen befragten uns Freunde mit Kinderwunsch, wieviel sie monatlich für ihr Kind wohl aufbringen müssten.

„Das kommt drauf an, wie viele Windeln euer Fratz vollkackt“, versuchte ich zu witzeln. Am liebsten hätte ich ihnen gesagt: „Schafft euch kein Kind an, danach seid ihr finanziell ruiniert und könnt vor lauter Geldsorgen nachts nicht mehr schlafen". Tat ich natürlich nicht, weil ich niemandem den Traum vom Kind ruinieren möchte. Aber Marc und ich waren soweit ehrlich, ihnen zu sagen, dass ein Kind nun mal enorme Kosten bedeutet. Und Verzicht. Unsere ehrliche Antwort führte dazu, dass sie den Kinderwunsch vorerst noch verschoben haben und erst einmal die Welt bereisen wollen. Kein schlechter Plan, denn mit Kind wird's mit dem Reisen vorerst nichts mehr. Zudem kann das Paar seinen Fokus noch für eine Weile auf Zweisamkeit legen und einen Geldvorrat schaffen, ehe das Kind kommt.

Es ist, wie es ist. Als begeistertes Elternpaar lernt man, mit den finanziellen Einschränkungen zu leben, weil man ja weiß, für wen man sich einschränkt. Und dennoch plagen einen die Ängste, seinen Lebensstandard, den man sich hart erarbeitet hat, irgendwann nicht mehr halten zu können und auf noch mehr verzichten zu müssen.

Es heißt ja: „Geld allein macht nicht glücklich, aber es beruhigt und hilft einem dabei, nachts besser zu schlafen." Oder wie Marcel Reich-Ranicki so schön sagte: „Geld allein macht nicht glücklich, aber es ist besser in einem Taxi zu weinen, als in einer Straßenbahn". Und so ist es auch. Sprüche wie „Geld allein macht nicht glücklich" sind Hilfsmittel, die einem die finanzschwachen Zeiten erträglicher erscheinen lassen und helfen sollen, andere Werte zu schätzen. An sich stimme ich dem Inhalt dieses schönen Spruchs zu, aber was hilft einem der, wenn das eigene Kind das einzige ist, das nicht an der Klassenfahrt teilnehmen kann, weil es sich die Eltern nicht leisten können?

Apropos leisten können: Ich habe mir überlegt, ob ich nicht anfangen sollte, Lotto zu spielen, da ich ja nachweislich zum „Club der Unwahrscheinlichen" gehöre, was bedeuten würde, dass ich eines Tages im Lotto gewinnen müsste. Noch unwahrscheinlicher – und daher bei mir möglich – wäre doch, zweimal oder dreimal den Hauptgewinn zu ziehen. Vielleicht wäre das eine Methode, der Ebbe im Geldbeutel entgegenzuwirken!

Liebe hart arbeitende, unter Schlafentzug leidende und herzinfarktgefährdete Eltern: Ihr seid nicht alleine mit euren Geldsorgen. Es hilft viel, meine ich, wenn man nicht glaubt, der einzige Unglückswurm auf Erden zu sein, sondern zu erfahren, dass es vielen – eigentlich den meisten – anderen Eltern genauso geht. Dass womöglich sogar die Mama-Blogger dieselben Sorgen teilen und ihr glamouröser Internetauftritt mehr Schein als Sein ist. Mama-Influencer versuchen auch nur, irgendwie ihre Brötchen zu verdienen, um ihrem Kind ein schönes Leben zu ermöglichen. Das kann ich nachempfinden, denn wem geht es nicht so. Was mich an deren „Job" allerdings stört, ist, dass sie mit ihrem Brötchenverdienen die psychische Gesundheit anderer Menschen verbiegen. Sie verdienen ihr Geld mit Müttern, die sie bewusst beeinflussen, den Hochstuhl der Marke „Sowieso" teuer zu erwerben, wenn man auch bei Ikea einen für den Bruchteil des Preises erwerben kann. Den Ikea-Hochstuhl kann man vielleicht nicht zur Liegeposition verstellen, bestimmt kann er auch nicht automatisch die Oma anrufen oder den Gartenschuppen streichen, aber wozu auch? Tatsache ist, dass unerfahrene Neu-Mütter von der Industrie – über die Influencerinnen – benutzt werden, um Profit zu machen. Die besagte Mama-Bloggerin würde sich diesen überteuerten Kram wahrscheinlich selbst gar nicht zulegen – muss sie auch nicht, sie bekommt den Superduper-Hochstuhl vom Kooperationspartner geschenkt, um ihn dann auf ihrem Profil einer breiten Followerschaft schmackhaft zu machen. Böse Absichten stecken bei ihr sicher nicht dahinter, sie will, wie gesagt, auch nur ihre Brötchen verdienen. Ich hinterfrage allerdings mittlerweile dieses Geschäftsmodell, bleibe kritisch, lasse mich nicht mehr so einfach beeinflussen, und höre auch beim Kauf von angeblich nützlichen Produkten inzwischen auf mein eigenes Gefühl. Und meine Erfahrung.

6. ELTERNSCHAFT

Wenn wir Eltern werden, gehen wir auf eine Zeitreise – zurück in die eigene Kindheit. Man erinnert sich dabei unter anderem daran, was an den eigenen Eltern so furchtbar genervt hat. Was wir als Kind als negativ empfunden haben, wollen wir unseren eigenen Kindern heute nicht zumuten. Dabei kann es auch passieren, dass der eine Elternteil mehr auf Regeln setzt, weil er unter der Nachlässigkeit der eigenen Eltern gelitten hat, während der andere Elternteil mehr auf Lockerheit plädiert. Da prallen dann in Erziehungsfragen zwei Welten aufeinander. Mit Erklärungen, warum man manches so oder so handhaben möchte, und Kompromissen kann man aber Streitigkeiten verhindern.

Fakt ist: Wir wollen ein harmonisches und glückliches Familienleben, wir wollen als Eltern Ruhe und Gelassenheit ausstrahlen. Wir wollen, dass aus unseren Kindern etwas wird und hoffen darauf, dass unsere Erziehungsmethoden sie zu selbstbewussten, glücklichen Erwachsenen machen.

Erziehungstipps aus Ratgebern und von Oma Gisela oder Tante Irmgard können uns negativ beeinflussen. Deshalb lautet heute meine Devise: Erziehungstipps? Das kannst du deinem Friseur erzählen!

Ich mache mittlerweile einen großen Bogen um Ratgeber aller Art, ob lebendig oder in Buchform, und versuche, auf meine mütterliche Intuition zu hören. Ebenso habe ich die eigenen Prinzipien, mit denen ich in meine Mutterschaft gegangen bin und an die ich mich anfangs strikt gehalten habe, über Bord geworfen. Man muss sein Gleichgewicht finden, irgendwie die Zeit überstehen, wenn die Kinder klein sind und mit bestem Wissen und Gewissen die Kinder großziehen. Fehler wird man dennoch machen. Das ist unvermeidlich und in Ordnung.

Ebenso muss man einen Weg finden, bei dem man trotz Überforderung im stressigen Familienalltag immer mal wieder Glück und Zufriedenheit verspürt. Die wichtigsten Schritte dorthin:

Öffnet euch für die kleinen Glücksmomente.

Werft unnötige, zwanghafte Prinzipien über Bord!

Und arrangiert euch mit dem Gedanken, dass jeder von uns sowohl eine Gluckenmutter als auch eine Rabenmutter in sich trägt.

„Rabenmutter“ oder „Glucke“?

Was verstehen wir eigentlich unter „Rabeneltern“? Der Begriff geht tatsächlich auf 1350 zurück. Man fand, dass junge Raben beim ersten Verlassen des Nestes sehr unbeholfen wirken und dachte, sie seien von ihren Eltern zu früh sich selbst überlassen worden. Heute verstehen wir darunter Eltern, die ihr eigenes Wohl über das ihrer Kinder stellen, ihre Kinder vernachlässigen und sie schon im Kleinkind-Alter sich selbst überlassen.

Und nun frage ich euch: Trifft diese Beschreibung auf euch zu? Mit Sicherheit nicht, denn sonst würdet ihr euch nicht die Mühe machen, mein Buch zu lesen. Rabeneltern würden niemals zu einem Buch greifen, in dem es um das Wohlergehen ihres Kindes geht und das sie womöglich in ihrem Handeln verunsichern würde. Rabeneltern interessieren sich nicht für sowas und reflektieren ihr Handeln auch nicht.

„Rabenmutter“ wird heutzutage sehr schnell im Zusammenhang mit arbeitenden Müttern in den Mund genommen, die notgedrungen wenig Zeit für ihre Kinder haben. Aber wo führt das hin? Ist eine arbeitende Mutter, die dafür sorgen muss, dass ihre Familie existieren kann, eine Rabenmutter, nur, weil sie ihr Kind bis siebzehn Uhr in der Kita unterbringt? Die aber jeden Morgen zwei Stunden früher aufsteht, um ihrem großen Kind Schulbrote zu schmieren, Äpfel zu schnippeln und ein Ü-Ei mit in die Brotdose legt? Ich glaube, niemand hat das Recht zu beurteilen, welche Mutter eine Rabenmutter ist oder nicht. Denn niemand kann hinter die Kulissen schauen und sehen, was die Mutter alles für ihre Kinder tut, auch wenn sie unter der Woche viel arbeitet. Heute ist man doch schon eine Rabenmutter, wenn man das Kind mit ungebügelter Kleidung in die Kita gehen lässt. Dann tuscheln die anderen Gluckenmütter darüber vor dem Eingang der Kita.

Ich denke, dass der Begriff heute viel zu schnell und unangebracht verwendet wird. Definitiv sind arbeitende Mütter, die ihren Kindern einfach nur ein schönes Leben ermöglichen wollen, keine Rabenmütter. Natürlich fehlt Zeit für die Kinder, wenn Mütter in Vollzeit arbeiten gehen. Selbstverständlich wollen Kinder mit ihren Eltern Zeit verbringen, aber sie wollen auch auf Klassenfahrt gehen, eine Playstation haben und ihren Kindergeburtstag im Bowling Center feiern. Ermöglichen können viele Familien ihren Kindern solche Wünsche nur, wenn auch die Mutter arbeitet.

Es obliegt den Eltern, selbst zu entscheiden, was das Richtige ist, für die Familie, die Mutter, das Kind oder die Kinder. Verhindern, dass die Mutter im Zweifelsfall als Rabenmutter abgestempelt wird, kann man ohnehin hin nicht. Und ganz ehrlich, dem Kind ist es pupsegal, ob ein T-Shirt gebügelt ist, Hauptsache der *Feuerwehrmann Sam* drauf sieht cool aus. Und die zehn Minuten, die die Mutter mit dem Bügeln verbracht hätte, sollte sie lieber in ihr Kind investieren. In dieser Zeit kann man viel machen, was ein Kind glücklich macht.

Vor kurzem bin ich bei meiner Recherche zu Raben- und Gluckeneltern auf einen amüsanten Artikel[16] der charmanten und ehrlichen US-Bloggerin Beth Woolsey gestoßen. Sie schreibt ganz offen über ihren Alltag mit Kind, über Depressionen, Chaos im Haushalt, Zweifel und Hoffnungen und allem, womit man in einem Familienleben sonst noch konfrontiert wird. Beth ist in Amerika aufgrund ihrer charmanten und offenen Art sehr beliebt. In einem ihrer Blogposts bezog sie sogar ihre Leser mit ein und appellierte daran, sich dazu zu bekennen, mit welchen Handlungsweisen man das Leben seiner Kinder zerstören könnte. Auch sie selbst eröffnete den Lesern einen Einblick in ihr Familienleben, berichtete, dass ihre Tochter sie vor kurzen mit „Ich hasse euch alle“ angebrüllt hatte, nur weil Beth sie gebeten hatte, ihrem Bruder das Garagentor zu öffnen. Was muss Beth doch für eine Rabenmutter sein! Eine andere Leserin offenbarte, dass sie hinterhältig und mit bösem Vorsatz eine Kette mit bunten Glasperlen vom Hals ihres Kleinkindes entfernt habe, bevor sie es ins Bett brachte. Skandalös! Eine weitere Frau berichtete, dass sie nicht nur zu der Chor-Aufführung ihres Teenagers gegangen war, sondern auch noch geklatscht habe. Bei dieser Beichte musste ich herzhaft lachen. Die

---

16 Artikel aus 2014 zu *Ich habe meinem Sohn den falschen Keks gegeben*, www.welt.de

nächste Leserin schrieb, dass sie es ihrem Sohn verboten habe, Hühnchen in seiner Unterhose zu verstecken. Er wollte nämlich das langweilige Abendessen damit abkürzen, um schneller wieder spielen gehen zu können. Eine weitere Mutter gab zu, ihrem Kind einen Keks gegeben zu haben, obwohl sie gewusst habe, dass es die falsche Sorte war.

So sehen wahre Rabeneltern in den Augen ihre Kinder aus. Auch mit solchen Vorwürfen unserer lieben Kleinen müssen – und können – wir Eltern umgehen. Minuten später ist der Anfall vorbei und man ist die beste Mami der Welt.

Aber womit wir nicht umgehen können, ist, wenn andere Menschen darüber urteilen, was für eine Sorte Eltern wir sind und vor allem, wenn sie den Begriff „Rabeneltern" in den Mund nehmen. Dazu hat niemand das Recht und weder die Mutter oder Schwiegermutter, noch Tante Irmgard oder gar kinderlose Freunde wissen, was man als Eltern alles leistet.

Natürlich weiß jeder, dass das größte Gut für die Kinder die Zeit ist, die man als Eltern mit ihnen verbringt. Aber manchmal ist es einem finanziell oder nervlich nicht gegeben, diese Zeit immer aufzubringen. Sind wir also Rabeneltern, wenn wir dem Kind sagen, dass wir mal eine halbe Stunde für uns brauchen und es bitten, sich in dieser Zeit selbst zu beschäftigen? Nein! Wir sind auch nur Menschen und keine Roboter und vor allem sind wir auch noch eigene Individuen mit eigenen Bedürfnissen und einer Belastungsgrenze. Und Kinder verstehen es schon sehr früh, wenn man ihnen erklärt, dass man gerade kaputt ist und sich kurz ausruhen oder was Wichtiges erledigen muss, sich aber danach fürs Kind die Zeit nimmt. Kinder müssen auch lernen, dass sie nicht der Mittelpunkt des Universums sind. Außerdem lernen sie, sich selbst zu beschäftigen, was auch Spaß macht und die Kreativität fordert.

Ergo sind wir keine Rabeneltern, wenn wir mal Raum und Zeit für uns brauchen, und wenn wir nicht sofort die zerknitterte Wäsche des Kindes bügeln, oder morgens in der Hektik vergessen haben, dem Kind die Zähne zu putzen, oder mal übers Wochenende das Kind bei Oma und Opa abgeben und mit dem Partner verreisen, um mal wieder eheliche Zweisamkeit zu genießen. Wir sind auch keine Rabeneltern, wenn wir nicht stillen. Wir sind auch keine Rabeneltern, wenn wir aus Frustration und Überforderung wieder anfangen zu rauchen, so wie ich – wobei es wichtig ist, nicht in Anwesenheit des Kindes zu rauchen, aus gesundheitlichen und erzieherischen Gründen. Und nein, wir sind keine Rabeneltern, wenn das Kleinkind mal eine süße Limonade trinkt oder zwei. Wir Eltern sind ja nicht dumm und wissen, dass es die Zähne schädigen kann und brauchen sicher niemanden, der uns darüber einen Vortrag hält. Wir sind auch keine Rabeneltern, wenn wir das Kind mal kurz vor dem Fernseher parken, um einmal aufatmen zu können. Wichtig ist doch, dass alles in Maßen geschieht. Kein Kind stirbt an einer vernünftigen Dosis überzuckerter

Limonade oder drei Folgen *Feuerwehrmann Sam, Peppa Wutz* und wie sie nicht alle heißen.

Das Gegenteil der sogenannten Rabeneltern, die ihre Kinder (angeblich) vernachlässigen, sind die Gluckeneltern, die Übereltern, oder wie ich sie gerne nenne, die Mombies. Das sind die Mütter, die sich als erstes melden, wenn es darum geht, das Sommerfest zu organisieren und dann mit ihren selbstgebackenen Torten um die Ecke geschossen kommen wie *Speedy Gonzales*. Da sind selbst die Erdbeeren aus dem eigenen Garten. Ich muss ja zugeben, dass diese megageil schmecken und bin daher froh, dass es diese Mombies gibt. Ich halte mich nur persönlich von ihnen fern, weil ich mich weder laufend über zertifizierte Öko-Baumwolle und deren günstigste Quelle unterhalten will, noch mich dafür rechtfertigen will, dass ich im Garten geraucht habe – und dabei gesehen worden bin. Ich hätte der Übermutter, die mich darauf ansprach, erklären können, dass meine Nerven blank lagen, nachdem Leo das fünfte Mal mit Absicht meinen Kerzenständer runtergeschmissen hatte, weil ich ihm zuvor verboten hatte, vor dem Abendbrot ein Eis zu essen. Ich ersparte mir die Mühe, ihr das zu erklären, denn danach wäre ich nicht nur eine rauchende Rabenmutter, sondern auch *eine rauchende Rabenmutter mit einem Arschloch-Kind,* das Dinge mutwillig zu Boden wirft, weil besagte Rabenmutter die Trotzphase des besagten Kindes nicht kontrollieren kann. Um irgendetwas zu sagen, log ich und sagte, dass sie meine Schwester gesehen haben musste, die zu Besuch war. Die Übermutter wusste, dass ich log und ich ärgerte mich grün und schimmlig, dass ich der blöden Übermutti nicht einfach die Meinung gegeigt habe, dass das ja wohl meine Angelegenheit sei, ob ich rauche oder nicht. Und ich nahm mir fest vor, das beim nächsten Mal zu tun. Man ist nicht perfekt, perfekte Eltern gibt es nicht. Auch diese Übermutter hat ihre Fehler und Probleme. Wie ich vor kurzem erfuhr, geht ihr Mann seit Jahren mit ihrer besten Freundin fremd und will jetzt ausziehen. Als ich das erfuhr, tat mir sie ehrlich leid. Daher ließ ich mich tatsächlich eines Tages auf ein Gespräch mit ihr ein, als sie mich fragte, wo ich denn Leos coole Hose herhabe und ob das reine Baumwolle sei. Als sie dann erfuhr, dass besagte Hose von einem Kleidungsbilliganbieter war, war sie empört und ich durfte mir einen 30-minütigen Vortrag (ehrlich Leute, ich habe auf die Uhr gesehen!) darüber anhören, was für ein Ausbeuter-Konzern das sei und wie mies der seine Mitarbeiter behandle. Am liebsten wäre ich geflüchtet, aber ich ließ ihre Schimpftirade über mich ergehen, denn ich sah, dass sie für etwas brannte, ich sah das Lodern in ihren Augen, als sie mir von Kinderarbeit in Afrika erzählte und dass sie sich seit Jahren für Änderungen auf dem Gebiet einsetze und aus diesem Grund nur noch in Öko-Läden einkaufe. In dem Moment sah ich sie mit anderen Augen. Die nervige Übermutter war auch nur ein Mensch, deren Ehe zur Bruch ging. Jeder hat sein Päckchen zu tragen. Sie war offensichtlich Mutter mit Haut und Haaren, die sich auch für Kinder und deren Lebensbedingungen in Afrika einsetzt und gerne Torten backte.

„Ich weiß, dass ich durch meinen Einkauf in deutschen Öko-Bekleidungsläden die Kinderarbeit nicht stoppen werde, aber wenn keiner damit anfängt, dann passiert ja nie etwas", lautete das Schlussplädoyer ihres Vortrags. Sie war eine gute Seele. Gleichzeitig wusste ich aber auch, dass wir keine Freundinnen werden würden – dafür waren wir zu verschieden – aber ich sah sie jetzt aus einer anderen Perspektive und hatte mehr Verständnis für Übereltern. Gleichzeitig hat mir dieses Gespräch einen wichtigen Hinweis auf mich selbst gegeben: Ich habe gemerkt, dass ich selbst manchmal vorschnell urteile und Menschen in Schubladen stecke, eine Eigenschaft, die ich ja an anderen gerne kritisiere. Eine Änderung dieses Verhaltens habe ich ganz oben auf meine To-do-Liste geschrieben.

Ergo, ob Rabeneltern, weil das Kind ungebügelt in die Kita geht, oder Übermutti, die ihrem sechzehnjährigen Sohn sternförmige Äpfel für die Schule schnippelt: Solange man sich eingesteht, dass man Fehler macht, und sich *nicht* von der Meinung anderer verunsichern lässt, macht man alles richtig. Und auch ich muss mir eingestehen, dass manchmal ein bisschen, aber wirklich nur ein kleiner Funken, ein klitze-klutze kleiner Funken Übermutti in mir aufglimmt, vor allem, wenn es um die Ernährung von Kindern geht. Und dass ich schon Mütter verurteilt habe, die ihrem Kind schon im Alter von sechs Monaten gesüßte Kekse in den Mund stopften. Ich lege viel Wert darauf, dass mein Kind nur sehr wenig Zucker zu sich nimmt. Und siehe da, auch ich bin vielleicht extrem in meinen Ansichten und ein bisschen Übermutti. Dafür sind mir die Falten im T-Shirt meines Kindes egal. Und da schließt sich der Kreis, denn auf gewisse Art und Weise sind wir alle Glucken- und Rabenmütter (oder besser bedürfnisorientierte Mütter). Es ist nicht immer leicht, das richtige Maß zwischen Überbehütung und (Nach)Lässigkeit zu finden. Auch hier gilt es wieder, auf sein Bauchgefühl zu hören.

Erziehungstipps? Erzähl' die der Parkuhr!

Mal ehrlich, wir frischgebackenen Muttis wollen keine Erziehungstipps hören. Sie nerven, beeinflussen und lassen uns glauben, dass wir es nicht richtig machen. Selten bekommt man gute Tipps, die man nicht schon kennt, und die Erziehungsratschläge von Tante Irmgard und Konsorten stellen unsere Kompetenz als Mutter in Frage.

Für den Fall, dass ich ungebetene Ratschläge bekomme, habe ich mir schon eine Auswahl an Antworten zurechtgelegt:

Auf „Stillen ist aber besser als Flaschennahrung" würde ich antworten – Alkohol ist auch keine Lösung.

„Du solltest schlafen, wenn das Baby schläft" – Mein Kind schläft aber nie.

„Wie? Du gehst immer noch nicht arbeiten?“ – Nee, ich habe eine Leidenschaft fürs Putzen und Kochen entwickelt.

„Wie? Du gehst schon wieder arbeiten. Und wie machst du das mit dem Kind?“ – Das habe ich im Heim abgegeben.

„Ihr geht mit Leo zu McDonalds?“ – Ja, und er liebt den Hamburger Royal Ts.

„Leo darf schon fernsehen?“ – Ja, und seine Lieblingssendung ist *The Walking Dead*.

„Leo isst immer noch mit den Fingern?“ – Ja, sein biologischer Vater stammt von den Neandertalern ab. Aber erzähl das bitte niemandem.

„Leo läuft immer noch nicht?“ – Nee, und ich habe Angst, das wird er nie tun.

„Du stillst immer noch?“ – Ja, das mache ich, bis er auszieht.

„Wie? Du stillst nicht mehr?“ – Nee, ich will endlich wieder Alkohol trinken.

„Kinder in dem Alter sollten nachts schon im eigenen Gitterbett schlafen!“ – Da schläft schon Marc.

Und wenn mir gar nichts mehr einfällt, darf es gerne auch sein:

Ach, halt doch einfach die Klappe.

Die Blicke würde ich zu gerne sehen, wenn eine Mutter wirklich so reagieren würde. Ich werde es mal ausprobieren und dann berichten.

Keine Mutter ist perfekt und man kann es eh keinem Recht machen, irgendjemand hat immer etwas auszusetzen, ständig muss man sich rechtfertigen. Damit müssen wir Mütter uns ab- und einen Weg finden, nicht zu explodieren, wenn jemand mit ungebetenen Ratschlägen um die Ecke kommt. Jeder hat seine Meinung, seine eigene Erfahrung und das ist auch okay. Nicht okay ist es aber, einem den eigenen Tipp als den ultimativ richtigen verkaufen zu wollen und das Ganze noch mit einem unterschwelligen Vorwurf zu würzen. Jeder ist überzeugt davon, das Rad der Erziehung erfunden zu haben. Und manchmal ertappe ich mich tatsächlich auch dabei, wie ich denke: „Das kann sie ihrem Kind jetzt aber nicht durchgehen lassen." Allerdings konfrontiere ich die Mutter nicht mit meiner unmaßgeblichen Meinung – das ist der feine Unterschied.

Mir ist schon klar, dass es viele auch nur gut meinen, aber trotzdem sollte man sich auf die Zunge beißen und seine Ratschläge für sich behalten. Wenn die Mutter Tipps braucht, wird sie schon fragen – und dann kann man immer noch sein Füllhorn an Erfahrungen über ihr ausschütten. Ansonsten: Einfach mal die Klappe halten! Jede Familie entwickelt ihre eigene Struktur und ihr eigenes Modell für den Umgang mit Erziehungsfragen und Berufstätigkeit. Fakt ist, es geht niemanden etwas an, wie man sein Kind erzieht und ob man arbeiten geht oder nicht. Ausrufezeichen!

Das Wichtigste ist, dass man sich selbst mit seinem eigenen Familienmodell wohlfühlt und sich damit identifizieren kann. Ich ärgere mich immer wieder darüber, wenn ich mich vor anderen rechtfertige, wie ich mein Kind erziehe oder mein Familienleben handhabe. Ich habe mir fest vorgenommen, dass ich nicht mehr zu ellenlangen Erklärungen ansetzen werde und stattdessen ungebetene Ratschläge höflich aber bestimmt ablehnen werde. Noch einfacher wäre es für uns Mütter, wenn die ganzen Besserwisser ihre Weisheiten einfach mal für sich behalten würden und den Erziehungsmethoden junger Mütter gegenüber toleranter wären.

Danke.

Prinzipien über Bord

Diese verflixten Prinzipien! Jeder kennt sie, jeder hat sie, die meisten sind genervt davon. Aber wozu dienen sie eigentlich und warum hängen wir uns so sehr an ihnen?

Die persönlichen Prinzipien teilen unsere Welt in richtig oder falsch. Wir versuchen damit, uns in der eigenen Welt zurechtzufinden. Oftmals hinterfragen wir Prinzipen kaum. So halten wir zum Beispiel an dem Prinzip fest, dass das Kind kein Fernsehen gucken sollte. Aber warum eigentlich nicht? Weil die Gesellschaft kritisch darüber urteilt, wenn ein Kind eine halbe Stunde am Tag fernsieht? Ich meine, wir lassen sie ja nicht Horrorfilme gucken, sondern normale Trickfilme. Nehmen wir den Kindern nicht ein Stück ihrer Kindheit, wenn wir an unseren Prinzipien krampfhaft festhalten und ihnen verbieten, Trickfilme mit ihren Helden zu sehen? Ich selbst habe es geliebt, am Sonntagvormittag *Sailor Moon* oder *Hey Arnold* auf Nickelodeon zu schauen. Das war für mich ein Highlight des Sonntags. Und was wäre meine Kindheit ohne diese Helden gewesen? Stinklangweilig womöglich. Also warum, um Himmels Willen, sollen unsere Kinder das nicht haben? Es geht doch nur um das gesunde Maß – sechs Stunden am Stück wären sicher zu viel und auch schädlich. Aber eine halbe Stunde mit ihren Helden? Warum sollten wir ihnen das verwehren?

Und warum darf das Kind nicht mal zur Abwechslung auf der Couch zu Abendbrot essen, statt gemeinsam mit der Familie am Tisch? Sicher wollen wir ihnen vorleben, dass das gemeinsame Essen dem Familienzusammenhalt und dem Austausch gilt, aber darf es keine Ausnahmen geben? Das Recht, mit Chips krümelnd auf der Couch abzuhängen, nehmen wir Erwachsenen uns doch auch, sobald die Kinder im Bett sind. Ausnahmen machen den Kindern richtig Spaß – sie erlernen die Norm, wissen aber, dass diese nicht unverrückbar steif eingehalten werden muss und das Couchsitzen gerät zu einem genüsslichen Event. Kinder lieben Ausnahmen, weil Ausnahmen frei von Werten und Prinzipien und Strukturen sind. Viel zu oft stehen einem die eigenen Prinzipien im Wege. Und viel zu oft höre ich mich auf die Frage „Warum?“ antworten: „Na, aus Prinzip“. Marc ist genau so ein Prinzipien-Reiter und das bringt mich manchmal zur Weißglut. Ein typisches Szenario von unserem Esstisch: Leo mag seine Äpfel ohne Schale, also schäle ich sie ihm. Marc hingegen zwingt ihn jedes Mal, den Apfel mit Schale zu essen. Was passiert? Leo isst den Apfel samt Schale, rennt zwei Minuten später zu mir und sagt „Mama, mag nicht Schale essen“, und spukt mir die zerkaute Apfel-Spucke-Matsche in die Hand.

„Warum, verdammt nochmal, schälst du nicht den Apfel für ihn?“, fahre ich Marc an.

„Na, aus Prinzip“, ist seine trockene Antwort.

Furchtbar. Ich meine, ich bin überhaupt froh, dass mein Kind Obst isst, also schäle ich ihm diesen Apfel.

Als Leo geboren wurde, bin ich selbst mit einem Haufen Prinzipien in die Mutterschaft gegangen. Kein Schnuller, keine Flaschennahrung, kein Fernsehen, bis er sechs ist, keine Naschsachen. Keine Pizza, keine Chicken-Nuggets und immer nur frisch zubereitete, gesunde Sachen in unserem Haushalt. Und warum? Prinzipien!

Unsere Bilanz liest sich folgendermaßen: Einen Schnuller hatte Leo im Alter von vier Wochen, weil er sich nur so beruhigen ließ. Flaschennahrung hat er von Anfang an bekommen, weil das Stillen nicht klappte. Naschsachen bekommt Leo auch hin und wieder, einfach aus dem Grund, weil ich selbst gerne mal ein Stück Schokolade oder ein Eis nach dem Essen verdrücke – ich könnte dann entweder damit warten, bis Leo im Bett ist, oder ihm etwas vorkauen? Will ich beides nicht. Gesundes Essen gibt es oft bei uns, aber eben auch mal Pizza oder irgendwas anderes, wenn es schnell gehen muss. Was bin ich doch für eine Rabenmutter!

Fakt ist, Prinzipien sind wichtig, ja, aber oftmals verderben sie einem selbst und/oder dem Kind den Spaß. Prinzipien einzuhalten (und auch zu lehren) ist wichtig, um sich in der chaotischen Welt zurechtzufinden. Die Prinzipien, die man für seine eigenen hält, sind bei genauerer Betrachtung doch von der uns umgebenden Gesellschaft geprägt worden. Lassen wir unser zweieinhalb Jahre altes Kind fernsehen, dann haben wir ein schlechtes Gewissen. Ein wenig zumindest. Aber warum? Da ist doch gar nichts Schlimmes dran. Oder fürchten wir, dass es falsch sein könnte, wenn unser Kind Schorsch und Peppa Wutz dabei zuschaut, wie sie Verstecken spielen? Eher nicht. Viel mehr schlüpfen wir gedanklich in die Rolle anderer und sehen mit deren kritischen Augen auf diese Szene, überlegen uns, was andere darüber denken würden, wenn sie sähen, dass unser Kind in diesem zarten Alter vor der Glotze hockt und Pommes futtert. Also auch hier wird über freiwillige Selbstkontrolle der Eltern von der Gesellschaft Einfluss auf unsere vermeintlichen persönlichen Prinzipien genommen.

Man sollte versuchen, von diesen krampfhaften Prinzipien wegzukommen. Dann bekommt das Kind halt einen Schnuller, Hauptsache, es findet Frieden und man selbst hat mal für ein paar Minute Ruhe vor dem Geschrei. Und dann bekommt das Kind halt ein Fläschchen und nicht die Brust. Auch Flaschennahrung ist gesund und die Mutter hat keine schmerzenden blutigen Brustwarzen mehr. Und wenn das Kind mal am Wochenende erst um 22 Uhr ins Bett geht, ist das kein Weltuntergang. Die Hoffnung, es würde am nächsten Morgen länger schlafen, erfüllt sich sowieso nicht – aus unerklärlichen Gründen ist es am Sonntagmorgen eine Stunde früher als gewohnt wach. Und dann parkt man das Kind halt mal vor dem Fernseher oder dem iPad und lässt es Kinderfilme schauen. Und man fährt halt mal bei McDonalds ran und holt für das Kind eine Juniortüte. Haben wir es nicht als Kind gehasst, wenn die Frage, ob wir heute ausnahmsweise, bittebitte mal bei McDonalds essen könnten, mit „Wir haben noch Brot zuhause" beantwortet wurde. Und wenn das Kind mal auf der Couch krümelt? Dafür sind doch Staubsauger erfunden worden.

Es darf halt nicht ausarten, aus der Ausnahme keine Regel werden. Wie der berühmte Arzt und Naturforscher Paracelsius sagte: Die Menge macht das Gift.

Die Momente, in denen man mal seine Prinzipien über Bord wirft, sind die, in denen sich das Leben gut anfühlt. Gut, weil man keinen inneren Druck mehr verspürt, dem Kind ständig Regeln und Normen vorbeten/vorleben zu müssen. Momente, in denen das Kind glücklich ist und die Eltern auch, weil sie mal einen kurzen Moment aufatmen können, wenn das Kind fernsieht. Solche Momente lassen den verkopften, durchgeplanten, prinzipienbehafteten Alltag mal in einem ganz anderen Licht erscheinen. Und es fühlt sich gut an, wenn man mal lockerlässt und seine Prinzipien über Bord wirft.

Sein Gleichgewicht finden

Seine innere Balance zu finden, ist in einem Mutter-Alltag gar nicht so einfach. Ich muss gestehen, dass ich trotz einiger Erfahrungen im Familienalltag manchmal immer noch nach meiner inneren Ruhe und Ausgeglichenheit suchen muss. Diese Gefühle stellen sich bei mir erst ein, wenn das Kind abends im Bett liegt und friedlich schläft. Tagsüber allerdings fühle ich mich oftmals sehr unausgeglichen, spüre eine innere Unruhe. Es ist nicht mehr ganz so schlimm, seitdem ich mein Bedürfnis nach Perfektion abgelegt habe und mich auch nicht mehr mit den Insta-Supermamis vergleiche. Der Druck, eine perfekte Mutter sein zu müssen, ist gewichen. Aber von „ausgeglichen" bin ich trotzdem noch weit entfernt, einfach weil der Familienalltag nun mal stressig ist. Marc sagte vor kurzem zu mir, dass er glaubt, dass diese innere Unausgeglichenheit erst dann verschwindet, wenn ich mich damit abgefunden habe, dass das eigene Leben erstmal auf Eis gelegt ist, weil ich jetzt die Verantwortung für ein Kind habe und es ausschließlich darum gehe, dessen Bedürfnisse zu befriedigen.

Marcs Satz hat mich aufgewühlt und mich auch ein wenig wütend gemacht. Aber ich denke, er hat in gewisser Weise Recht, auch wenn ich mir das nicht eingestehen will.

Solange die Kinder klein sind, muss man sich damit abfinden, die eigenen Bedürfnisse hintenanzustellen, wenn man nicht will, dass die Kinder im Erwachsenenalter Defizite aufweisen. Und damit meine ich seelische Defizite, die entstehen, wenn einem Kind zu wenig Aufmerksamkeit oder Geborgenheit im Kindesalter geschenkt wurde. Um diesen emotionalen Defiziten vorzubeugen, muss man wohl oder übel die Bedürfnisse und Wünsche des Kindes über die eigenen stellen. Und das tun wir im Alltag ja auch schon völlig unbewusst, das ist reiner Instinkt und von der Natur schon so vorgegeben. Aber genau deshalb fühlen wir eine innere Unruhe, weil wir unsere eigenen Bedürfnisse und Wünsche komplett ignorieren (müssen). Wir spüren, dass unser Leben aus dem Gleichgewicht geraten ist, weil wir unsere eigenen Wünsche an das Leben verdrängen (müssen). Vielleicht hat Marc Recht und diese Unausgeglichenheit verschwindet, wenn ich akzeptiert habe, dass sich mein Leben für die nächsten Jahre nur um Leo dreht. Vielleicht aber wird diese innere Unruhe auch nie verschwinden, weil der Familienalltag schlichtweg anstrengend ist und wir auch keine Reinkarnation von Buddha sind. Man kann nicht Buddha sein, wenn man schon „Mudda" ist. Mutter und Buddha sind völlig gegensätzlich und passen überhaupt nicht zusammen. Sicherlich wird es Momente geben, in denen man eine innere Ruhe verspürt. Aber völlige Zufriedenheit und innere Ruhe, wie von Buddha verkörpert, existiert im Grunde gar nicht, glaube ich. Wir sind Menschen und keine Götter, und daher ist es völlig normal, dass man da mal ab und an aus dem Gleichgewicht gerät. Wenn das Kind zum Beispiel eine unbeaufsichtigte Minute dafür nutzt, die Flurwände mit Buntstiftzeichnungen zu verzieren. So viel „Ohmmm" wie man da bräuchte, gibt es gar nicht, man gerät unweigerlich aus der inneren Balance. Keiner ist dann super entspannt und denkt sich „Ach, wie hübsch, das Kind entwickelt sich zum Künstler". Man schreit „Das kann doch nicht wahr sein" und kalkuliert die Preise für neue Farbe. Und die mühsam „er-ohmmmte" innere Balance ist dahin. Innere Balance ist etwas für Kinderlose. Im Familienalltag bleibt sie schlichtweg auf der Strecke (zwischen Flur und Kinderzimmer, haha). Das Einzige, was man tun kann, ist, anders mit solchen Situationen umzugehen. Ruhig zu bleiben, dreimal tief durchzuatmen, dem jungen Künstler einen Block anzubieten und nicht aus seiner Haut zu fahren, wenn er sagt „Will aber Wand". Das ist die wahre Kunst der inneren Balance.

Wir sollten uns darin üben, nicht bei jeder Kleinigkeit aus der Haut zu fahren. Dass man sich ärgert, dass der Flur schon wieder neu gestrichen werden muss, ist völlig normal, aber man kann versuchen, halbwegs entspannt damit umzugehen. Man könnte überlegen, den Flur, wenn er sowieso gestrichen werden muss, gleich in anderen Farben zu gestalten oder sich mit den Bildern des jungen Künstlers abzufinden, besser noch, anzufreunden. Picassos Bilder sahen ja auch nicht anders aus. Oder – der Königsweg – man bietet dem ambitionierten Maler ein Tauschgeschäft an. „Du darfst jetzt einmalig alle Flurwände anmalen, aber nur bis Sonntag, danach werden sie gestrichen und gehören wieder uns." Egal, welchen Weg man wählt, aber in dem Moment, in dem man sich gegen ein Aus-der-Haut-Fahren und die innere Explosion entschieden hat, hat man schon gewonnen. Sauer darf man sein, aber man sollte versuchen, diese Verärgerung und die daraus resultierende innere Unruhe nicht die Oberhand gewinnen zu lassen.

Selbst Buddha wäre – da bin ich sicher – aus seiner inneren Balance geraten, wenn er in der Nacht bis zu zehn Mal aus seinem Schlaf gerissen worden wäre, weil sein Kind „was trinken möchte". Es ist eine Wunschvorstellung oder ein Irrglaube, zu denken, dass es Menschen gibt, die immer zufrieden und ausgeglichen sind, die mit sich „im Reinen" sind, wie man immer so schön zu sagen pflegt. Menschen bestehen aus so vielen verschiedenen Emotionen, die sich zum Teil widersprechen, dass es an ein Wunder grenzen würde, wenn jemand das schaffte. Diese mannigfaltigen Emotionen zu unterdrücken, führt doch erst in die Spirale, in der man innere Unzufriedenheit empfindet. Es ist okay, dass man mal wütend, traurig oder frustriert ist. Die Frage ist, wie man mit den einzelnen Situationen umgeht, die einen aus der Bahn zu werfen drohen.

Fakt ist also, dass es normal ist, dass man als Mudda nicht Buddha sein wird. Aber das sollte auch nicht das Ziel sein. Ziel ist, dass man sich eingesteht, dass das Leben mit

Kind in gewissen Momenten einfach anstrengend ist und dass vor allem in den ersten Jahren die eigenen Bedürfnisse hinten angestellt sind, aber nicht ganz vergessen werden dürfen. Eltern sollten sich, wenn möglich, ab und an eine Auszeit gönnen, Zeit für sich alleine oder zu-zweit-allein. Ob das ins Kino gehen ist, ein Kneipenabend oder ein Hotel im Nirgendwo, wo man zwei Tage Ruhe und Zweisamkeit genießt, ist egal. Hauptsache ist, dass man Kräfte tankt, mal wieder die eigenen Bedürfnisse befriedigt, an sich denkt. Erst dann empfinden wir auch wieder eine innere Ruhe, aus der heraus wir den stressigen Alltag wuppen können. Die innere Mitte kann man nur finden, wenn man nicht immer auf Reserve läuft, sondern den Akku mal wieder auflädt.

Denkt immer daran, dass es in Ordnung ist, Emotionen, auch negative, zu empfinden und dass man nicht immer ausgeglichen sein kann. Wir sind Mütter und haben einen wirklich harten Job, und dass man da nicht einen Flick-Flack springt, wenn man dem Kind die Haare waschen will und es dabei schreit und schreit, weil es kein Wasser in den Augen haben möchte, ist doch völlig verständlich. Allein die Lautstärke des Gebrülls versetzt einen schon in eine innere Unruhe, Buddha hin oder her.

Ohmmmm!

Glückliche Momente

„Es sind die kleinen Dinge, die das Leben ausmachen". Früher habe ich diesen Satz gar nicht verstanden. Seit ich ein Kind habe, schätze ich tatsächlich die kleinen Dinge im Leben viel mehr. Angefangen bei der Muschelsuche am Meer mit meinem Sohn, Blümchen pflücken auf der Wiese, Weihnachtskekse bei stimmungsfroher Weihnachtsmusik mit ihm backen oder im Schlafanzug gemeinsam an einem Sonntagmorgen mit einer Schale Müsli gemütlich auf dem Sofa sitzen und eine Folge *Peppa Wutz* schauen. Ich stelle mir seitdem auch nicht mehr die Frage, was Glück bedeutet: Mein Kind hat es mir gezeigt. Bei dem einen ist es ein dicker Schlitten vor der Tür, eine teure Handtasche, die nächste Flugreise. Und sicherlich werden in diesen Menschen in dem Moment, in dem sie das Auto starten, haufenweise Glückshormone ausgeschüttet. Nach ein paar Tagen hat sich dieses Gefühl normalisiert und sie laufen wieder irre durch die Gegend auf der Suche nach einem neuen Kick. Wir alle wollen jeden Tag in jedem Moment glücklich sein. Sind wir es mal nicht, fallen wir tief. Weil wir irrsinnigerweise glauben, dass das Leben nur dann schön ist, wenn man Nonstop-Glück in sich verspürt. Dabei besteht Glück aus vielen kleinen Momenten im Leben und der Fähigkeit, sie auch aufzuspüren und zu genießen. Oftmals sind wir auch nur mit uns selbst unzufrieden und suchen deshalb krampfhaft nach Glück. Und dann entscheiden wir uns ein Kind zu bekommen, weil wir glauben ein Kind sei der Inbegriff von dauerhaftem Glück. Aber das Kind ist nicht auf dieser Welt, um einem das Glück zu bescheren. Es ist da, weil wir uns entschieden haben, dem Menschlein, das aus unserer DNA entstanden ist, die Vorzüge und Schönheit der Welt zu zeigen und es stark zu machen für diese komplizierte Welt. Das Kind auf seinem Weg in die Selbstständigkeit begleiten und dann irgendwann ziehen zu lassen, das ist unsere Aufgabe als Eltern. Die Mission ist nicht, Glück in dem Kind zu finden. Für das eigene Glück ist jeder selbst verantwortlich und niemand anderes.

Glück ist jeden Tag greifbar, vorausgesetzt man schaut genau hin. Tiefpunkte im Leben hat jeder, Zeiten in denen man traurig ist, sich einsam und verlassen fühlt, oder einem das Schicksal eins zwischen die Hörner gibt. Vielleicht ist die Traurigkeit dazu da, uns das Glück umso intensiver empfinden zu lassen.

Glück ist auch nicht messbar. Jeder empfindet es auf seine eigene Art und Weise. Und was ich mit Sicherheit sagen kann, ist, dass der Satz „Geld allein macht nicht glücklich" völliger Humbug ist. Natürlich macht Geld allein nicht glücklich, oder was soll ich mit einem ganzen Berg von Münzen oder Scheinen? In die Luft werfen? Ganz klar ist, dass wir Liebe, vertraute Menschen, Geborgenheit benötigen, um glücklich zu sein. Aber wenn mein Mann mir ein wunderschönes Schmuckstück zum Geburtstag, Weihnachten oder einfach so zwischendurch schenkt, dann würde ich am liebsten einen Purzelbaum machen, wäre da nicht meine Ungelenkigkeit. Natürlich empfinden wir Freude und Zufriedenheit und schütten tonnenweise Glückshormone aus, wenn wir uns ein langersehntes Konsumgut anschaffen. Das kann eine teure Handtasche, ein Diamant-Ring, ein neues Handy oder sonst was sein. Und wer was anderes sagt, ist entweder ein Hippie (auch okay) oder lügt sich selbst in den Schlübber. Dieser Satz ist für Leute, die gerade einen finanziellen Engpass durchleiden, eine Phase, die man besser durchsteht und einem erträglicher gemacht wird, wenn man sich einredet, dass Geld ohnehin nicht das ist, was glücklich gemacht *hätte*. Tatsache ist, dass eine ausreichende finanzielle Ausstattung die Existenzängste vertreibt, die wirklich plagend und frustrierend sein können. Solche Zeiten sind schlimm, aber auch sehr wichtig und notwendig, denn sie lehren uns Bescheidenheit und uns wieder an den kleinen Dingen des Lebens zu erfreuen.

Jeder empfindet das Gefühl des Glücks in unterschiedlichen Momenten. Manch einer im heißen Dampfbad bei Kerzenschein, entspannter Musik, einem Glas Wein und dem Lieblingsbuch. Dieser Versuch klappte bei mir nicht: Ich versengte mir vor lauter Kerzenduselei die Haare, durchnässte mein Lieblingsbuch und mir fiel zu guter Letzt noch mein Handy in die Badewanne. Daraufhin nahm ich erstmal einen großen Schluck Wein. Ein Glück, dass der Föhn weit genug weg war, sonst wäre ich vielleicht gar nicht mehr am Leben. Glücksmomente, bei denen ich übersprudele wie eine geschüttelte Cola, sind: Wenn ich frisch geduscht in ein frisch bezogenes Bett schlüpfe, wenn mein Kind am Samstagmorgen in mein Bett schlüpft und mit mir kuschelt, wenn Leo sein Geburtstagsgeschenk auspackt und vor Freude laut jauzt, hüpft und seine Augen funkeln, sobald er das Feuerwehrauto in den Händen hält, wenn ich eine Tafel Schokolade abends auf der Couch vernasche oder wenn ich kiloweise Parmesan auf meine Spaghetti streue. Mein absoluter Favorit der glücklichen Momente: Wenn mein Kind sagt „Mami, lieb dich."

Glück ist um uns herum, wir sehen es nur meist nicht, vor allem nicht in der Panda-auf-Ecstasy-Zeit. Diese Zeit ist eine echte Herausforderung, eine Zerreißprobe, die unseren Blick auf das Wesentliche verschleiert. Tatsache ist ebenso, dass ein Kind nicht der Inbegriff von Glück ist. Aber Tatsache ist auch, dass ein Kind einen verändert, zum Positiven. Mein Sohn hat mich zu einem besseren Menschen gemacht. Das Muttersein hat mich unendlich viele Dinge gelehrt, nicht zuletzt über mich selbst. Seitdem ich Mutter bin, denke ich viel intensiver über mich nach und auch über andere Menschen bilde ich mir kein vorschnelles Urteil mehr. Ich versuche, gründlicher hinzuschauen, hinter die Kulissen zu sehen. Ich bin entspannter und ruhiger in gewissen Dingen geworden. Für mich ist heute klar, dass Glück nicht das große Ganze ist, sondern eine Aneinanderreihung kleiner glücklicher Momente im Leben.

Glücksmomente stellen sich heute auch bei mir ein, wenn mein Sohn und ich gemeinsam einen Pups feiern oder Leo meine schiefen Töne beim Singen bejubelt. All das sind die kleinen glücklichen Momente, die sich wie Perlen auf einer Kette aneinanderreihen. Und zwischen zwei Perlen ist eben Schnur.

Leo ist ein zufriedenes Kleinkind, quatscht unaufhaltsam, viel wirres Zeug, aber auch schon so viel kluges. Ich liebe es, ihm zuzuhören, mich in seiner heilen Welt fallenzulassen. Ich liebe es, wenn er mich nach dem Zubettgehen ein zweites Mal zurückruft, weil er mich noch einmal ganz feste drücken möchte. Für mich sind diese Momente pures Glück. Und ich bin trotz Alltagsstress, Phasen, Killerbazillen, schlaflosen Nächten, Trotzanfällen glücklich. Die Momente des Glücks versuche ich aufzusaugen, wie ein Staubsauger die Kekskrümel auf der Couch. In sich gehen, bewusst wahrzunehmen. Schlechte Tage werden immer mal wieder kommen, aber ebenso die guten. Und wenn man die kleinen Dinge im Leben mehr wertschätzt, dann empfindet man mehrmals am Tag Glück.

Es ist klar, dass man Glück nicht Nonstop empfinden kann. Mir machen zum Beispiel Spielplätze keinen Spaß, ich langweile mich – aber mein Kind empfindet dabei die höchste Freude, also gehe ich hin – für ihn. Dagegen liebe ich es, mit ihm im Urlaub am Strand außergewöhnlich schöne Steine zu suchen, diese mit nach Hause zu nehmen und den Ort und das Jahr der Reise draufzuschreiben. Wenn man etwas nicht gerne tut, darf man das sagen. Deshalb sind wir keine schlechten Eltern. Ein Kind muss auch lernen, dass es Dinge gibt, die man nicht mag. Man kann seinen Kindern nicht vorheucheln, dass alles auf der Welt ein Riesenspaß ist. Es entspricht nicht der Wahrheit. Und das dürfen Kinder ruhig wissen. Aber sie können auch von uns abgucken, dass wir auch ungeliebte Dinge erledigen müssen, aber unser Hauptaugenmerk auf die schönen Dinge im Leben legen.

Kinder bekommen so viel von uns Eltern mit auf ihren Lebensweg, aber auch wir lernen unglaublich viel von ihnen. Kinder genießen jeden Augenblick, sie hadern nicht damit, was gestern war, und machen sich keine sich Sorgen um das Morgen. Kinder sind (manchmal schmerzhaft) ehrlich und stehen für ihre Wünsche ein, selbst wenn sie sich dafür händetrommelnd auf den Supermarktboden werfen müssen. Kinder sind unglaublich wissensdurstig, saugen Neues auf wie ein Schwamm, und scheuen nicht davor zurück, alles auszuprobieren. Kinder sind gut im Vergeben und Vergessen, sind nicht nachtragend. Sie hauen sich gegenseitig die Plastikschippe auf den Kopf und zwei Minuten später spielen sie wieder miteinander. Kinder sind Frohnaturen – es reicht eine Kleinigkeit, um sie zum wilden Lachen zu bringen. Kinder scheren sich nicht um die Meinung anderer – zum Leidwesen der Eltern auch oftmals nicht um deren Meinung. „Das macht man aber nicht" sind Sätze, die Kinder geflissentlich ignorieren, während wir Erwachsene uns durch solche Aussagen oft einschränken lassen. Kinder haben einen untrüglichen Gerechtigkeitssinn und zeichnen sich durch großzügige Hilfsbereitschaft aus. Sie trösten andere Kinder. Und sie sind sehr, ich betone, sehr ausdauernd. Wenn sie abends nicht schlafen wollen, dann können sie auch mal zwei Stunden am Stück schreien und weinen. Und Kinder haben null Angst vor dem Scheitern. Wenn ihnen etwas nicht gelingt, versuchen sie es nochmal, nochmal und nochmal. Wir Eltern können uns eine Scheibe von unseren Kindern abschneiden und viel von ihnen lernen. Kinder kommen mit einer reinen Seele auf die Welt, alle Ängste und Sorgen sind Resultate unsere Erziehung und ihrer Umwelt. Sie nehmen mit, was *wir* ihnen an Werten, Einstellungen und Normen mitgeben. Wir sollten uns gut überlegen, was wir ihnen vorleben, aber auch keine Angst vor Fehlern haben. Nobody is perfect.

Und wenn euch die Verzweiflung packt und das Glück sich erstmal schlafen gelegt hat, denkt immer dran:

Es sind alles nur Phasen. Und es kommen wieder bessere Tage.

NACHWORT

Ich bin sicher, dass ich mit meinem Worten in diesem Buch einigen Leuten auf den Schlips getreten bin – dafür entschuldige ich mich, denn Absicht ist es nicht. Ebenso sicher bin ich, dass meine hier vertretene Meinung nicht von allen geteilt und/oder Anlass zu Diskussionen geben wird. Wir denken nicht alle gleich und das ist auch gut so, denn sonst wäre es furchtbar langweilig. Und selbst, wenn ich mit meinen Ansichten anecke, dann ist das auch ein Erfolg, denn sowohl negative oder positive Resonanz bedeutet, dass der Leser sich mit dem Thema auseinandergesetzt und im besten Falle, über sich selbst nachdenkt und seine Pläne, Methoden und Ansichten hinterfragt. Nur durch intensive Beschäftigung mit dem Thema kommt man an den Punkt, an dem man so agiert, wie man es selbst für richtig empfindet.

Ich bin aber auch sicher, einigen Lesern mit meinen Worten aus der Seele gesprochen zu haben. Vielleicht gehen sie, durch mein Beispiel ermutigt, authentischer durchs Leben und müssen sich nicht mehr verstellen und/oder ständig rechtfertigen. Ich bin sicher, dass man durch Ehrlichkeit und

Offenheit unter Müttern eine Verbundenheit schaffen kann, die das sehr fordernde Leben mit Kind entspannter macht.

Lasst uns gemeinsam ehrlich, offen, mutig, happy, frustriert, albern, authentisch, frech, traurig, abenteuerlustig, glucken-haft, rabenmütterlich, ABER zufrieden sein!

AUTORENPORTRAIT

Maria Olada wurde 1990 in Schwerin geboren und lebt heute mit ihrem Mann, ihrem Sohn und dem Familienhund in einem Vorort vor Hamburg. 2014 absolvierte sie ihren Bachelor-Abschluss in romanistischer Philologie mit den Schwerpunkten Spanisch und Katalanisch an der Universität Hamburg. Schon als Jugendliche schrieb sie Kurzgeschichten. Auch heute noch ist das Schreiben ihre Passion.

Nach der Geburt ihres Sohnes 2016 und einer darauffolgenden schwierigen Lebensphase entschloss sie sich dazu, über ihr Leben als Mutter ein Buch zu verfassen. Damit möchte sie anderen Müttern Mut zusprechen, sich ihren Gefühlen zu stellen, und erreichen, dass sich eine Verbundenheit unter Müttern einstellt anstatt eines Wettbewerbs.

„Eine authentischere Gesellschaft, in der man sich für seine ambivalenten Gefühle als Mutter nicht schämen muss, offen und ehrlich sein kann und auch Fehler machen darf" ist das, was sie sich wünscht.

13720129R00174

Printed in Germany
by Amazon Distribution
GmbH, Leipzig